光明社科文库
GUANGMING DAILY PRESS:
A SOCIAL SCIENCE SERIES

·经济与管理书系·

网络媒介权力运作的控制机制
与对策研究

张汇川 ｜ 著

光明日报出版社

图书在版编目（CIP）数据

网络媒介权力运作的控制机制与对策研究 / 张汇川

著 . -- 北京：光明日报出版社，2023.10

ISBN 978 - 7 - 5194 - 7563 - 5

Ⅰ . ①网… Ⅱ . ①张… Ⅲ . ①互联网络—传播媒介—

权力—研究 Ⅳ . ①G206.2

中国国家版本馆 CIP 数据核字（2023）第 203044 号

网络媒介权力运作的控制机制与对策研究

WANGLUO MEIJIE QUANLI YUNZUO DE KONGZHI JIZHI YU DUICE YANJIU

著　者：张汇川

责任编辑：史　宁　陈永娟　　　　责任校对：许　怡　乔宇佳

封面设计：中联华文　　　　　　　责任印制：曹　净

出版发行：光明日报出版社

地　　址：北京市西城区永安路 106 号，100050

电　　话：010 - 63169890（咨询），010 - 63131930（邮购）

传　　真：010 - 63131930

网　　址：http://book.gmw.cn

E - mail：gmrbcbs@gmw.cn

法律顾问：北京市兰台律师事务所龚柳方律师

印　　刷：三河市华东印刷有限公司

装　　订：三河市华东印刷有限公司

本书如有破损、缺页、装订错误，请与本社联系调换，电话：010-63131930

开　　本：170mm×240mm

字　　数：224 千字　　　　　　　印　　张：12.5

版　　次：2024 年 1 月第 1 版　　　印　　次：2024 年 1 月第 1 次印刷

书　　号：ISBN 978 - 7 - 5194 - 7563 - 5

定　　价：85.00 元

内容介绍

　　本书综合伯特兰·罗素（Bertrand Russell）的权力认知观点与传播学的传统媒介权力理论，诠释了网络媒介的定义和特点。依循"权力—媒介权力—网络媒介权力"的路径进行推导，对网络媒介权力的产生条件、运作原则、表现形式和固有属性等进行了深入的静态研究。针对网络媒介权力运作的控制，梳理网络媒介权力运作的常规状态、失范状态以及可能引发的问题。确立"制度先行、法律仲裁、道德底线"的层次结构，并分别从教育、行政、法律、技术和经济方面探讨控制方法，结合探索性因素分析德尔菲法，构建了一套较为完整、科学、客观、真实并相互独立的 24 项网络媒介权力运作控制机制的体系框架。使用协调分析法和置换分布熵对控制机制进行权重测评，引入拉格朗日乘子法，对各项控制机制的作用效果进行量化。通过传播动力学的仿真实验，同步整合网络媒介权力运作控制机制的多维度知识体系。最后通过策略制定和引导，串联起整本书的知识内容，旨在培养读者独立、敏感、规范的网络媒介权力运作控制意识。

序

  对网络媒介权力运作的管理和控制，是在新媒体的出现和崛起之后才应运而生的新研究和新课题，那为什么对传统媒介权力运作的管理和控制极少被提及呢？为了回答这个问题，我们可以先来了解一个小故事：

  曾经有一个安定、祥和、富足的城镇，城镇中的居民都过着安居乐业的稳定生活。城镇中有很多街道，但是当地的管理者不准居民私自购买车辆，全部的车辆都由他们统一安排调配。居民需要用车的话，可以向管理者提出申请，明确出行的时间和目的地，在审批完成之后，管理者就会安排车辆给居民使用。因此，所有的车辆信息和动态都有详细的备案和安排，城镇中的交通状况一直非常的通畅，甚至不需要红绿灯，也不会出现交通事故，交通效率极高。

  随着经济的发展和科技的进步，车辆变得越来越便宜，同时居民用车的需求也逐渐攀升。城镇管理者开放了居民自己购买并使用车辆的权限，现在每一个居民都可以随时开车出门办事，不需要再向镇政府提交申请租借车辆了。城镇的汽车数量在短时间内增长了好几倍，同时，管理者也无法知晓每个居民驾车出行的时间和目的地。这曾一度导致了城镇的交通堵塞，事故频发，每个居民都苦不堪言。

  为了解决不良的交通状况，城镇管理者制定了许多交通规则和规章制度，例如，在十字路口启用红绿灯，将狭窄道路设置为单行线，在多个路口的交汇点修建转盘广场等。不仅如此，管理者还安排了"交通警察"在必要时现场处理问题，也会根据居民出行的习惯和规律，不断地调整交通规则。不久，城镇的交通情况又变回了井然有序的良好状态。

  故事讲完了，其中的道理不言自明。传统媒介的媒介权力是因为对媒介的使用和信息的分享需要极高的成本，个体很难将媒介权力付诸实践，因此公共管理部门垄断了对信息生产、分享和传播所需的技术和设备，正是拥有这种对信息的绝对的议程设置能力，管理者掌握了几乎全部的媒介权力，所以管理者对传统媒介权力运作的控制和管理也相对容易。而通信技术的进步和智能终端设备的普及，催生了网络媒介"人人皆中心，无处是边缘"的新媒体时代。每个人都能够轻易地行使自己的媒介权力，瓦解了传统媒介权力的固有格局，形成了新的网络媒介权力运作机制和状态。所以，管理者对网络媒介权力运作的管理和控制并不能沿用传统媒体权力运作的模式和方法，才孕育出了网络媒介权力运作的控制和管理这一个新兴的研究课题。

基于科技的进步和网络的发展，信息传播正式迈入了全新的互联网传播时代。本书着眼于互联网传播模式与先前的传统媒介时代存在的本质区别，对媒体权力的扩充与变化进行多层次、多角度的分析。根据传播学理论，我们将大众媒介这种对个人或社会进行影响、操纵、支配的力量定义为媒介的权力，同时，参照罗素的观点：一旦某个个体具有了对其他个体产生预期效果的能力，他便拥有了权力。综合两者观点，我们认为互联网作为一种信息媒介，并能够对其他个体产生预期效果，于是新兴的网络媒介权力应运而生。在媒介权力研究的发展历史中，曾经代表政府机关的大众媒介，因为拥有对信息的绝对的议程设置能力，掌握了全部的媒介权力。但是互联网的全新信息传递和消费模式，消解了这一持续多年的媒介权力格局，使每一个受众都能够充分发挥自身的话语权和宣传力，社会公共媒体也已经成为网络媒介权力聚集和发展的全新平台与自由广场。越来越多的个体、种群、组织开始实际运作自身的媒介权力，但是对如何运作媒介权力并无可借鉴的经验，甚至可以说是空白，容易导致媒介权力运作失当。伴随着移动终端的普及与5G网络信息高速公路的发展，越来越快的信息消费节奏也导致了网络媒介权力运作失当的情况频频出现。大众媒介所代表的政府机构需要深入挖掘、重新定位，以全新管理者的身份对网络媒介权力运作进行必要的控制和管理研究，避免网络媒介权力的失范运作影响网络环境安全，甚至威胁社会稳定。为此，本书探索网络媒介权力的产生基础和运作状态，并提出相应的控制机制，研究网络媒介权力运作的各层级主体相关的控制机制，加强网络媒介权力运作的控制机制建设，培养受众主体的媒介权力自控能力和意识，为构建和谐社会和绿色健康的网络媒介环境提出科学的解决方案与对策建议。

由于网络媒介权力与传统媒介权力的产生基础截然不同，本书从最原始的权力的哲学概念出发，依循"权力—媒介权力—网络媒介权力"的路径进行推导和探索，通过箔皮茨"行动、工具、权威、技术"的权力图谱分类方式，对网络媒介权力进行深入的静态研究，进一步明确网络媒介权力的产生条件、运作原则、表现形式和固有属性。本书并根据这些理论基础和相关概念，梳理了网络媒介权力运作的常规状态、失范状态，以及失范状态下可能引发的现实社会问题。

首先，基于管理学的控制分类方法论，以宏观视角分别从道德、法律与制度层面对网络媒介权力运作的控制原则进行了分析探讨，确立了三者"制度先行、法律仲裁、道德底线"的层次结构和控制原则。讨论了网络媒介权力的一般性和特殊性，分别从教育、行政、法律、技术和经济的控制方法上进行了理论研究和深入探索，为接下来具体控制机制研究夯实了理论基础。讨论了标准控制分类法和目标控制分类法各自的优势和局限性，确定了目标控制分类法更适合网络媒介权力运作控制机制的分类方式和体系构筑。总结在现有网络媒介中控制媒介权力运作的真实机制和现实手段，以目标控制分类法为基础完成了科学分类，并构筑了相应的体系框架。采用结构方程模型的探索性因素分析对网络媒介权力运作控制机制体系框架实施进一步科学验证，并结合使用德尔菲法所得到的专家意见，综合主观人为判断和客观数据结果，构建了一套较为完整、科学、客观、真实并相互独立的24项网络媒介权力运作控制机制的体系框架，其中包括预先控制机制3项、现场控制机制17项以及成果控制机制4项。

其次，网络媒介权力运作控制管理应属多目标决策的特征，选取协调分析法对控制机制进行主观权重测评，提出了通过协调指标和非协调指标的双重判定结果，确定每项网络媒介权力运作控制机制的主观权重得分的方法。同时，结合信息熵理论，对网络媒介权力运作控制机制进行熵值计算。为了平衡学科偏重差异和增强对局部数据变化的敏感性，研究选取了置换分布熵的计算方式，通过预处理的数据计算，确定每项网络媒介权力运作控制机制的客观权重得分的方法。主观权重评分更具人文温度和认知情怀，更贴近网络媒介权力运作主体的真实感受评价，客观权重评分更为理性和精准，能够准确表现出其蕴含的控制能力和作用效果。通过拉格朗日乘子法，将两者进行合并，并引入冲突性指标，最终给出了改进的综合权重裁定法，全面科学地评价网络媒介权力运作控制机制。研究结果表明，改进的综合权重裁定法实现了对各项网络媒介权力运作控制机制作用效果的综合性判定及量化。

最后，因为网络媒介权力运作中的信息传播状态与流行病医学中传染病的传播极为相似，符合传播动力学的研究方法与标准。运用C#软件进行编程，构建了更为贴合网络媒介权力运作实际情况的数据仿真模拟器，并使用模拟器模拟运行流行病SEIR模型，对部分网络媒介权力运作控制机制进行仿真实验。为了保证数据的真实性和普适性，实验数据选取了真实网络媒介平台中的用户脱敏数据，按照前述研究的理论分析输入模拟器，添加不同的控制机制，观察网络媒介权力运作的状态和控制机制的作用效果。综合前序研究的分析、框架、权重和实验数据，对网络媒介权力运作的各种状态提出了相应的控制对策。

本书针对一般场景所总结的控制对策，可以帮助管理者预测和监督网络媒介权力运作的不同状态，还可以帮助管理者应对网络媒介权力运作失范状态的各种变化。本书总结的各项网络媒介权力运作控制机制具有一定的普适性，能够为实际网络媒介权力运作的控制和管理提供理论支持和行为依据。

本书从一篇博士论文到以专著的形式出版，要感谢许多人的帮助，无论是学术理论上指导的老师，还是日常生活中陪伴我的家人。感谢我求学道路上的各位恩师：刘坚教授、黄也平教授、刘国亮教授、刘鸣筝教授、杨印生教授、刘庆怀教授、黄庆道教授等。感谢成长道路上伴我左右的同学和朋友：王烁、生帆、郝森森、程梦元、刘子嘉、张译尹、董泽、卢超逸、张盟等，谢谢你们的支持与帮助。

张汇川

2022 年 11 月于吉林长春

目　录
CONTENTS

第一章

网络媒介权力概述

第一节 研究背景与研究意义

（一）研究背景

随着近年来 5G 网络的蓬勃发展和移动智能终端设备的广泛普及，越来越多的社会新闻和热点事件引起了广泛的社会关注，并实现了对事件的干预和对公众行为的影响。根据 CNNIC（中国互联网络信息中心）调查，截至 2020 年 3 月，我国网络新闻用户规模高达 7.31 亿，这表示线上网络媒介已逐渐取代传统媒介，成为信息传播的主要渠道。纵览近年的重大网络媒介焦点事件，国产动画电影《姜×牙》口碑两极分化、××某企业满地乱扔身份证等，不但掀起了一波又一波的网络媒介信息热浪，更是伴随着网络媒介权力的有效运作，在一定程度上影响了事情的发展和结局。总结来看，网络媒介权力运作的发展过程基本都依循着"现实事件发生—披露于网络媒介—引发大量用户关注—网络媒介权力主体聚集—权力运作反馈影响事件"的演变路径。因此，在网络媒介如日中天、成为信息传播渠道新宠和中流砥柱的同时，公众在网络信息互动时所衍生出的网络媒介权力的正确使用和引导，成为保证社会安定、有序、健康发展的又一新兴管理方向。

伴随着科学的进步和技术的发展，互联网媒介不再只是浏览新闻和消费信息的平台，其作为一种崭新的媒介形态，突破性地凭借对舆论场的强大影响而具备了议程设置的能力，进而影响了事件的结局。根据传播学理论，我们将大众媒介这种对个人或社会进行影响、操纵、支配的力量定义为媒介的权力，同时，参照罗素的观点：一旦某个个体具有了对其他个体产生预期效果的能力，他便拥有了权力，网络媒介权力便随着网络媒介中舆论场对事件本身的议程设置能力和用户之间的信息传播互动行为产生。

"网络媒介权力"这一概念是近几年才刚刚出现的，但网络媒介因为所展现出的能够左右事件动态发展的强大影响力，一经提出便引发了学术界众多学者的高度重视。现有关于网络媒介的研究成果多种多样，相关研究横跨多个学科，其中包括传播学、社会学、管理学、情报学、新闻学等，内容主要涉及公众舆论、情报信息、媒介作用、用户行为、网络文化等多方面。在这些研究中，网络媒介对事件的影响功能是学者们普遍关注的问题。这表示，学术界对网络媒介的关注点仍然更多地停留在"网络媒介权力的表现形式"这种外在的表现层面，而关于"网络媒介权力"自身的本质、内容、运作机制和管理方法等研究课题，仍然需要我们进一步研究探索。尤其在我国，网络媒介权力实践和学术理论出现了明显的断层和无法匹配的尴尬局面，针对这种局面，本书意在明确网络媒介权力本质和定义的基础上，解决网络媒介权力运作的控制和管理的相关问题。这些问题包括：网络媒介权力是怎样产生的？其与一般权力、传统媒介权力有哪些相同点和不同点？网络媒介权力的运作有哪些基本原则和固有属性？网络媒介权力运作的具体表现形式有哪些特点？如何管理和控制网络媒介权力的运作？网络媒介权力运作的控制机制有哪些？运用不同的控制机制对网络媒介权力运作的管理效果如何？以及如何实现管理网络媒介权力运作控制的良性发展等问题。本书将以更深入、全面的视角，挣脱以往只考虑网络媒介权力功能性单一线索的束缚，从网络媒介权力运作的各方面入手，对"网络媒介权力"的内涵、产生机制、运作方式和控制机制等进行全方位的剖析。努力实现对网络媒介权力运作的正确把握和积极引导，从而助力绿色网络环境的建设，维护网络运行秩序，并提升特殊情况下相关部门的应急管理能力，为管理者有效管理网络媒介权力运作提供理论支持和对策建议。

（二）研究意义

本书的研究意义主要体现在理论意义和现实意义两方面。

首先，本书研究问题的理论意义：

（1）完善理论体系，夯实网络媒介权力运作管理的理论阵地基础。本书聚焦于新兴的网络媒介权力运作问题，对网络媒介权力运作的控制问题，从管理学的角度进行完善与补充，深层揭示了网络媒介权力的运作原则和固有属性，并总结和评测了网络媒介权力运作的控制机制，加深了对网络媒介权力及其运作行为控制手段的理性认识。同时，本研究涉及包括议程设置理论、把关人理论、羊群效应、双因素理论、妥协原理、马洛斯需求阶梯、信息熵理论、严格可控理论、社会资本理论等在内的众多相关理论知识，以求对网络媒介权力进行充分、全面的认识和定义。本书通过对网络媒介权力运作控制机制的研究和体系构筑，在一定程度上，弥补了我国目前对于网络媒介权力运作机制和管理手段研究的不足。

（2）增强交叉学科领域的内在联结。本书研究和探讨的内容属于新兴的网络媒介权力运作管理领域，从属性上可以定位为社会科学与自然科学相交叉的地带，研究不仅综合了管理学、传播学、心理学、社会学、通信学、经济学、情报学等诸多学科的相关理论知识，同时还将数学、物理学、医学的研究方法、证明手段和逻辑体系引入网络媒介权力运作控制机制的研究中。本书通过管理学的视角，分析和认识网络媒介权力运作的状态、问题和解决的途径，借鉴通信学的知识与理论对网络媒介权力的运作控制机制进行模型建构和能力量化，并采用计算机模拟仿真和数理分析等方法对网络媒介权力运作的控制机制进行实证检验，以拟合先前的理论分析。多学科的方法使用和理论融合不仅有助于网络媒介权力运作控制机制本身的深入研究，同时还有助于推进其他学科的深层次发展和跨壁垒交融，达到对交叉学科整合和深化双管齐下的目的。

（3）提供全新观测视角，拓宽管理学中对权力运作问题研究的研究范畴。聚焦新媒体环境，大众媒体所代表的政府机关、公众自媒体和普通网民，三个层次的网络媒介权力运作主要群体的网络媒介权力运作和控制管理问题，为媒介权力研究提供了新的研究思路和具体方法。从管理学视角进行分析研究，一方面是对传统媒介权力管理问题进行升级，跟随时代发展浪潮，从上层管理者的角度着重研究网络媒介权力运作控制机制。另一方面是对管理学科本身研究内容的突破和创新，将权力运作管理问题重新定位于网络媒介层面，提出简单明了、行之有效的网络媒介权力运作控制策略，为政府和大众媒体机构提供在网络情境下可以依托和遵循的管理理论和控制方法。

（4）通过收集、汇总、整理和筛选，运用科学的探索方法，构建了一套较为科学、全面、完善且相互独立的网络媒介权力运作控制机制的体系框架，为以后更深一步进行应用性研究和实验设计奠定了一定的内容基础。经过大量的文献收集和对网络媒介平台中实际存在的控制手段的汇总和凝练，最终得出了共29项网络媒介权力运作控制机制。根据管理学目标控制方法进行分类，将其按照预先控制、现场控制和成果控制进行分类。使用结构方程模型的探索性因素分析结果表明，一些控制机制具有较强的相似性和关联性，再根据德尔菲法的专家咨询结果，最终确认了一套科学、全面、完善且相互独立的网络媒介权力运作控制机制24项体系框架，其中包括预先控制机制3项，现场控制机制17项和成果控制机制4项。这套体系框架具有较高的理论研究价值，并可以为后续的应用性研究和实验研究提供必要的标准素材。

本书除上述理论意义以外，还具有较好的现实意义，能够帮助管理人员更有效地实施网络媒介权力运作的管控工作。在面对网络媒介权力运作失当问题时，本书对解决问题的具体方法具有一定的指导性。本书研究问题的现实意义包括：

（1）为相关政府机关单位监督整个网络媒介权力运作环境和状态提供帮助和指导。

本书的研究成果可以帮助管理者正确认识网络媒介权力运作的状态并预测其发展趋势，有助于政府管理部门合理地制订相关控制、管理政策，以避免公众媒体平台和网络媒介用户的非法集权和不正当运作行为。网络新媒体是创新性社会管理的重点和难点，而意料之外的新闻事件的频频出现则直接考验着政府和相关部门的危机管理能力和执行能力。根据传播学中羊群效应的特点，一旦社会中对某一事物的观点实现高度统一的表述，不仅会造成群体受众的盲目追随，淹没部分事实，产生沉默的螺旋效应，同时还会不断加速发酵伴随事件发生而来的紧张情绪，进一步扩大影响或造成更难以控制的错误舆论导向。增加网络媒介权力运作的控制监督和预警机制可以有效避免不良羊群效应的产生，最大限度地将不良宣传、虚假信息和恐慌情绪及时遏制。通过研究内在传播机理及其动态发展，明确网络媒介权力的产生和传播路径，可以帮助管理者有效管理，在羊群中迅速找出消息传播源头的"领头羊"，控制"追随羊群"的集结和扩张，并在改善网络舆论和媒介权力的过程中，审时度势地采取相应的管控策略，提高网络媒介权力对公众行为的指导和影响力。研究首先揭示了网络媒介权力的生成路径及作用原理，方便管理者对网络媒介权力运作方向的关键环节进行把握，并提出了针对性的防控对策。本书可以为各级政府的管理决策提供理论依据，有助于网络信息办公室（简称网信办）等政府管理人员更具针对性地对网络媒介权力运作的核心要素进行认识和管理，相应调整传统的执政理念及管理模式，达到对网络媒介权力运作环境和状态的监督控制，并提高自身执政能力，促进服务型、创新型媒介管理部门的建设。

（2）为公众媒体确立地位，管理网络媒介平台媒介权力运作行为，以及为网络媒介平台控制普通受众用户的网络媒介权力运作的机制建设提供帮助。

根据网络媒介权力运作的内在机理和基本原则，本书一方面帮助传统公众媒体机构固化和确立其公众媒体网络媒介权力的主导地位，另一方面帮助新兴的网络媒介自媒体与普通用户更理性地对待、保护和行使自身的网络媒介权力。在传统的大众传播时代，公众媒体具有无可撼动的主流媒体话语权。然而时至今日，网络媒介的巨大冲击革命性地将媒介权力重新洗牌，越来越多的自媒体不断成长壮大，挤占公众视野，争夺网络媒介权力。网络正以不可阻挡的发展趋势影响甚至重塑着人类社会的每个方面，信息化、数字化、网络化逐渐内化进入人类活动和社会运转的各个领域之中，并凝结成一种独特的生存方式与发展形态。因此，我们研究并了解网络媒介权力的生成与使用，发展与运营就显得格外重要。虽然在网络媒介刚刚出现且相关法律还未健全之时，网络曾短暂地沦陷为信息传播的"法外之地"，更是因为自身的技术特征其几乎处于零壁垒的暴露状态，网络信息良莠不齐，网络媒介不止一次地发生过媒介权力运作的失控和违规。但如今我们在不断推进网络法律完善的同时，更要明确主流公众媒体的地位和权力，以保证网络媒介权力运作正向有序的方向良好发展，并通过理论指导社会自媒体等网络媒介平台的权力正确运作，实现网络媒介权力运作的规范、稳定。本书明晰了网络媒介对社会和下层主体影响、控制的作用机理，有助于各层次网络媒介权力运作主体更理智地运作权力和管理行为。在政府机关层面，通过研究网络媒介权力的运作机制和管理方法，建立健康文明的网络使用环境，帮助政府主流公众媒体科学掌握网络媒介权力，并通过正确的权力运作消灭不良媒介势力。在网络媒介平台层面，指导社会自媒体网络媒介平台媒介权力的规范运作，完善网络信息传播的体制规范。在基层网络媒介用户层面，应了解网络媒介权力运作的基本原理和正确规范，避免网络媒介权力运作失当行为的出现。（见图1.1）我们从多个层次的权力运作主体入手，正确引导网络媒介权力运作行为，为社会发展进步和安定团结添砖加瓦。

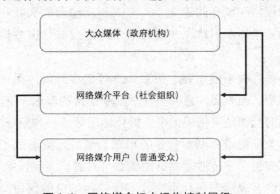

图 1.1　网络媒介权力运作控制层级

第二节　国内外网络媒介的演化与发展

（一）媒介发展演化历程概述

纵观人类传播发展史，综合媒介的传播方式、主要载体和传播能力等，我们可以按照不同媒介使用比重程度的变化将其兴衰发展分为五个时代：口头传播时代、文字传播时代、印刷品传播时代、电子媒介传播时代和互联网传播时代。（见图1.2）

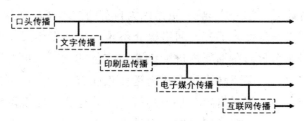

图1.2 人类传播发展历史进程

口头传播是人类传播活动的第一个历史阶段。在久远的原始社会时期，人类通过漫长的岁月洗礼和艰苦斗争，经过数代的演变与进化，大脑逐渐获得发育和启迪并变得发达。随之得到变化和发展的还有人类的发音器官和制造声音的行为，从简单的制造响动，再到伴随思维能力的声音系统，语言就是在这种情况下诞生了。因为不需要借助任何复杂的外部资源，口耳相传的声音传播就成了人类历史上最初的信息传播渠道和唯一形式。再后来，人类的文明不断开化，随着部落的聚集和城邦的建立，人与人相互沟通的次数和方法愈加频繁和复杂，系统的语言也逐渐形成，并成为同一部落或城邦中成员彼此联系和沟通的基本纽带。

由于口头传播存在不能留存、信息失真等诸多弊病，无法满足人类进一步生存和发展的需要，而人类又急需一种手段来记录和传递一些非常重要的信息，因此，文字传播时代便随着结绳记事、折枝标记等信号和象征符的出现来临了。随着越来越多的象征记录和刻画符号的出现，最后人类形成了象征着高等文明的文字系统，这使得文字传播时代更加成熟与兴盛。文字传播不同于口头传播，它使语言以有形的客观形态保存下来，不仅使得信息的保留时间更长，同时也大大扩大了传播的范围。因为文字传播摆脱了口头传播必须口耳相传人人在位的限制，文字所记载的信息可以长期保留并流传下来，因此人类的文明和经验逐渐得到积累，这无形中促进了人类文明的发展和壮大。一直到电子媒介时代来临之前，文字传播都是远距离传播和记录历史信息的唯一媒介手段，这在我国丰富的历史文化和文学遗产中可见一斑：诗圣杜甫叹息家国动荡，可怜山河破碎，曾写下"家书抵万金"的千古名句；文天祥漂泊他乡，在孤立无援时也曾书写出"留取丹心照汗青"的豪言壮语。此外还有"罄竹难书""铁画银钩"

"名垂青史"等成语都能够证明文字传播在人类发展史上的重要地位和辉煌成就。

直至我国唐代，毕昇发明的活字印刷术成为人类在信息传播形态上的又一次重要突破，它标志着印刷品传播时代的到来。值得骄傲的是，毕昇作为世界上第一个印刷术发明者，比德国人约翰内斯·古腾堡（Johannes Gensfleisch zur Laden zum Gutenberg）的铅活字印刷术早了近400年。

印刷术可以说是人类近代文明的先驱和向导，它的出现不仅为知识的广泛传播、交流创造了条件和可能，更是印刷传播时代主要标志产品——报纸和杂志的技术基础。印刷品传播的最大优势在于减少了文字传播的人力消耗，使得文字这种载体通过复制具备了更广阔的影响力和传播力。报纸作为普及范围最广泛的印刷类大众传播媒介，曾经一度是公众以及企业最为偏爱的传统媒介载体之一，因为它不仅具有信息详细性以及信息内容可选性，还因为其能够满足人类对低成本长期保留信息的需要。除此之外，报纸作为大众传播的重要载体，还具备反映和引导社会舆论的重要功能。而印刷品传播时代的另一位重要角色是杂志，它的起源则更为有趣。杂志最初是来源于工人罢工、学生罢课和战时征兵宣传所用的小册子。这种注重时效性的宣传产品，往往针对一类特定的人群，配以更加明晰简洁的信息和精准动人的讲述，依靠特定的内容和专业的评论，以达到吸引和影响具有相对专业的受众人群行为的目的。也正因如此，杂志的发行数量和受众体量较报纸而言只是九牛一毛，但对受众的影响力却和报纸不相上下。

到了第二次工业革命之后，媒介形式又迎来了一次翻天覆地的变化。19世纪60年代中后期，随着电气时代的到来，各种电子媒介也似雨后春笋般层出不穷。无线电广播、收音机、磁带、胶片放映机、电视等电子媒介纷纷成为这个时代的新宠。电子媒介因为具有传播速度更快、传播范围更广、传播效果更直接等的特点，基本上毫无阻力地收获了无数受众的接纳与喜爱，瞬间成为大众传播的又一主要阵地。在当时，传播学界一般将大众媒介分为两大类：印刷品媒介和电子媒介。前者的载体包括书籍、报纸、杂志等媒介产品，而后者则以无线电、电视等媒介产品作为重要代表。

电子传播时代最初的主要传播形式是以广播为主。广播是一种通过电子导线或无线电波传送声音的新闻传播工具，也因此，它有无线传播和有线传播两种形式。它的出现也正式标志着电子媒介成为大众传播媒介的一种。因为广播具有对象广泛、传播迅速、功能多样等特点，与传统的印刷品传播比较，广播传播的速度更快、内容更加清晰容易理解。所以无论受众年龄如何，文化程度如何，广播都能为其提供各种优质的信息资源。广播虽然与受众的匹配性更强，适应性更优秀，但广播也存在一定的缺点和局限性。相对于传统印刷品媒介，广播的留存性较差，时过境迁之后很难记录和追寻。另外，广播的选择范围也相对较窄，广播内容不能由受众主动选择，只能按照节目的时间顺序和电台机构的节目安排顺次收听。最后一点，广播的传播只调动了受众的听觉感官，没有文字和图像来牵制受众的视觉感受，而人类从视觉获得的信息占信息获取总量的八成以上，因此广播受众很容易出现注意力分散的情况，并不利于人们记录和学习相关信息内容。

电视的出现则将电子媒介时代推向了人类传播历史上从未有过的巅峰，时至今日，电视仍然是最普及的大众媒介产品和信息消费渠道之一。电视是使用电子技术传送活动的图像画面和音频信号的设备，即电视接收机，最早由英国工程师约翰·洛吉·贝尔德（John Logie Baird）在 1925 年发明。作为电子传播媒介的代表产品和主要载体，电视具有时效性强、准确性高、表现直观、内容翔实、娱乐性强等众多优点。它利用电子科学技术，实现了对图像和声音的同步传播，通过实时转播或以记录重现的方式呈现出具体翔实的图像信息和声音信息，达到了信息的远程共享与广泛传播等目的。即便如此，电视传播也并非万能。电视传播依然存在不易保存信息内容以及信息选择性有限等问题，并且电视传播相较于其他传播方式，需要受众为其支付更高的经济成本。

互联网的发明是人类科技发展史上的一座重要的里程碑，同时也是人类信息传播技术的一次重要改革。随着信息技术的不断发展以及智能终端设备的广泛普及，互联网现有的功能早已经远远超出人们的预期和想象，越来越广泛的波及和牵扯造就了其传播媒介的最终形态。顾名思义，互联网传播时代的主要媒介载体为互联网，传播媒介的主力军是网络媒介。

网络媒介作为 20 世纪中叶以来最重要的信息传播形式，囊括了人际传播、大众传播、群体传播、组织传播等。其甚至颠覆了人类对于信息传播的观念、内容和方式，不但改变了人们消费和使用信息的行为习惯，更从某种程度上深刻地影响受众的生活方式与思维模式。相较于电子传播时代，互联网传播具有信息多元化的优势，其不仅能够通过文字、色彩、声音等多方位的信息传递带给受众更加强烈的感官刺激，而且可以实现媒介互动，让受众参与到媒介传播的整个过程之中，成为信息传播的节点与内容的制造者。同时，跨越空间障碍的信息传递和更加廉价的信息传播成本也为互联网传播的广泛性提供了无限可能。不仅如此，互联网传播能够有效地整合其他各种媒介并为自身所用，这强大的整合能力使其真正做到了取百家之长，补自身之短，变得面面俱到。这种八面玲珑、包罗万象的能力也让其克服了以往媒介的诸多弊病，顺利成为新一代的流行信息载体。例如，相较于印刷品传播，它更加快速、直接、灵活；相较于口头传播，它具有更好的留存性，方便信息的追根溯源与保留传达；相较于电子传播，互联网传播的互动性为读者提供了更为广阔的选择空间，让受众成为消费和使用信息的真正主人。可就目前的互联网传播环境和网络媒介技术而言，互联网传播仍然具有一定的缺陷。首先，由于网络媒介权力分散，管控失调等问题，网络消息质量良莠不齐，对受众的影响力难以预测，极不稳定。其次，网络媒介中传播者和受众物理身份的缺失，使得网络媒介用户具有很大的隐蔽性，这就滋生了更多的网络媒介权力运作失当行为。再次，海量且无边无界的信息资源迫使网络媒介用户需要更多的时间和精力辨别正确信息和所需的有效信息，极易造成用户的信息超载。最后，网络媒介的移动便利让许多用户产生了错失焦虑行为，严重的甚至会影响人们在现实社会中的工作和生活。因此，网络媒介传播虽然优点众多，但也伴随着许多我们未曾面临的困难与挑战，解决这些问题然需要人们进一步地学习与探索其使用方式，令其更好地为人类信息传播服务。

（二）国外网络媒介发展演化历程

世界上最早的网络媒介可以追溯至 20 世纪 60 年代末。1969 年，美国国防部授权阿帕网（ARPANET）进行互联网信息传输试验。1969 年 8 月 30 日，以雷·克莱洛克（Kleinrock）为首的 20 名科研人员，在加利福尼亚州州立大学洛杉矶分校的一个实验室内成功建立了第一个阿帕网节点，第二个节点则于同年 10 月 1 日建立在斯坦福的一个研究所内。彼时美国国防部司令员只是想通过此项研究搭建信息通信平台，并通过远程控制武器来快速精准打击敌人，没想到这项研究最终成为颠覆人类信息获取和消费的习惯甚至整个信息传播规则的重要发明。

阿帕网在 1969 年 10 月 29 日发出了第一条数据信息，研究员克莱洛克（Kleinrock）打算传输 "login" 这个单词来启动一个远程分时系统，但系统在只传输了 L 和 O 两个字母后就崩溃了，于是 "LO" 成为两台联网计算机之间发送的第一条数据消息，同时也是网络媒介上诞生的第一条信息。

1983 年，美国国防部将机密军事部门专用的 MILNET（国际互联网的前身）从阿帕网中剥离，并单独运作，而阿帕网也在次年正式更名为互联网。据说更名时，互联网已经连接了来自各大高等学府和知名社会企业实验室中超过 1000 台的电子计算机。因此从 1969 年开始到 1983 年结束，这是国际互联网发展的第一个阶段：初步形成阶段。

从 1984 年到 1993 年是国际互联网发展的第二个阶段：发展完善阶段。这个阶段的主要里程碑事件包括 1984 年互联网域名系统（DNS）的创建与使用，将复杂的 IP 地址与以方便记忆的扩展名相匹配，创造了"网址电话簿"。1988 年互联网正式对外开放以及互联网在 1989 年开始出现商业运作。同年蒂姆·伯纳斯-李（Tim Berners-Lee）撰写了一篇论文，文章描述了他在互联网上以超文本格式发布信息的先进想法，后来他对通用连接的设想成为万维网的雏形。1993 年，计算机科学专业的学生麦克·安德森（Marc Andreessen）开发出了第一款网络浏览器 Mosaic。这些协议条款和学术研究不仅不断完善着现有的互联网体制，同时还为互联网在未来的进一步发展成为大众媒介奠定了坚实的基础。

从 1994 年开始，网络媒介得到了从未有过的迅速发展，这种情况一直持续到 2003 年，在互联网正式进入网络 2.0（Web 2.0）时代之前，这一阶段被称为网络媒介的高速发展阶段。在这期间网站论坛、虚拟聊天室等全新形式的网络信息交流平台纷纷涌现，BBC、美国广播电视公司等传统实体线下媒介也都先后各自建立了自家的网络媒介信息中心。网络收集资源和消费信息一时间成为受众了解新闻与资讯的又一新兴渠道，因此，1998 年 5 月，联合国新闻委员会正式将互联网定义为继报纸、广播、电视之后的"第四媒介"，网络媒介一词正式诞生。

Web 2.0 的概念最初诞生于 2004 年，出版界龙头企业经营者奥莱利（O'Reilly）和某知名网络视频公司之间的一场头脑风暴论坛中首次提出了这一影响了未来几十年的关键词。身为互联网先驱和奥莱利的副总裁，戴尔·多尔蒂（Dale Dougherty）指出，伴随着令人激动的新程序和新网站间惊人的规律性，互联网不仅远未"崩溃"，甚至比以往更重要。Web 2.0 更注重用户的交互作用和主动行为，用户既是网络媒介内容的浏览者，又是网络媒介内容的制造者。所谓网络媒介内容的制造者，是说互联网上的每一个用户不再单单是互联网的读者，同时也是互联网信息内容的作者；不再仅仅是在互联网上"观景冲浪"，同时还是浪花产生者和波澜的掀起者；在使用模式上由被动的"读"向主动的"写"以及"分享"发展。这样主动创造互联网信息发展的用户模式就是更加人性化的 Web 2.0。虽然至今关于 Web 2.0 的含义和解释仍存在分歧，但不可否认的是，如今的网络媒介环境已和多年之前天差地别。无论是新的 IPv6 使用协议正在逐渐替换原本世界通行的 TCP/IP4 协议还是移动智能手机的网络媒介用量将在 2 年内超过个人计算机的 IP 流量，这些改变都意味着网络媒介需要被重新定义和审视，如今全球有 44 亿用户每天使用网络媒介获取和发布消息，互联网本身也已经从一个由美国主导的通信媒介变身成为一个已经渗透到全球 200 多个国家影响 77 亿人口的信息媒介。从 2004 年到今天为止，我们仍处在网络媒介发展的第四个阶段：重新定义与扩张发展阶段。

1998 年，拉里·佩奇（Lawrence Page）和谢尔盖·布林（Sergey Brin）在美国斯坦福大学的学生宿舍内共同开发了谷歌在线搜索引擎，彻底地改变了大众用户传播和检索信息的生活习惯；2004 年马克·扎克伯格（Mark Zuckerberg）在美国加利福尼亚州的门洛帕克创建了脸书网站，如今已发展成为全球范围内影响力最大的社交媒体之一，然而互联网媒介所谱写的传奇神话和辉煌历史还远远不止这些……

（三）国内网络媒介发展演化历程

中国最早的电子媒介，可以追溯到 1993 年 12 月 6 日的《杭州日报》电子版，但那时并不存在网络传播的概念。因此，真正出现网络媒介的时间是在 1995 年中国公用计算机因特网的开通之后。

我国于 1994 年 4 月 20 日，通过美国 Sprint 公司正式接入国际互联网络。1995 年 5 月我国正式向全社会开放网络接入端口并提供网络媒介使用服务，但早在 4 个月之前，《神州学人》杂志就已经首先开创了中国网络媒介出版刊物的先河。同年 12 月 20 日，《中国贸易报》成为第一家开通网络媒介的新闻机构。截至 1995 年底，中国第一批网络媒介注册单位已达到八家。

在此之后，网络媒介的声望和影响力节节攀升，其队伍规模也变得逐年庞大。渐渐地，中国受众开始普遍认可网络媒介，并将其与传统的报纸、广播与电视三大媒体并列，称其为"第四媒介"。

在得到国人受众的普遍认可和喜爱之后，互联网媒介的发展犹如开了外挂一样飞速前行。1996 年 10 月广东人民广播电台建立了自己的新闻信息传播网站，2 个月之后，中央电视台网络媒介网站平台建成；1997 年元旦，《人民日报》正式开通互联网传播渠道，将网站命名为"人民日报网络版"；同年 4 月，中国新闻社的《华声月报》申请了独立域名，开始着手建设自身的网络媒介平台，并于 1 个月后建站完毕。新华社也于 1997 年 11 月 7 日开放网络传播渠道，公开面向线上受众收集建议并发布新闻资讯。根据中国记协报纸电子网络版调研会的调查统计，截至 1998 年底，全国电子报刊总数为 127 家，而这个数字在 1999 年底，则飙升至 1000 多家。同时，网上的广播电视机构也在逐年增长。在 2000 年底的统计数字中，全国共计拥有 1 万多家广播电视实体媒介，其中超过五分之一的实体媒介拥有自己的信息虚拟社区或网络媒介平台。

我国网络媒介的迅速发展，不止体现在新闻传播媒介的网络化平台建设上，更体现在网络媒介的创新与进步。从互联网产业的角度看，独立的网络媒信息平台已逐渐成为网络媒介中不可或缺的重要组成部分。1995 年丁健等人创立了中国第一家 IT 企业——亚信。1997 年 6 月丁磊于广州成立网易公司，并在 2 年内陆续完成了多个中国第一的壮举，这其中包括我国第一个全中文搜索引擎，第一个免费个人主页，第一个免费电子贺卡站，第一个用户网上虚拟社区和第一个网上拍卖平台等。1998 年从美国麻省理工大学毕业回国的张朝阳，经过 3 年的卧薪尝胆，最终一路披荆斩棘创建了搜狐网。同年 11 月，马化腾和他的同学张志东在广东省深圳市正式注册成立"深圳市腾讯计算机系统有限公司"。1 个月之后，四通利方信息技术公司与华渊资讯正式合并，建立了新浪网。前者腾讯仅用了不到 2 年的时间就凭借即时通信服务程序 OICQ（腾讯 QQ 前身）获得了 500 万的注册用户。后者新浪更是在成立后不到半年的时间内，先是获得了当时国内网络媒介最大的一笔海外风险投资——2500 万美金的巨款，后又顺利完成网络媒介内容、技术和服务的全面改版，成功实现了中国、北美等多个地区的信息媒介整合。然而网络媒介的崛起神话到这还远远没有结束，1999 年，以马云为首的"十八罗汉"成立的"阿里巴巴网络技术有限公司"于浙江省杭州市横空出世，并在此后的 20 年不断带给中国乃至全世界翻天覆地的新变化。2000 年 1 月 1 日于北京中关村成立的百度，更是让中国一跃成为继美国、俄罗斯和韩国之后，全球第四个拥有搜索引擎核心技术的国家之一。其独有的"超链分析"技术专利，每天响应服务来自 100 多个国家和地区的数十亿次搜索请求，百度不仅是我国网络媒介获取中文信息和资讯服务的中流砥柱，更是全世界认识和了解中国的全新渠道与窗口。

仅仅 5 年时间，无论是新闻机构的网络媒介平台运作，还是独立的网络媒介平台开发，中国人始终都以风起云涌之势不断改变和影响着全世界网络媒介平台的发展进程。随着众多网络媒介信息平台的崛起，中国正式开启了网络媒介大时代。

截至 2019 年 12 月，我国注册在籍的域名总数为 5094 万个，其中"．CN"的域名数量最多，达到了 2243 万个，约占整体总数的 44%。（见图 1.3）网络媒介数量达到 497 万个，网络媒介单页数量 2979 亿个，其中静态网页 2063 亿个，动态网页 916 亿个。同时，我国第 45 次《中国互联网络发展统计报告》显示，这些数据仍在持续增长。

截至 2020 年 3 月，我国网民规模已达 9.04 亿，人均每周上网时间为 30.8 小时。网络媒介已然成为我国大部分民众在工作与生活中获取资源和消费信息不可或缺的重要一环。

域名	数量 / 个	占域名总数比例 /%
.CN	22,426,900	44.0
.COM	14,924,706	29.3
.中国	1,703,456	3.3
.NET	1,075,645	2.1
.ORG	167,067	0.3
.BIZ	45,182	0.1
.INFO	33,588	0.1
NEW gTLD	10,132,444	19.9
其他	433,307	0.9
合计	50,942,295	100.0

图 1.3 我国网络媒介在籍域名数量分布

第三节 传统媒介权力理论基础研究综述

关于媒介权力的定义问题，目前学术界较为常用的定义是："媒介权力可以被解释为，现代传播媒介是一种对个人或社会进行影响、操纵、支配的力量；具体事件得以发生和影响事件怎样发生，界定问题以及对问题提供解释与论述，由此形成或塑造公共意见的种种能力。"而我国学者王怡红则将其定义为是通过对问题的解释行为塑造公共意见，并通过公共意见影响事件发生过程而对个体或组织产生影响、操纵、支配的力量。朱颖则从权力多元化的分析视角来进行论证，认为媒介权力不仅具备权力的一般属性，还进一步从武力、操纵、说服和权威等方面来解释媒介权力的运作方式。石晋阳研究了群体偏见塑造的媒介权力对受众的危害，他认为个体或群体通过媒介诉求改变自身的不利处境，并从宏观上改变社会权力结构，这就是媒介权力的表现。云南大学民族学与社会学学院媒体人类学研究所所长郭建斌教授也认为，媒介权力涉及的内容十分广泛，但是把"权力"等同于"影响力"也并不完全合理。他总结媒介权力比较有代表性的定义是：一种对个人或者社会进行影响、支配、操纵的力量，具体事件得以发生、发展，界定问题及解释和论述，由此形成或塑造公共意见的种种能力。

国外对媒介权力的研究主要是从媒介的功能性和媒介的效果两方面一点点

发展兴起的。加拿大著名传播学家马歇尔·麦克卢汉（Marshall McLuhan）认为，媒介既是人们观念意义上的一种传播工具又是人类器官的延伸，制度本质上也是一种媒介，是对社会人和政治体系的延伸。美国思想政治家拉斯韦尔（Lasswell）也曾提出"媒介"应具备监视环境、联系社会和传递信息三功能理论，不仅率先揭示了"媒介权力"存在的客观事实和重要性，还就其发挥的实际重要作用进行了理论解读。而后，诸多学者以此为基础观点，对媒介权力观念进行了多方面的功能性补充和效果性论证，对媒介功能和媒介效果的反复讨论也成为美国学者对"媒介权力"研究的首要课题。丹尼斯（Denis）认为媒介通过吸引和引导公众，并对信念和观点实施劝说，最终实现干预行为，界定"现实"的权力构建。琼斯（Jose）认为标签化是社交媒体平台行使媒介权力的重要方式，其以新冠病毒相关热点话题为例，证明了媒介对政府的影响功能，并称之为公众的媒介权力。华宜（Hoewe）等人认为媒介权力具备塑造政治态度的功能，它是与政治权力相互博弈的存在，通过调节和改变媒体和政治态度之间关系的强度，可以改变两者的影响因果关系，并决定这些关系的方向性。瓦莱丽（Valerie）等人将媒介权力视为媒体人工制品，认为其具备的教育作用，可以影响社会价值观念，并利用这种价值观念来促进、复制和维持自身的地位和领导力。

直至 20 世纪 70 年代，美国学者伊莱休·卡茨（Elihu Katz）首次对过去 42 年的传播效果的研究进行了分类、整理、归纳和比较，并按照传播效果将相关研究划分为三个主要历史阶段：

（1）绝对力量效果论阶段

这个阶段在传播学界也称"昙花一现"阶段，时间从 1935 年到 1955 年。此时西方媒介在大众传播和行为引导上曾表现出无与伦比的影响力和控制力，因此当时学者普遍信奉"媒介万能"论。但是随着研究的深入和时代的进步，学者们相继发现，大众媒介的影响力并不是"无所不能"的，其所产生的媒介权力也并非"不可抗拒"的，于是具体研究很快钻进死胡同，并慢慢变得难以自圆其说且毫无说服力，最终落寞收场。

（2）有限作用效果论阶段

有限作用效果论阶段有时也被称为焦虑反复阶段，此阶段存在的时间最短，从 1956 年到 1960 年仅仅持续了 5 年。在此阶段中受众和学者对媒介的认识和印象由之前的"无所不能"逐渐转变为"能力有限"。同时，此阶段也是大众传播与媒介权力最灰暗的一段时间。1955 年随着华沙条约组织的正式成立，两极格局的冷战态势也正式确立。经济威胁、武力压制等强硬的控制手段层出不穷，这使得媒介从业人员和相关学者在当时普遍认为，传播媒介作为一种软实力的象征极难完成影响其他个体在态度或行为上的转变。学术界和受众一度认为媒介所拥有的力量非常有限，他们没有对媒介权力进行更深入的研究。甚至有些学者质疑媒介具有进一步研究的学术价值和现实意义，并因此陷入焦虑情绪，这便是"焦虑反复"这一阶段别称的由来。

（3）理性适度效果论阶段

由于媒介权力的研究经历了为期 5 年的沉寂与低落，而后在 1961 年被学者们重新提及，因此这个阶段也被称为凤凰涅槃阶段。在此期间，受众不仅看到了媒介权力在战争宣传、女权解放运动、罢工游行等一系列社会动荡事件中的突出作用，并且切实地感受到了媒介对公众长期且根深蒂固的影响力。此外，著名传播学家麦克卢汉在 1964 年出版了传播学著作《理解媒介》，在这本书的开头，他这样写道："严肃的艺术家是仅有的能够在遭遇新技术时不会受到伤害的人，因为这样的人是认识感觉变化方面的专家。"在现实层面和理论层面的双重鼓舞下，学者们纷纷重拾信心，对媒介权力和传播效果进一步展开了更大范围和更深入的研究。时至今日，我们依然认为媒介权力非常强大，只是这种强大并不是无条件存在的，学者们需要做的就是正视媒介权力的效果和作用，对这种作用及效果保持理性的认识与判断。（见图 1.4）

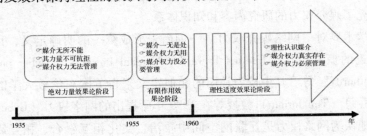

图 1.4 媒介权力研究历史阶段

近年来，有学者以社会资本理论为基础对媒介权力进行了更深入的研究探讨，并提出了社会资本与媒介权力的重要作用关系，认为网络中的不同个体所处的结构和位置的不同，造成了社会资本的不平等，因此需要通过资源的交换来达到向网络中心地区移动聚拢的目的，并由此在媒介中形成了权力关系。根据皮埃尔·布尔迪厄（Pierre Bourdieu）提出的场域理论，社会中个体资源的缺乏和网络资源的有限性会促使个体不断攫取社会资本和争取更多的外部资源，在这种竞争与合作的关系中彼此产生了权力。场域理论为媒介权力的研究提供了不同的全新观测角度，由此经验学派和宏观学派对媒介权力的研究不再受限于媒介对受众的影响结果和效果分析，更多的学者开始朝媒介权力的表现方式、运作机制、功能作用等方面进军。

第四节　网络媒介权力相关研究述评

国外对网络媒介权力的研究开展得相对较早。早在 20 世纪 60 年代，美国经验学派（Empirical School）关于媒介功能与效果的研究可以看作与"媒介权力"最接近的一个知识领域。许多传播学重要思想的早期奠基人，如政治学家哈洛德·拉斯韦尔、社会学家拉扎斯菲尔德（Lazarsfeld）与默顿（Merton）、卡茨等均是这一时期经验学派的代表学者，他们信奉实用主义的研究和多元社会价值观。在效果论的研究后期，部分学者开始质疑影响论的研究，他们认为将"权力"或"力量"的研究限于"影响力"或"效果"的发挥显得过于狭隘。因为在权力的定义中还包含了"能力"的描述……由此，"媒介权力"研究不再局限于影响的层面，而是掉转船头开始朝着认识媒介权力形成的方面扬帆远航。后来，他们又进行了对"媒介权力"与其他社会组织间的相互关系的研究，进一步扩充了媒介权力的研究内容和知识体系。

国外学术界对"网络媒介权力"一词尚未形成统一的明确定义，目前，与其含义相近的概念包括"Internet Power""Digital Power""Cyber power"和"Media Authority"等。其中较为常用的相似定义来自英国东伦敦大学的政治学家提姆·乔丹（Tim Jordan）教授等在 1999 年所提出的网络权力（Cyber power）的概念，他认为网络权力是互联网空间中政治、文化相互融合、相互影响、相互作用的一种外在表达形式，属于社会权力在虚拟空间中的进一步延伸。而后，随着网络新媒体形式如雨后春笋般的不断涌现，越来越多的传播学研究者开始尝试使用各种经典理论和新理论对网络媒介的传播特点和传播效果进行研究解剖。这其中有根据行动者特征，运用议程设置理论对媒介权力进行研究的，也有根据使用与满足理论以 Facebook、Twitter、WhatsApp 等社交媒体为主要研究对象的相关理论效果的研究，还有以同质交往理论为基础着重网络媒介与传统媒介分析比较的对比研究。近年，也有学者陆续开始融合组织理论与媒体理论，并针对"数字媒介的组织能力"展开研究。除此之外，还有学者试图量化媒介权力，并认为这些调节和调停变量才是决定媒体权力和政治态度之间关系强度的关键。

　　随着网络媒介以风起云涌之势的流行和发展壮大，越来越广泛和深入的研究也逐渐展开。有国外学者认为尽管网络虚拟社区空间还没有被用作展示传统硬实力的媒介，即以物理力量为支撑的胁迫和威胁，但它确实是一个可以展示、吸引和宣传软实力的有效媒介。研究者以垂直层的形式定义了网络虚拟社区空间的属性，结合当前垂直层与距离的关系，建立三维模型，试图将网络空间的独特属性用来进行权力投射，最终达到量化网络媒介权力的研究目的。也有学者从更宏观的视角，基于遗忘机制大胆预见了自媒体网络舆情中的热门话题传播经历的三个阶段。耶鲁大学的研究者使用了一个全新的调查量表来测试美国公民，研究发现富裕的美国人对社会地位的渴望比较强烈与他们的经济保守程度呈正相关。而且，在社交媒体的背景下对这种关联进行检验，发现富裕的美国人会在 Facebook、Instagram 和 Twitter 等上通过分享他们生活的精致片段来争夺社会地位，以突显自身的上层阶级生活方式，掩饰他们在经济上的保守行为。另有学者认为网络媒介权力的出现是对传统媒介权力"金字塔"式社会结构的冲击，并在逐步将权力金字塔瓦解摧毁时，形成更多元、多变、拥有更大民主空间的新型社会结构。

　　综上所述，可见国外学者对网络媒介权力的研究内容不仅包括量化研究、传播特点、集权形式、影响效果等方面，还包括宏观战略研究和运行机制分析。研究方法以理论研究为主、案例分析为辅。定量研究采取了多元方程回归分析法、实验法等。

　　我国对媒介权力的研究起步较晚，尚属初期探索阶段，不过有关网络媒介权力的研究论文研究成果颇丰，且质量尚佳，相对国外发展更为迅速。国内学者赵红艳于 2012 年首次较为明确地提出了网络媒介权力的概念，她认为网络媒介权力是在网络虚拟空间中，各方行为主体根据互动规则，对社会情境、问题、冲突等进行意义的阐释与赋予，并由此形成或塑造公共意见，从而对个体或组织造成影响、操纵、支配的能力。但是现有对网络媒介权力的研究多是从新闻与传播学的视角出发着重强调其传播能力和传播效果，更多的是以具体的网络媒介载体的行为能力为切入点研究网络媒介权力。我国学者黄少华认为，网络媒介交流是一种以"物理身份缺失"为主要区别特征的特殊交流形式，同时网络媒介的自组织性是区别于传统媒介固有组织的最大特征。因为自媒体并不会产生和建立传统媒体所具有的高度组织纪律和严谨组织结构，故而网络媒介用户会根据各自喜好自主进行议程设置，这在不经意间瓦解了传统媒体的媒介权力。韩运龙等通过对网络空间中"结构洞"的讨论与分析，并针对意见领袖的网络话语权力进行直接归因，认为在网络媒介中意见领袖的话语权力来自一种现实社会中政治体系、经济实力和社会地位的延伸。还有诸多学者以使用与满足理论对网络媒介的传播效果、交往互动、曝光量等进行分析，试图寻求网络媒介强大影响力存在的根源。另外，越来越普及的网络媒介建立了越来越开放的虚拟社区平台，在出现社会冲突事件时，受众会受限于现实社会束缚，导致羞于表现的真情实感因为现实和理智被封藏和积压，并在网络虚拟社区中寻找机会自我释放。罗昶认为以博客、朋友圈、QQ 空间等为首的网络媒介平台空前放大了自媒体传播信息的权力和能力，任何网络媒介使用者都掌握了"媒介使用权"和"发言权"，因此，传统的大众媒介权力和社会发言权都被迫转移了。

国内最早将网络媒介的影响和控制能力视为一种权力看待的文献出现于 1999 年，我国学者陈绚将网际网络对信息接收者的影响和控制行为称为第五种权力。他在我国首次提出第四媒体的概念，并解释其来源：由于因特网的逐步普及和广泛应用，形成了网际网络。在文章中，他虽然没有提及"网络媒介权力"一词，但是分别通过阐述美国独立检察官斯塔尔（Stahl）调查克林顿（Clinton）"性丑闻"的报告在网上提前公布以及马来西亚副首相安华（Anwar）等三个标志性事件说明了，网络媒体是如何超越"第四权力"，凌驾于传统媒介之上，并再创新高，逐渐形成"第五权力"的。他在文中分别从人类感知延伸、议程设置理论等方面分析了这种权力的影响力、冲击力和感染力对受众行为和思想的激化和改变能力。

由于彼时我国网络普及程度较低，关于网络媒介权力的研究并没有迅速引起我国学者的重点关注和深入讨论。直到 2007 年前后，随着我国个人计算机的广泛普及和智能手机用户数量的持续不断的快速增长，网络媒介权力才又得以进入大众视野。国内学者在接触和了解网络媒介后也纷纷跟随时代发展的脚步，逐渐开始关注网络媒介权力的影响问题，开展相关理论的进一步探索学习。

2010 年之前的研究，学者们普遍认为网络媒介是一种与传统大众媒体对立的存在。陈奇佳认为网络媒介在其运作过程中鼓励大众积极地参与到信息传播的关键环节中来，但是这种行为对大众传播的一些固有的结构性特征形成了冲击，"逆向的螺旋"、宽聚焦、自由裁量以及积极的信息反馈等新的模式特征是脱离了传统大众媒体的结构和流程的束缚的存在。正是这些网络信息模式传播的新特征，才塑造了传播中的大众权力。周笑和傅丰敏则认为网络互联新媒体正在以公用媒介的身份，在以机构媒介为主体的"大众媒介"之外，形成高度分散而又自由互通的"公用媒介"，它以原子联结式结构充分形成了"人人为我，我为人人"的信息传播形态，不仅推动了媒介权力向大众方向的转移，同时还直接催化了社会结构的变迁，使网民的网络媒介公用权力得以进一步扩张。

魏晨对网络媒介权力与传统媒介权力的竞争的描述则更加激烈，其认为网络媒介权力的出现，意味着传统媒介权力的消解与失去，并称虚拟网络媒介与真实信息中夹杂着多重"吊诡"状态。网络媒介权力的出现使得传统媒介权力的形态在压制与激励之间摇摆不定，网民甚至会在面临有权和无权的抉择时，很难做出选择。

这一研究阶段，随着网络媒介权力的出现和兴起，学者们开始关注这一问题，但是研究关注点基本只集中在传播学领域内部。此外，研究方式也略显单一，只是和传统媒介权力相比较，并通过结构剖析其存在的问题和意义：一些文章中虽偶有涉及某个具体案例或事件的定性分析与举例说明，但研究依然存在缺乏量化的手段和由于认知不足无法深度解析其内在机理等问题。

2010 年后，人们对网络媒介权力的研究正式步入大众视野，综合众多学者的描述和观点，总结其原因有三：第一，互联网的普及与发展，引出了网络媒介权力的相关问题。因为网络本身的普及与发展，人们对网络有了更深的需求和理解。越来越多学者得以有机会亲身接触和使用互联网传播和收集信息，许多传统媒介受众在网络媒介中第一次有了表达内心情感和真实想法的机会，于是网络媒介权力空前扩张，媒介的单向赋权逐渐变为媒介与个人的双向赋权共谋，即个人需要媒介赋权，媒介也需要个人赋权，二者处于媒介权力的互动关系之中。网络媒介权力不仅动摇了传统媒介权力的霸主地位，同时也牵动了整个舆论传播的生态环境。因此，与网络媒介权力相关的议题才会频频出现在大众视野之中。第二，互动式的信息传播方式是对以往信息流动认知的颠覆。因为互联网的迅速普及和通信技术的飞速发展，网络信息传播机制对信息传播方式产生了前所未有的巨大变化，同时也伴随着信息传播渠道和消费方式的相应改变。在传统媒介渠道中，信息单向性传播的特点越来越难以满足受众对信息深度理解的需求和即时反馈个人意见的渴望。缺乏互动性的信息传播方式，更是使得信息的传播效果大打折扣，甚至一旦对内容的理解有所偏差也不能及时修正。而网络媒介的出现恰恰打破了这种僵局，为信息的传播提供了一个全新的双向循环传播渠道，一种新型的、可互动的传播平台。第三，关于网络媒体信息左右网民用户行为的事件层出不穷，明晰网络媒介权力特征对传播效果的影响成为了亟待解决的现实问题。随着新媒体技术和应用程序日新月异的迅猛发展，虚拟的网络社会在人们不经意间悄然出现。近年来，网络媒介中的某些意见领袖在热点事件中不断发挥舆论带头的作用，并影响整个事件进程和结局的现象逐渐引起社会的广泛关注。意见领袖在代表弱势群体发声、揭露社会不良现象、普及日常科学知识等方面发挥着积极的作用，而且对"无权网民"整齐划一的舆论所形成的公众意见产生了影响，成功帮助事件中的弱势一方一次又一次地战胜了传统权力体系中的强者。因此，网络媒介权力又一次成功引起社会受众的广泛关注，并引发学者的深入思考。即便一些网络红人通过发布不实消息、散播虚假广告，企图通过哗众博采、驱逐良币等手段收获更多流量和关注，造成了扩大社会矛盾和歪曲真实信息的情况，但仍无法消解大量受众团结一致战胜"强敌"所带来的快感。因此关于网络媒介权力仍存在的诸多问题和弊端，需进一步研究与探索。

关于网络媒介权力的具体研究问题包括：明星公众人物对网络媒介权力使用的相关问题；网络言论对社会关系的制度化影响，及其映射出的主体、群体与组织三者在话语权力支配、刻板印象塑造、媒介伦理规范等方面的媒介权力博弈；网络媒介权力对推动数字化协商民主实践、促进双向互动、推进国家治理体系与治理能力现代化建设的进程发挥积极的作用；网络媒介权力的实践模式转变和权力行使问题；网络媒介权力对个体与自组织群体的激活，和对"相对无权者"进行权力赋予，使权力和垄断资源从国家行为体向非国家行为体转移的动力机制问题；以及基于网络媒介权力结构的微博意见领袖影响力研究等。

通过梳理中外已有文献不难发现，以网络媒介权力为关键词的研究并不多见，但是一些关于网络权力、新媒体媒介权力、媒介中大众权力的研究，都与网络媒介权力有或多或少的相似之处。而从广义上对所有关于"网络媒介权力"的研究进行整理，可以发现我国目前的已有文献集中在四个主要议题和研究领域上：

其一，是影响力与效果的研究，这一类研究也是目前文献数量最多的一类研究。研究关注了网络媒介权力使用者的影响力和结果，结论和关注点偏重在网络媒介权力的具体效果和最终结果方面。在这类研究中，案例分析研究居多，虽然其中也有少量研究通过应用多元回归的量化分析，但研究主题依然是关于网络媒介权力是如何影响信息传播效果的。例如，秦海青等在 2018 年的研究就应用了多元回归方程分析网络媒介中心权力对信息传播效果的影响。曹洵和张志安通过研究大数据处理和量化分析，从群体特征、焦点话题、社交网络关系、群体结构特征四方面考察了 1886 名活跃的微博意见领袖的公共参与情况，描述该群体在社交媒体舆论场的影响力特征及变化趋势。他们研究发现：意见领袖在重大时政新闻、灾难事件、社会民生热点三种类型的话题上起到聚焦话题、界定事实、引导话题走向的作用。他认为网络媒介权力与社会资本息息相关，现实社会中的各种资本能够有效地转化为网络舆论场的影响力。此外，意见领袖群体结构的变化特征主要表现为：多数意见领袖聚合了少量话题热度，幂率特征显著；网络媒介权力分散、多元等。

其二，是媒介权力来源的生成路径的研究，这一类研究的数量仅次于影响力和效果研究，位列第二。李耘耕认为，遵循网络社会理论先驱者曼纽尔·卡斯特坦的理论，传播权力的主轴，始终掌握在具有编程和译码能力的少数网民手中，他们通过"网络创制的权力"在流动式权力的网络文化阵地中具有更多的主动性和实践能力，这些才是网络媒介权力生成的基础。但这种技术至上的论调并不能解释众多现实中的网络媒介权力事件，因此并不具备很强的说服力。喻国明和马慧则认为是信息技术从本质上改变了人与人连接的场景与方式，推动社会关系网络的变革与转型，进而引发了社会资源分配规则及权力分布格局的变迁。互联网作为一种新的权力来源，更多地为社会中的"相对无权者"进行权力赋予，使权力和垄断资源从国家行为体向非国家行为体转移。赵红艳基于社会网络分析法中"中心性是权力的量化体现"的假设，以 2011 年 7 月 23日的甬温线特大交通事故为样本，对参与讨论的各主体的中心性指标进行比较分析，研究发现：由于所拥有的社会资本不同，在参与主体的同质性交往和感染过程中，会逐渐产生小群体；每个小群体的信息流入流出都围绕该群体的中心点进行，占据这些中心点的主体即拥有相对的网络媒介权力，即结构优势和社会资本才是权力生成的关键要素。

其三，是关于网络媒介权力特征的研究。王国华等以南京虐童案为案例进行个案分析研究，采用社会网络分析的方法解读意见领袖的网络媒介权力的生成路线，并对其特征做了深入分析，研究发现：网络媒介权力不仅拥有媒介权力的一般特性，同时在新媒体时代下也体现出互动性、主体能动性、不稳定性、依附性等新特点。史诗认为网络媒介权力凭借自身的技术特点，以及时代所造就的不同人群的网络媒介使用习惯，已经对传统社会的权力格局造成了影响。技术和传播习惯的改变，催生了"网络集合行为"这一新兴事物。刘卫东和荣荣认为虚拟的网络社会使社会权力主体发生了重大变化：传统意义上的社会权力，从政府的行政权力、市场的资本权力和传统媒体的信息权力，向公众普遍拥有的网络传播权力转移。

其四，是权力分配的相关研究。彭华新认为网络媒介是传统媒介的进化，并与传统公众媒介共生。这种共生环境为各种社会行为提供了大背景，包括媒介本身在舆论监督中的权力制约与权力实现，以及监督主体与监督客体的权力博弈。各方都应通过"主体（权力行使）→客体（权力指向）→效果（权力作用）"的路径进行立体的分析，以寻找实现舆论效率、权力平衡与监督规范的方法，从而实现建构理性化"媒介分权"的网络媒介权力格局。陈伟球探讨了新媒体时代信息话语权分配的趋势与成因，指出当前话语权重新配置的社会意义，同时也指出话语权转移后的诸多现实问题。他认为政府管理者有必要建立一个良性的话语权分配机制，才能有效杜绝信息失语、舆论失控等网络媒介权力失范问题的发生。研究者通过组建有效的对话机制，来防范话语向专制化集聚，促进传统媒体话语与网络媒介话语之间的融合、互动，谋求话语表述脚本的社会共写，使得综合媒介权力在事件中发挥其正面效应。

本书将综合以上观点，结合国内外现有文献和研究资料，从议程设置理论、社会资本理论、使用与满足理论、同质交往理论、群体感染理论等多个理论基础和研究视角，应用协调分析法、德尔菲法、熵权法，结合主观思想与客观规律的赋权新理念，通过流行病医学 SEIR 数据仿真实验，从管理学的角度对网络媒介权力运作进行深入解读和剖析，对网络媒介权力的产生机制和传播机制进行解读，并通过构造网络媒介权力的运作路径模型，明确网络媒介权力边界识别等问题，对网络媒介权力的特征和控制管理进行分析，提出对策建议。

第五节　研究内容与主要创新点

（一）研究内容

首先，本书主要研究的是在我国社会环境和政治体制下引导网络媒介权力规范运作的管理学问题。这表示本书所涉及的所有问题均是依据我国具体国情和传统道德观念逐步展开的研究和讨论。本书虽然会借鉴某些国外的观点和知识体系，甚至是在某些情况下会列举一些世界范围内的经典案例，但是最终都是为我国社会环境和政治体制管理建设服务的。权力的内在本质是相同的，在全世界范围内都具有普适性，但是本书所讨论的控制方法和管理手段均是依照我国具体情况而制定的，并不一定适用于其他任何地区和民族。其次，本书所描述的网络媒介是指包括社交媒体、搜索引擎、网络游戏、视频网站、购物网站、直播软件、新闻平台、门户网站等在内的，为网络用户提供探索、收集、消费、交换信息服务的互联网页面或程序软件。再次，本书的研究范围是网络媒介权力范畴，对象是网络媒介权力，主要的研究问题是网络媒介权力及其运作方式和控制机制。因此，传统媒介权力管理和网络技术管理问题虽然也是急需研究和讨论的问题，但并不属于本书的研究范畴。从次，本书研究主体对象是网络媒介权力运作的控制机制，其服务的客体是政府的网络媒介监管部门、大众媒体的网络公众媒介平台以及社会自媒体服务平台。其成果主要可用于大众媒体的网络媒介所代表的政府机构对社会网络媒介、新兴自媒体和普通网络媒介用户的网络媒介权力运作监督和管理。当然，网络媒介权力运作机制也可以为社会网络媒介平台的内部控制和管理普通网络媒介用户提供帮助。最后，本书旨在研究如何引导和治理网络媒介权力正常规范运作的管理学问题、有关网络媒介的法律治理、经济效益等问题，其他内容并不是本书的研究和讨论重点。

综上所述，本书主要研究的是在我国具体国情下，从管理学角度，研究在控制和管理网络虚拟社区空间中，各层次行动主体基于互动关系并借此形成或塑造出公共意见，对社会情境与问题进行意义赋予和阐释，进而产生对个体或群体行为进行影响与干涉的能力的问题。简而言之，这是我国如何控制和管理网络媒介权力运作方向与动态的管理问题。

具体来讲，本书主要包含以下五方面的研究内容和重点任务：

（1）研究网络媒介权力的本质与特点。本书将通过文献脉络梳理与推理演绎法，整理出网络媒介权力的本质与特点，着重分析网络媒介权力的表现特征和固有属性，依循"权力—媒介权力—网络媒介权力"的线索进行探索分析，试图更加精准地定义"网络媒介权力"，并找寻出其产生条件、运作机理、基本原则，更深层次地了解网络媒介权力与普通权力和传统媒介权力的相同点和不同点。

（2）对网络媒介权力运作的控制机制进行汇总、研究、整理和分类，创建并构筑一套较为科学、客观、全面、准确并彼此独立的网络媒介权力运作控制机制体系框架。本书紧握管理学分类方法论的脉络对网络媒介权力运作控制机制进行科学准确的分类，为后来的能力量化和模拟仿真实验奠定基础。首先，从最根本的管理控制层次入手，分别从法律控制、道德约束和制度管理三方面进行宏观讨论分析。然后，使用中观的管理学思维和研究方法，分别从教育、行政、经济、法律和技术控制五方面进行剖析解读，明确网络媒介权力运作控制机制分类的整体思路和规则。最后，以微观视角确定网络媒介权力运作控制机制的具体分类方式，并对已经收集、总结出的现有机制和手段进行筛选与分类。本书对网络媒介权力控制机制的具体内容、作用方式、影响对象、响应时间、运作表现等方面进行准确、客观的文字描述与解读，建立一套科学、全面的网络媒介权力运作控制机制体系框架。

（3）对网络媒介权力运作控制机制的作用能力赋值评分和量化预测。每一种控制机制的作用效果并不相同，对于网络媒介权力运作的控制机制来说亦是如此。所以，当完成网络媒介权力运作控制机制的体系框架构筑之后，作者将根据不同的评测手段和评价方式，对每一项网络媒介权力运作控制机制进行权重赋值和能力评分。考虑到网络媒介权力的主观能动性和多目标决策的评价要求，作者使用协调分析法对网络媒介权力运作控制机制进行主观评价，而后加入通信学科中信息熵的概念，并使用冲突性指标和置换分布熵予以数据优化，最终得出每一项控制机制的权重与评分。作者根据这些主、客观分数，以求在一定程度上能够进一步了解网络媒介权力运作控制机制的优劣与高低，从数值上标定出每项控制机制的有效性和重要程度，以供管理者和应用单位进行学习与参考。

（4）对部分网络媒介权力运作控制机制进行数据仿真实验，明确网络媒介权力控制机制的控制效果与实际作用。由于现实中的信息传播方式与流行病医学研究中的传染病发展变化模式具有异曲同工之处，所以，作者借用流行病模型的传播理念和传播方式来对照拟合信息的传递和扩散，并且将其用于网络媒介权力运作的模拟仿真研究。这种用于观察信息传播和媒介权力运作状态改变模式与规律的研究渐渐被独立出来，并被统称为传播动力学机制研究，是社会科学、信息科学与计算机网络拓扑学三者交叉研究的重要前沿方向。我们通过传播动力学的理论结合管理学的知识，可以实现对网络媒介权力运作控制机制的数据仿真实验，从实际结果中发掘更多关于网络媒介权力运作控制机制的有效知识和重要情报，并充分了解其真实能力与实际效果。我们进行数据模拟仿真实验，一方面可以更加直观地表达每一种网络媒介权力运作控制机制的控制和管理能力，可以验证对网络媒介权力运作控制机制的赋权判断是否准确，另一方面也为真实情况中的控制策略提供学习和参考的素材。

（5）通过网络媒介权力及其运作控制机制的研究成果，总结出了一些网络媒介权力运作控制机制的特定组合，并精炼成一些针对性和目的性较强的控制对策。这些基础策略不仅可以直接应用于实践，实施对网络媒介权力运作的控制和管理，还可以相互转换和叠加，以生成更为高级有效的控制策略。本书对网络媒介权力运作控制策略的总结，不仅能够进一步完善网络媒介权力运作控制机制的理论体系，而且可以更好地指导网络媒介权力运作控制者和管理者的具体操作行为。

（二）主要创新点

（1）为解决互联网传播时代网络媒介权力五零四散，与传统媒介权力的归属和运作方式不同的问题，本书从哲学角度深挖网络媒介权力的产生基础、运作原则和固有属性，重新科学定义了网络媒介权力的概念，并分析了网络媒介权力与传统媒介权力的异同之处。依据箔皮茨提出的权力表现形式图谱，本书对网络媒介权力外在表现运作形式进行了较为深刻、完整的梳理。相较于传统媒介权力来源于媒介机构对信息获取渠道和发布平台的垄断和占有，网络媒介权力则是来源于用户间的信息传播与交互行为。而这种截然不同的产生基础，导致了媒介权力分布格局的变化，从高度集中变为了高度分散，权力的运作方式也相应发生了改变。本书通过分析权力格局的变化和运作方式的不同，完善了网络媒介权力及运作体系的相关理论基础。

（2）为弥补结构方程模型探索性因素分析数据模型拟合度稍差的不足，新提出了借助德尔菲法对客观数据进行处理和筛选的修正方法，构筑了网络媒介权力运作控制机制的体系框架。本书在使用结构方程模型完成初步探索性因素分析后，并没有单纯地依据结果对体系模型进行机械的调整，而是提出多种可行的处理手段，通过背靠背咨询多名专家学者的方式，实现了对网络媒介权力运作控制机制体系框架构筑合理性的主观调整与修正，杜绝了单纯从数据结果出发，进而忽略人为主观感知和能动性的缺点，将作为网络媒介权力运作主体的用户感知加入体系框架建立，解决了模型构建过于机械、冰冷，缺少人文情怀和情感温度的问题，通过德尔菲法的修正和完善，建立了一套较为综合、科学、全面、合理、客观且相互独立的网络媒介权力运作控制机制体系框架。

（3）为克服香农信息熵计算方法对于信息局部变化不够敏感，并且特殊信号对结果影响较大的问题，通过对通信领域的交叉学科研究，使用了置换原始数据、保留变化趋势、合理收束异常信号的置换分布熵的信息熵计算方式。相较于香农信息熵刻板、古老、单一的计算方式，置换分布熵能够提高对局部数据变化的敏感程度，更好地平衡因学科差异而出现的离群特殊信号值，在不影响数据客观趋势的同时，降低了异常值对结果的干扰，提高了数据计算结果的科学性。

（4）创新性地提出了使用协调分析法对网络媒介权力运作控制机制进行权重赋值和能力评测的方法。该方法通过协调指标和非协调指标的双重判断标准，实现了在多目标决策时，同时考虑各方案的优先性和局限性，并以妥协原则为指导原则，替代了更为极端的最佳原则，能够更科学地比较多种方案并存时的各自优劣，完成网络媒介权力运作控制机制的主观评价。

（5）新设计了可在中途添加和改变网络媒介权力运作控制机制的数据仿真模拟器，用于 SEIR 的模拟实验。该软件使用了微软 VS 集成开发环境下的 C#语言进行软件开发，全新数据模拟器更加贴合本书所涉及研究问题的实际需求，不仅支持在网络媒介权力运作过程中更改参数及控制机制，还能够直接输出表格和图像。SEIR 模拟器的编写和应用，不仅丰富了数据结果的细节和多样性，同时还避免了人为操作和计算的失误，增加了实验结果的可靠性。

第六节　研究方法概述

（一）文献研究法

（1）作者充分利用大学与社会包罗广泛、系统全面的图书馆资料，获取关于权力、媒介权力、网络媒介权力、权力策略管理以及权力运行机制的相关文献资料，在此基础上针对国内外与本书有关的各类文献进行整理归纳，总结国内和国外的最新的研究成果，对已有的研究成果进行分析综述，全面总结归纳学者们的研究观点与研究成果，通过严谨的逻辑分析找出当前研究存在的不足之处，在对其进行深入分析的基础上，找准研究的关键点和主要管理、决策的问题。

（2）作者通过现代科技终端和网络媒介平台，在线查询相关学术资料，获得相关的文献辅助与支持。国内文献可查阅中国知网、万维期刊网、万方数据等网站，国外文献可查阅 Science-hub、Science Direct、Web of Science 等网站。作者同样结合国内外最新研究成果和动向，完成对研究的基本规划和布局，并且针对不足之处，提出质疑并展开相关研究，努力完善研究体系，立足学术前沿布局，提高研究的理论贡献。

（二）实证研究方法

首先，通过面对面填写调查问卷和网络远程填写调查问卷相结合的方式进行数据收集。在充分阅读相关文献的基础上，根据以往学者的研究成果和本次研究的理论与假设，提出并建立相应的理论研究探索模型。其次，针对问卷中的量度和题项，同时使用德尔菲法和预调研信息反馈。邀请管理学、情报学、通信学、传播学的专家对调查问卷中的问题进行规范探讨，并最终形成符合我国实际情况同时适应本次研究的调查问卷。最后，同时使用 SPSS22 和 Amos23 两款软件对数据的有效性和拟合度进行验证和分析。通过对所收集数据进行组合信度、一致性、区别效度、克朗巴哈系数（Cronbach's α）、内生性偏误等的检验分析，证明数据的普适性和可靠性。使用数据处理软件对测量模型进行验证性因子分析以检验测量题项的效度和拟合指标，并且对理论模型进行假设检验，以进一步探索和验证网络媒介权力运作控制机制体系建立的相关性、独立性和科学性。如需要，可进一步对控制模型、中介变量等干扰"噪声"进行控制和比较验证，通过模型修饰取得更加优秀的理论适配模型，并再次进行回归验证分析。

（三）主观评价计分法

（1）德尔菲法

德尔菲法又名专家调查法，最初由美国兰德公司于1946年创立并使用。从本质而言，这是一种匿名反馈调研方法，需要对多个专家背靠背地进行问题意见征询，并将得到的结果进行整理和统一，如果出现不同的内容或分歧，则重复此过程直到所有参与的专家得到一致的看法或意见。本书共两次使用这一方法：第一次为对网络媒介权力运作控制机制的体系构筑问题进行意见征询，邀请了多位专家针对调查问卷的问题和结果进行意见反馈，以保证实验结果的真实性和准确性。第二次为对网络媒介权力运作控制机制的主观评分标准进行意见征询，这次使用不仅确定了各学科研究问题重要程度的所占的比重，同时还为网络媒介权力运作控制机制的主观评分添加了适当的人性情感，增加了人为认知的感受，避免结果过于冰冷、机械，缺少媒介权力运作主体的主观感受和判断。

（2）协调分析法

协调分析法是多目标评价体系决策方法的一种，相较于体系中的其他方法，协调分析法具有分析步骤明确，计算过程规矩、严谨的特点。在实际应用中，该方法最大的特点在于基于妥协原理，实现同时比较多个方案的优势和局限性，并通过多个方案间的两两对比，综合评价出优势更为明显且局限性较低的"优势方案"。该方法是一种比较全面、综合、严谨的多目标评价方法。

（四）客观计算评价法

（1）香农信息熵

熵的最初概念来源于热物理学，其原本是评价分子状态混乱程度的物理量，后来被香农（Shannon）借用来形容描述信息理论中信源的不确定程度，于是学者们将这种信息计量方式称为香农信息熵，简称信息熵或熵。根据信息熵理论的描述，信息是对系统中有序状态的描述，而熵则是对系统中无序状态的描述，即熵可用来衡量信息系统中各种随机性事件的出现程度和系统的无序状态。对于网络媒介权力运作控制机制而言，如果一个控制机制的信息系统越稳定，则其包含的信息越多，熵值也就越小；反之，如果某个控制机制介入后，通信系统仍呈现出极不稳定的状态，不确定性依然很大，则表明其包含的信息越少，熵值也就越大。

（2）置换分布熵

置换分布熵是在香农信息熵的基础上，通过对数据进一步处理和细化，使原始数据的内部变化趋势降低并集中呈现，将游离于正常值以外的特殊信号予以聚拢，最后得出局部变化更为敏感、曲线更为平滑的信息熵计算方法。这种算法不仅重点关注信号的动态变化特征，增加对结构变化的敏感程度，同时也有助于收拢离散数据，降低了异常值对结果的干扰和影响。

（五）数据仿真实验法

通过编程软件设定网络媒介权力运作的基本规则，并定义网络媒介权力运作主体用户信息的互动状态，借助流行病医学中传染病模型的传播规则和转化逻辑，对网络媒介权力运作实施数据仿真实验。使用已经明确的网络媒介权力运作控制机制，分别对正常运作下的网络媒介信息互动行为进行控制和干预，并观察数据仿真的结果，最终得出相应的分析结论，以做到对真实网络媒介权力运作情况的预演。在验证网络媒介权力运作控制机制有效性的同时，为真实情况提供可参考的实验数据和理论依据。

第二章

权力、媒介权力与网络媒介权力

第一节 权力与传统媒介权力的产生基础

(一) 权力的产生基础

作为政治学、社会学、领导学等多学科研究的共同课题,"权力"通常被描述为组织中人与人之间的一种关系,是指所在某个管理岗位上的人对整个组织或所辖单位与人员的一种影响力,或者简称管理者影响别人的能力。定义为影响力的权力主要包括三种类型:专长权、个人影响权与制度权 (或称为法定权)。专长权是指管理者因具备某种专业知识或特殊技能而产生的影响能力;个人影响权是指因个人的高尚品质、社会背景、精彩履历等因素而赢得别人的尊重与获得他人服从的能力;制度权是指与管理职务相关,由管理者在组织中的地位和层级所决定的影响力。

根据丁金山先生在《天道演化哲学》中的观点,权力的来源迄今为止主要有三种说法。第一种为天赋神权,又称天权神授,认为权力是上天及诸神赐予的,拥有神圣且不可撼动的崇高地位。天赋神权多存在于文明尚未完全开化的古代社会,彼时君主或帝王经常以类似宗教信仰的方式宣传和巩固他们天赋神权的政治地位,即声称自己是奉天命下凡,投胎于凡间协助天庭管理世人的,人世间其余凡夫俗子只可遵从君主的指示去做,不得违抗。这个说法在世界各地都曾出现过,例如,我国素来就有将皇帝称为"天子"的习惯,其意思就是皇帝是"天选之子",受上苍的旨意下界治理八荒六合,引渡黎民苍生。古埃及法老也曾宣称自己是天神的儿子,被认为是天神在人间的代理者,所以在法老亡故之后要住进金字塔以返回天界。然而在近代思想启蒙之后,人类的思想开始逐渐脱离宗教迷信,并用越来越多的科学知识解开了许多曾经困扰人们多年的不解之谜。在现代社会中,天赋神权这个说法早已成为封建迷信的无稽之谈。

第二种权力产生的理论为契约理论。这一观点的主要代表者为雅克·卢梭与孟德斯鸠等人。契约理论的支持者认为,国家组织是人类根据个体生存的需要，通过签订契约而建立的，国家的权力完全来自其人民，而人民的权力则是与生俱来的。这种理论相较于天赋神权更有效地解释了组织建立的根本目的和组织运作的权力来源，但是其过分强调了个人意志的重要性，缺乏对个体区别的讨论，同时也没有很好地解释人民的基础权力是如何产生的。

阶级斗争理论是权力产生的第三种理论学说体系。这一理论把权力的来源归结为对组织资源的拥有与控制。这种资源包括金钱、武力、信息渠道、社会地位、立法权、投票权、发言权等。其认为人类只要掌握了一定的资源，便具有了影响和控制其他人的力量，上层阶级因为具有更多的资源优势，所以可以控制下层群众，同理，一般群众也可以凭借自身的资源优势，影响和控制完全没有资源的底层人民。这一阶级斗争理论是目前社会普遍公认的权力来源合理的解释。首先，它明确了权力是人与人的相互关联而出现的；其次，它强调了个体与个体之间的差异性；再次，它侧面阐述了权力与阶级（职位）的关系，而并非是与某个人相互绑定的；最后，其阐述了个人权力的来源和权力来源多样，是因为对资源的拥有和掌控。

总结以上观点，我们不难发现，无论如何权力都是与人紧密相关的，也就是说，人与人之间存在关联是权力诞生的重要前提。同时，权力的出现，便意味着等级制度的出现，上层对下层拥有多大的权力，完全等于下层让渡多少权力给上层。最后，权力是与可掌控和分配的资源息息相关的。

（二）媒介权力的产生基础

网络媒介权力不单是一种权力，更是一种媒介权力。因此，根据媒介权力的定义和产生基础，我们可以初窥网络媒介权力的定义和产生基础。目前学术界对媒介权力较常使用的定义是：可以被解释为现代传播媒介，是一种对个体或社会组织进行影响、操纵、支配的力量，具有影响事件开端、发展、结局，界定问题以及对问题提供解释与论述，由此形成或塑造公共意见的能力。

目前关于媒介权力的研究主要集中在两方面：第一种是将媒介本身视为一种力量，研究其对个体和群体的影响。第二种则是考察组成及影响媒介权力产生权力效果的资源，思考剖析"媒介权力"存在的基础。据此，学术界产生了许多关于媒介权力生成与作用机制的研究，而对组成及影响媒介权力产生权力效果资源的研究，主要的学派分为资源占有学派、传播机制学派和中介制衡学派。

1. 资源占有学派：工具性资本是媒介权力的产生基础

资源占有学派认为媒介的权力是源自对现代社会中其他重要的权力资源的占有。所谓权力资源，指的是在社会体制中，能作用于其他人以产生影响的物质或非物质力量。我国的资源占有学派的代表学者为贺建平。她根据当代法国最具国际性影响的思想大师之一——布尔迪厄的"工具性资本"概念，对媒介权力的运作进行了深入浅出的分析。她认为，媒介形成权力得益于工具性资本，这是因为媒介传播的工具性资本占据着重要位置，政治、经济等一方面与媒介争夺于己有利的位置，另一方面又依赖于媒介权力使之更加深广地产生权力作用和对其他权力施加影响。之后，诸多学者在此基础上对大众媒介所拥有的资本进行了更具体、更全面、更深层次的分析，例如，传统大众媒介对信息的垄断式占有，对专业传播设备的占有，对传播手段、运营资金、出版权力及专职人员的占有以及传统大众媒介固有权威性的刻板印象等。

2. 传播机制学派：传播机制是媒介权力的产生基础

传播机制学派认为，社会中存在着一些原始机制，传播机制如同政治机制、经济机制等，也是众多原始机制中的重要一环。由于传播机制在社会基本构建和运作中发挥了不可替代的重要作用，因此，大众媒介才产生了权力。这种学派的观点在于，媒介权力不是来自媒介自身，而是因为传播机制影响了社会结构的进一步发展，所以媒介权力才具备了影响力和控制力。其理论根基源于经典权力论，即从最广泛的意义上看待权力——所有的权力关系都来源于相互依赖。传播学中的法兰克福学派曾对此做过深入的探讨研究。法兰克福学派的学者们认为，作为一种物对人的统治，媒介权力既存在于媒介组织之中，又存在于与其他组织的互动之中。故大众媒介不仅仅是依赖于社会其他系统，并且会和其他系统共同结成一个牢不可破的统一整体，以实现对社会中其他个体的全面控制。

3. 中介制衡学派：制衡关系是媒介权力的产生基础

中介制衡学派是在传播机制学派的基础上发展起来的，是以社会心理学家海德（Heider）等人的平衡理论（Balance Theory）为理论根基。中介制衡学派认为媒介应是保持公众和政府之间平衡的桥梁，在出现社会问题后，作为中介对政府和公众的权力进行制衡。因此，大众媒介的权力是来自政府、媒介、公众三者相互制衡的衍生物。换句话说，在信息传播的过程中，媒介充当解释者和中介者的身份，政治力量扮演的是决策者、领导者和把关人的角色，二者的共同指向是公共受众。故媒介的权力来自两方面，一方面是与上层政治权力的紧密配合，另一方面则源于与公众的身份重叠。麦克劳德与查菲在平衡理论的基础上提出了风筝模型，解释了政府上层精英群体、媒介与公众的相互制约关系。（见图 2.1）

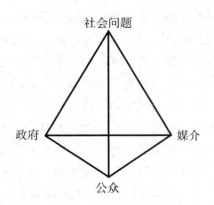

图 2.1　政府、媒介、公众相互制约的风筝模型

总体而言，虽然对媒介产生权力的溯源看法有所不同，但三种学派都认可，媒介权力是通过一种非强制性的手段而产生的权力形式，其更多的是通过精神层面的压力来实现对客体的行为影响。媒介通过筛选、加工以及传播信息等手段，来塑造广大受众普遍认可的"公众意见"，再通过"公众意见"从思想上对接收信息的公众产生普遍的约束和规范，以实现自身的控制力和影响力。这就是媒介权力从无到有的整个过程。

第二节　网络媒介权力产生的基础

通过对权力产生机理的充分了解，我们知晓了媒介权力产生的基础和作用机制，接下来将分别从理论基础和物质基础两方面着手，针对网络媒介权力的产生基础进行分析和梳理，了解网络媒介权力产生的全过程，最终根据理论分析建构网络媒介权力产生的基础。

（一）网络媒介权力产生的理论基础

1. 同质交往：网络媒介权力的产生和传播的力量源泉

中国有句俗话叫"物以类聚，人以群分"，用于比喻同一类别的东西经常聚集在一起，志同道合的人会成群结队。同样地，美国社会学家乔治·卡斯珀·霍曼斯（George Casper Homans）对多个小型基础群体进行了研究，发现社会中有相似生活方式和同等经济地位的个体之间更容易产生互动行为，并称之为同质交往行为。而这种同质交往的现象在网络空间的各种行为活动中也同样适用。在网络世界浩瀚无边的海量信息中，个体无法做到全知全能、滴水不漏，因此必须对信息进行选择性的接触，大多数个体都会以某一个或某几个网络媒介作为自己的主要活动阵地，而不是无差别、无规则地任意活动。也就是说，每个人所选定的网络媒介在内容、风格和使用习惯等方面一定是符合其兴趣和偏好的，久而久之，同一网络媒介中的用户就会因为共同的爱好和兴趣的不断积累，在彼此互动中逐渐找到亲切的归属感和强烈的认同感，产生同化和一致化，进而令网络媒介用户整体呈现出相似性的特征。众多相似的声音凝聚在一起，这便是"公众意见"和"舆论"形成的基础，也是媒介权力产生的理论前提之一。比如，我国在校大学生则更偏好使用人人网（原名校内网）；而大城市中迫于生计、每天通勤忙碌的上班族更喜欢主打移动端的微信朋友圈。这就是同质交往现象所呈现出的用户群体分类，而后刻画、塑造出的用户群体形象。同质交往会影响网络媒介权力的产生与传播效果。

此外，一部分用户可能同时关注或使用多个网络媒介。用户的这种跨媒介行为为信息传播建立了特殊的渠道，这种渠道在传播学中可以称为"信息桥"。通过信息桥的延伸与连接，在不同网络媒介中持相似观点的用户得以相互认识，不但为信息的进一步裂变式扩散提供了机会，同时还让不同媒介中意见相同的用户产生了信息交换。如此一来，同质交往行为使得网络媒介具有更为强大的凝聚力，这种跨媒介的"共同的声音"也就可能产生影响力，从而成为网络媒介权力的一部分。

2. 群体感染：网络媒介权力的产生和传播的基本规则

群体感染，是指基于某种观念的情绪或行为在暗示机制的作用下以异常的速度在人群中蔓延开来的过程。出现群体感染的主要原因是个体处在现场亢奋的氛围中，会不自觉地失去理智的自控能力，并很容易受到他人情绪的传染，从而陷入极度癫狂的非理智状态，实际上是人类在面对外来刺激时表现出的一种本能反应。传播学认为，群体内的情感基础能大大提升组织凝聚力，但另一方面，这种归属感和认同感会促使部分个体将群体意见作为自身行为决策的榜样进行参照对比，从而在一些情境下表现出盲目跟从、随波逐流、随声附和等的非理性特征。这种情况多发生在人群密集且有共同喜好的特定场所，例如，明星演唱会，足球体育馆等。随着互联网的蓬勃发展，群体感染的现象在网络上也频频出现。由于网络环境的匿名性，参与者的物理身份缺失，用户都以符号代码的形式在网络场域中出席和发声，这极大地降低了人们因产生不理智行为和不当言论而承担不良后果的代价，因此，人类本能最原始的表达欲、破坏欲和宣泄情感等特征表现得淋漓尽致。除群体感染之外，聚众失控理论，相对剥夺感理论、趋同理论、模仿理论等，都关注了集体行为中个体的特征消失和情绪暂时淹没理智，从而使得个体盲从群体出现非理性的行为的现象。

群体感染充分解释了普通个体由于紧张、焦虑、恐慌、兴奋等情绪会引发非理性应激行为及言论的情况，并说明了单一刺激源在很短的时间内能够聚集众多网络媒介用户的原因，在积累网络媒介用户数量的同时也会积攒巨大的潜在社会能量，导致网络媒介舆论热度快速发酵，牵制和引导受众的关注点，形成网络媒介权力。

（二）网络媒介权力产生的物质基础

1. 社会资本：网络媒介权力的产生和传播的力量源泉

社会资本是指用户主体在现实社会中所拥有的物质资本和社会地位。网络媒介用户在虚拟网络社区的行动中会不断地获取和使用嵌入现实社会中的资源，由于这些资源并不是无限的，因此，当有价值的资源变成争夺对象的时候，就可以把它们理论化为资本，而这些资本的使用和分配，会影响网络媒介用户的在线活动。因此，网络媒介用户的社会资本通过决定其从外界环境中获取和分配资源的能力而影响了用户的网络媒介权力。换句话说，由于一些个体或组织投入了更多的精力、时间和经济成本在网络媒介中，因此他们在网络媒介中往往具有更高的可信度和话语权。这些资源会随着网络媒介中各方主体的信息互动不断转移，最终会有一部分用户脱颖而出，成为当之无愧的舆论领袖，而这些舆论领袖所传播的信息内容会在更大范围内获得其他用户的认同，成为网络媒介中更多用户的信息来源和领导者，因此具有更大的影响力。

我国学者赵红艳通过实证分析表明，某些特殊主体拥有较强的社会资本。她认为，初始位置较好的用户具有结构性优势是第一个原因。网络舆论领袖大多是现实社会中的公共人物和特殊执业人员，如作家、演员、公务员、传统媒体的工作人员等，这类人物本身优秀的物质资源和社会地位会让其更有机会成为网络媒介中被关注的焦点。第二个原因是社会资本较强的用户往往还具备网络优势，即更靠近信息桥的中心位置。信息桥连接着那些处在相对较高位置等级的行动者，越靠近中心位置，表示越可以获取嵌入另一个关系丛中的结点中的资源，并因此具备了更快速、更便利的消息获取条件，增强了自身获取权威信息的能力和议程设置的能力，促使网络媒介权力的形成。

2. 地域分割：网络媒介权力的产生和传播的基本规则

除了社会资本会对网络媒介权力的产生造成影响以外，地域分割因素也会对网络媒介权力的产生和传播造成重要影响。

地域分割对网络媒介权力的影响主要分为自然地理因素和人文地理因素两方面。其中最具代表性的自然地理因素便是时差。由于地球自转和围绕太阳公转的天体物理规则，我们所处的地球被分为 24 个时区，每个时区都根据不同的日照时间规定了不同的时间规则。因此，网络媒介的传播会因为时差的不同而产生不同的权力效果。例如，天文爱好者都喜欢观测流星，他们会通过网络媒介分享观测流星时机和地点的相关信息，也会通过分享照片和视频等方式号召其他同好用户加入。但是如果是通过网络媒介号召大家夜间观测双子座流星雨，那么这种网络媒介传播的影响力在北半球一定比在南半球有效得多。原因其实是出乎意料的简单，因为双子座流星雨与象限仪座流星雨、英仙座流星雨并称为北半球三大流星雨，对于它们并不适合在南半球进行观测。

综上所述，网络媒介权力的产生源于用户间的信息传播和其他互动行为。一方面，网络媒介用户在互动的过程中遵循着同质交往的原则，有相互通信条件的用户会彼此产生联系，并通过社会资本来产生影响和控制对方的能力，从而形成自己的网络媒介权力基础。在此基础上相互聚集成为有相似观点或共同爱好的网络媒介用户群体。在这个群体中各主体由于所拥有的社会资本不同，成员之间依然会出现权力分层现象，同时，用户群体会以群体感染的方式吸纳和累积更多对本群体核心价值具有高度认同感的其他成员，不断感染和同化其他网络媒介用户，以提升群体对外的网络媒介权力和主导地位。另一方面，由于地域分割的客观因素，一些用户无法频繁互动，因此只能产生弱连接，弱连接所伴随的网络媒介权力中的控制力和影响力也相对较弱，但其依然遵从社会资本、同质交往和群体感染的权力产生与传播机制。网络媒介就是以这种方式达到对网络媒介用户的聚集，并对大众舆论产生影响形成"公众意见"，从而产生网络媒介权力的。（见图 2.2）

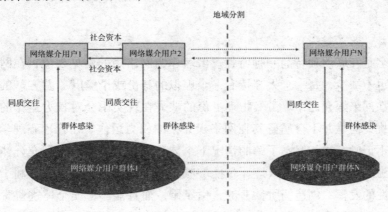

图 2.2　网络媒介权力产生机制及传播规则模型

第三节 网络媒介权力运作的固有属性

网络媒介权力与社会权力、经济权力、国家权力一样都具有权力的一般特性，但是由于媒介存在沉默的螺旋效应、议程设置障碍等因素，还存在互联网独特的匿名性、开放性等特点，网络媒介权力相较于现实社会中的一般权力，具有一些特殊的权力运作原则与固有属性。

网络媒介的兴盛和信息技术的发展造就了网络虚拟社区的崛起，不仅上层社会精英能够充分挖掘新媒体在信息传播、话题互动、舆情反馈方面的独到优势，而且街头巷尾的底层劳动者也能通过现场目击，获得独特的一手情报信息。于是各层次、各级别的受众纷纷借助网络媒介建立全新的自媒体网络媒介或者网络信息平台，企图在虚拟社区的话语权力势力分割中占据一席之地。受众终于有机会主动参与信息发布并以低廉的成本行使新闻接近权，故而网络媒介权力在微观层面上的实践，更加客观地体现出了媒介权力的各种主体特征，用户的人格特征也更加真实地上升到权力运作中。在以用户生产内容为主导的 UGC（User Generated Content，简称 UGC）模式下，互联网作为一种全新的媒介形态，凭借其包容度高、准入门槛低、信息传播高效等特点，迅速成为具备议程设置能力的公众媒介，并因此赋予了这种媒介使用者相应的媒介权力。作者通过梳理已有文献和公开的学术资料，汇总出网络媒介权力运作额外具备的固有属性如下：

（一）匿名性

匿名是互联网独特的一种特性。匿名作为网络中的常见现象，在网络媒介中自然也不缺少，每一个人都持有一个虚拟的身份或干脆以"游客"的公共身份出现在网络媒介之中。虽然物理身份的缺失在现实中会对权力运作的影响力产生干扰，但是并不会妨碍其在网络媒介中的权力运作。在管理心理学中，人们把在不记姓名或相互不了解的情况下个体独立性、自主性得到充分体现的现象，称为匿名效应。匿名效应不仅能够减轻个体的心理压力，还有利于独立性和创造性的发挥，创造畅所欲言的自由氛围，而且能够方便个体逃避责任与惩罚，减轻不当行为的后果与负担。虽然目前越来越多的网络媒介开始选择以实名认证的方式对用户的注册信息进行审核，但是依然没有完备的技术手段来保证每个用户所填写的社会信息是真实的，匿名用户的总体数量仍不占少数。另外，多数的网络媒介依然主张和鼓励用户以匿名的虚拟身份行使网络媒介权力，只有在系统管理人员和用户本身允许的情况下，某些联系人才能查看并知晓用户的真实身份信息。

（二）敏感性

敏感性是指网络媒介中为了创造一个良好有序的网络环境，加强对网络媒介信息的监督和审查，避免一些词句造成权力滥用的问题，对一些既定文字组合给予限定，并列入敏感范围，自动过滤和屏蔽，禁止其在网络媒介中出现的行为规范。因为哪些语言属于敏感语言并不容易被系统自动侦测和发现，面对网络媒介中的海量信息，人工逐个甄别又迫于人力资源有限不能实现，所以目前网络媒介中都是以"敏感词"作为判定标准，判定的规则也十分简单，即不能出现任何系统预设给出的词语。网络媒介运营单位往往为了免受政府惩罚，本着"宁可错杀一千，绝不放过一个"的原则对网络媒介中出现的言论信息进行审查，因此每当我们在网络媒介中发现"＊＊＊＊"等虚拟符号的时候，就表明网络媒介权力正在悄然运作，而且已经触发了网络系统内部预设的敏感信息。

（三）贷偿性

在网络媒介中行使网络媒介权力不需要前期特意去建立权力基础，网络媒介会将权力以出借的方式，分发到每一个网络媒介用户手中，而后通过个体的信息互动行为逐渐转移和回收，这便是网络媒介权力运作的贷偿性。网络媒介权力的运作不会事先要求用户抵押或担保某些实际社会资本，而是以类似贷款的形式将网络媒介自身的权力分享一部分给网络媒介用户。用户在行使网络媒介权力的过程中，会逐渐找寻志同道合的伙伴，退出一些与自身喜好和使用习惯相左的网络媒介平台，转而在更符合个人意志的网络媒介中活跃互动，此时，放弃使用会让双方各自回收自身的网络媒介权力，而选择持续使用网络媒介的用户则是用各种消费行为逐渐偿还和交付最初赋予用户的网络媒介权力。经过一段时间的持续使用，用户会逐渐放弃自己的信息选择权、网络媒介接近权等，并让渡这些权力给信任的网络媒介，以简化信息筛选渠道，降低消费信息成本，避免信息超载等情况的出现。这种权力让渡行为，也就变相补偿了网络媒介最初借出给用户的权力，整个过程都符合和体现出了网络媒介权力运作的贷偿性。

（四）自由开放性

网络媒介权力的自由开放性具体表现在两方面，第一是对于网络媒介用户进入和退出行为的自由开放，第二是对于网络媒介用户信息互动行为的自由开放。

首先，网络媒介用户可以随意进入和退出网络媒介平台，任何网络媒介用户都可能在其中获得或让渡权力。开放的数据、开放的平台、开放的访问权限……互联网是绝对中立的，是一视同仁的，不会出现厚此薄彼、欺软怕硬的现象。比如，网络媒介给了每一部电影作品进入市场进行宣传竞争的机会，也同样给了它们得以和受众见面的平台，让其发挥自身的影响力。另一头，所有网络媒介用户无论是否曾观赏过此作品，都拥有对其进行评价的权力。一些地区会出台一些法律条文，以加强对互联网媒介的控制，管理者也和其他公民一样，必须遵守同样的准入和使用规则，总体来讲，网络媒介依然是对每一个网络用户自由开放的。

其次，网络媒介作为一种全新的媒介形态，独特的技术属性和信息共享模式模糊了传统媒介中传播者和接收者的身份，使得每一个网络媒介用户可以随意收发任何信息，让在信息网络中的彼此实现了互动自由。在传统媒介权力模式下，信息单向流通，传播者和接收者有着严格分明的对应位置，这种"一"对"多"的信息传播形式，造就了媒介权力归属于少数精英群体的社会事实。而在网络媒介权力模式下，每一个网络媒介用户都可以成为内容生产者，成功实现了传播者与接收者之间身份的自由互换，这使传受双方的自由互动成为可能。这种自由开放的互动行为，迫使掌握媒介的意见领袖把"达到预期效果的能力"让渡给每一个网络媒介使用者，促使没有实体组织机构作为依托的节点拥有了超越机构组织的群体动员和共同行动的能力。正是这种"传—受"双方的自由互动原则塑造了公众意见，造就了网络媒介权力集中和分散的微妙平衡。

（五）时效性

现实社会中的权力虽然不是永恒的，但是不会因为时间的流逝而逐渐消散，可是网络媒介的权力则具有典型的时效性，当一个网络红人的影响力出现降低的时候，我们通常以"过气"来形容这种权力的转移。约翰·科特曾根据职业生涯的初期、中期和晚期定义如何正确地管理权力。他强调，当职业生涯进入晚期时，一定要懂得大方让权，不然不仅会对企业产生十分严重的不良后果，同时还极有可能毁掉个人曾经辉煌的光荣业绩。科特强调的是权力的让渡，属于权力所有者的主动退出。而网络媒介权力则更多的是用户和受众对舆论领袖的权力剥夺和伴随时间流逝的自然消散。例如，我国第一个将品牌营销和人格形象挂钩，并通过爆红网络媒介赚取丰厚利益的网络红人。在 2015 年初，某网红开始在网络媒介发展自媒体经济，因为创意十足的视频短片，获得了许多网络受众的青睐，并一度拥有粉丝超过 8000 万。此时她个人具有相当可观的网络媒介影响力，也正因如此，她的首次广告拍卖就以 2200 万元的价格成交。2016年 4 月 18 日，根据群众举报和专家评审结果，新闻出版广电总局要求某网红对节目进行下线整改，去除部分粗口低俗内容，需符合网络视听行业的节目审核通则要求后，才能重新上线播出。此事表明，某网红在拥有了相当可观的网络媒介权力后，需要被上层监督和管理。紧接着，某网红因为个人生活原因离开了网络媒介一段时间，也正在此时各路网红犹如雨后春笋般破土而出，各种产品的网络媒介销售渠道和营销手段更是层出不穷。李佳琦等网络名人的走红，对某网红形成了网络媒介权力分流。因为大批主流受众的转移和自身的长时间"隐居"，某网红的网络媒介权力在逐渐缩小，当其再度以"宝妈"的形象重现网络媒介时，很难如昔日一般博取大批粉丝的高度关注，网络媒介赋予她的影响力已大不如前，时钟的转动在无形中夺去了她曾拥有过的璀璨光环，虽然她现在的网络媒介影响力仍然存在，但远不如巅峰时期了。

现实社会中的影响力、个人能力和大众偏好是网络媒介用户拥有网络媒介权力的现实基础。除此之外，新社交媒体软件的更迭、国家政策的变动、主流价值观的改变都会在宏观上对受众的群体意识造成一定的影响。个体受众的意志也无法避免地会相应改变：曾经无比热爱的变得冷淡了，以往强烈追求的如今释然了。当红话题的更改、受众喜好的转移都不断冲击着网络媒介权力与运作的现实基础，进而消解了网络媒介权力的长期性和稳定性，从这种意义上讲，网络媒介权力既渺小又脆弱，任何一个外在环境变化都可能导致权力的变迁和动荡，这便是网络媒介权力时效性的具体表现。

（六）边际模糊性

在现实社会中的权力有明确的界限，即权力的作用范围和影响能力有限制和终结。但是在网络媒介中，由于获取信息的边界变得模糊，因此个体能够获得多少影响力和控制力也随着信息边界消失而逐渐模糊。我国学者曲慧和喻国明认为，传统媒介与网络新媒介的根本区别在于信息的"有界"与"无界"。传统媒介的"有界"在于信息的有始有终，对于受众来说有显著的信息消费结点，因此媒介权力的大小能够被大致衡量和估计。而依托现代网络的互联技术，网络媒介的"无界"可以表现为永无止境的超级链接按钮、不断更新随时发布的新鲜内容、持续追踪连绵不绝的信息递送，只要消费者有继续了解相关信息内容的欲望，这种信息的相关知识便会无休无止地逐一呈现，没有所谓的终结，因此网络媒介的影响力和控制力便很难确定界限和范围。

（七）主体能动性

网络媒介权力不同于传统媒介权力，是因为网络媒介权力具有非常明显的主体能动性。网络媒介平台早已不再是单纯信息集散虚拟中心，同样承担了信息互动和信息产生的重要角色。与传统媒介权力相比，这便是网络媒介权力主体的多样性和能动性的集中体现。从个体层面来讲，每一个个体都充分地掌握了网络媒介的使用权和支配权，网络虚拟空间社区被视为个体活动的领地，个人主页便是其领地划分的区域和界限，同时，活跃的信息互动个体不断地推动信息的交流和焦点的转移。这些都是在微观视角下，网络媒介权力主体能动性的具体表现。从媒介层面来讲，微博、微信、斗鱼、百度论坛等不同风格、不同形式的网络媒介齐头并进，构建出了一个既相互支撑、相互帮助，又相互威胁、相互竞争的多维健康媒介生态系统。这些并不是天生存在或被迫诞生的，而是根据网络纷繁复杂的环境和形形色色的用户跟随生态位而主动建立和创造的。从系统层面来讲，网络媒介技术的发展是网络媒介权力形成的基础和根本，网络媒介权力所表现出来的一种技术权力，使得那些能够控制网络虚拟空间和掌握网络技术的少数精英，掌握了比一般受众更大的、更多的自由活动的权力。而整个外在系统的运行决定了网络媒介权力行使的内在表现。不同信息互动个体、媒介平台和网络系统，通过不断制造热点新闻和冲突事件，塑造公众意见，引导舆论走向，并取得和扩张自身的网络媒介权力。而后各层主体相互影响、相互融合、相互引流，在网络媒介权力的运作中不断干涉信息，引导受众，最终形成合力完成对公众思维和判断的影响，也同时完成了对网络媒介权力的运作。

第四节 网络媒介权力运作的表现形式

箔皮茨在其经典著作《权力现象》一书中根据权力在不同领域中的具体表现和运作特征，把权力的形式分为四类：行动权力、工具权力、权威权力和技术权力。根据箔皮茨的观点，即便面对不同的人文社会环境和先天自然条件，每一种权力现象都可以根据行为作用而被归入以上的分类之中。网络媒介权力运作的形式基本符合权力运作的基本形式。当权力运作的环境和对象变得具体之后，权力的形式内容也变得更加具体且容易理解。故而，在对网络媒介权力运作的表现形式进行分类时，我们依旧沿用箔皮茨对权力形式的分类方式分析解读。

（一）行动权力

1. 行动权力的表现形式

权力的第一种形式是行动权力（Power of Action），指的是个人或群体能够做出伤害他人行为的能力。箔皮茨认为这也是最基本、最直接、最古老的权力呈现形式。但随着文明的演化，这种权力形式得到了扩大，不仅包括纯粹的肉体创伤，还包括对经济、精神或社会地位的伤害。在经济和精神方面的伤害包括剥夺某人发言或选举的权力；在有限时间内限制某人的消费数额；为了更大的利益拉帮结伙从而孤立某些特定个体等。在物质上的伤害包括对身体的直接伤害和剥夺生存物资等。然而，行动权力并非完全是依靠破坏性的权力形式，它同样具有维护规则和生产的职能。任何希望保持社会稳定，和响应非暴力合作规则体系的人都会同意行动权力是在社会权力运作中不可或缺的存在，例如，我们需要警察来打击犯罪分子，需要军队来保护国家安全，需要物价局来平衡生活物资价值等。

2. 网络媒介行动权力的表现形式

根据权力表现形式的表述，网络媒介行动权力的表现形式包括使用网络、参与信息交互等。

根据箔皮茨的描述，行动权力是最基础、最原始的权力运作形式。在网络媒介权力中，这种权力形式即表现为对网络的使用，以及在网络上的注册、浏览、留言、发帖、评论、点赞等行为。如果是网站的维护者或论坛管理者，还具有禁言、删帖、封号等行为的高级行动权力。在网络媒介中，这种权力更多的是以语言的形式呈现，当焦点事件凝聚了一定的关注度，并且塑造了一定的公众意见时，这些公众意见进而转换成舆论场，通过这种“场域”实现网络媒介权力。其中一些善意的公众意见能够帮助他人、解答疑惑、讨论问题、抒发情感。相反，一些内容并不属实或带有消极情绪的公众意见则会形成网络谣言或网络暴力，进而误导、伤害他人。与通常的权力相同，网络媒介权力的行动权力表现形式也并非只具有破坏性的力量，而同时具有维护规则和生产的职能。例如，之前所述的维护者与管理者，他们就具有禁言、删帖、封号、设定屏蔽字句等行为的行动权力，用以保证网络行动权力的规范使用以及确保普通用户的权力平衡环境不被破坏，维护网络媒介正常运行，尽可能限制因行动权力滥用而出现的网络谣言和网络暴力。

（二）工具权力

1. 工具权力的表现形式

权力的第二种形式是工具权力（Instrumental Power），是指通过强悍的威胁或可靠的承诺控制他人行为的能力。具有效力的威胁能够控制行为的产生，因为被威胁的一方会惧怕威胁者的能力，并据此对其产生不利行为。具有效力的承诺则会促使某些行为的产生，因为承诺方会提供期许和希望，让被承诺方乐于相信承诺方会对他们产生有利行为。总而言之，工具权力既包含威胁又包含承诺，拥有工具权力便意味着拥有支配他人恐惧和希望的能力。只是这种权力有时并不需要建立在真实的能力之上，甚至不需要客观存在与合乎逻辑，只要被威胁或被承诺的一方认为真实，就足够让这种权力生效了。因此，工具权力既可以凭借实力来实现，又可以通过以假乱真的虚张声势来发挥作用。凭借实力运作工具权力的例子数不胜数，大到我国清朝对周边附属小国的威慑和管制，小到老师制定奖励好学生小红花的班级规则。除此之外，虚张声势的例子，其实在现实生活中也屡见不鲜，大到贾×亭假借乐×网大肆敛财后的无力履约，却依然凭借他的巧舌如簧骗得更多的资本家不断增持，小到街边混混彼此威胁的言语辱骂，但其实并不会影响双方的日常生活。权力工具的真真假假，每时每刻都在每条大街小巷中不断上演。

威胁和承诺作为权力形式虽然具体表现不同，但是拥有相同的结构特征。首先，无论是被威胁还是被承诺的一方都会面临一个相同的选择题：相信或不相信。一旦工具权力被行使，被动方必须要在这两种情况中择一挑选。其次，给出承诺或威胁的主动方承担着双重角色身份，他们既是对他人行为的监督者，是判定行为效果的最终裁决者，同时又是奖惩措施的源头，是资源的占有者和分配者。因此，主动方的行为与被动方的未来行为相互捆绑、联系，主动方必须按照事先宣称的原则对被动方行使权力，否则会丧失信誉和权力基础，丢失未来行使工具权力的能力。

威胁和承诺尽管在结构上具有相似性，但是这两者在经济效率上却有天壤之别。对于主动方而言，威胁在经济上相对划算，只要成功，威胁不需要有任何进一步的花费。简言之，被动方如果相信并遵从了威胁者的要求，那么主动方则不必实施威胁的内容，这意味着主动方并不需要消耗更多的资源和精力。只有当被动方不相信并反抗的情况下，主动行使威胁权力的成本才变得昂贵，而行使承诺的权力则恰恰相反。承诺只有在获得成功时才会变得昂贵，因为被动方选择相信并按照意愿完成了行为，这种顺从行为需要得到嘉奖。反之，如果被动方选择不相信并且没有顺从，那么行使承诺的权力便是廉价的。在被动方没有顺从的情况下，提供承诺的主动方无须给出任何嘉奖。从管理学的角度看，这就是一个典型的关于成本的博弈问题。因此，在不同的情况下，使用威胁还是承诺，要充分分析并考虑到被动方可能采取的行为。当被动方很可能选择顺从时，采用威胁的权力手段；当被动方大概率不会主动配合，或主观上不愿意实现行为时，则行使承诺的工具权力，以增加管理效率，减少行使权力的成本。（见表2.1）

表 2.1　威胁和承诺的管理成本对比

		被动方	
	采取行为	顺从	不顺从
主动方	威胁	低	高
	承诺	高	低

2. 网络媒介工具权力的表现形式——奖励和惩罚

根据权力表现形式的表述，网络媒介工具权力的表现形式包括虚拟的奖励与惩罚等。

在网络媒介权力运作的案例中，工具权力是极为常见的权力表现形式和现实管理手段，例如，2018 年我国著名动画漫画视频网站 Bilibili（以下简称 B 站）曾推出"bilibili 创作激励计划"，利用承诺的工具权力，成功实现了 B 站招贤纳士的宏伟计划。Bilibili 创作激励计划的直接目的在于让自主制作视频内容的 UP 主（注释①：UP 主是指在视频网站、论坛、ftp 站点上传视频音频文件的人）用户能够投入更多时间和精力去创作出优质 UGC 内容。B 站承诺加入计划并持续投稿的 UP 主用户可以通过制作优秀视频作品获得收入。视频的评价体系分为多个维度，包括稿件本身内容价值、内容流行度、用户喜好度、内容垂直度等。活动截止时，B 站共有 1800235 位 UP 主用户参与，收到投稿视频、音频作品稿件多达 1863 万件。这次激励计划充分地利用了网络媒介工具权力中的承诺权力，不仅在短时间内提高了 B 站的用户数量和曝光量，同时还招揽聚集了一批有能力、有才华的网络视频媒体创作新人，让 B 站得以在今后获得源源不断的，甚至是独家的高质量视频资源，为网站注入活力的同时也提高了用户黏性，提高了自身的网络地位和商业价值。这次创作激励计划让 B 站一跃成为全国最大的原创视频创作生产集散中心，继 2016 年冠名上海大鲨鱼篮球队后，B 站凭借网络媒介权力的成功运作，又一次"破圈而出"，成了名噪一时的热议话题。

在网络媒介中威胁工具权力最为常见的情况则出现在网络游戏的作弊与外挂事件中。这里我们要明确，网络游戏是否属于一种网络媒介？答案是肯定的，首先，所谓媒介，是指传播信息的介质，通俗地说就是信息宣传的载体或平台，能为信息的传播提供平台。至于媒介的内容，可以多种多样，只要符合国家现行的有关政策，并且结合市场的实际需求不断更新，确保其可行性、适宜性和有效性即可。因此，可以认为网络游戏属于一种网络媒介。其次，网络游戏区别于单机游戏的一个重要特征是其拥有完善的社交机制和合作系统。网络游戏往往需要玩家相互协作完成任务及关卡，因此在游戏中彼此聊天、交易等信息交换行为自然属于一种人与人相互交流的媒介。再次，在相当长的一段时间内，西方学者普遍认为现代媒介应分为四大类，即电视、广播、报纸、网站。这个分类在传统的媒介环境中毫无疑问是相当稳固且富有说服力的，不仅是因为其符合媒介本身的物理形态、周期、时效性等客观因素的综合影响，同时因为和用户的媒介接触行为相互吻合。在这种分类方式下，能够提供通过网络互动的，都应属于网络媒介，故而网络游戏属于网站的一个下属的媒介分支。最后，在我国现行的体制下，网络游戏与出版物、广播电视、电影、旅游等均隶属于国家文化和旅游部的管辖范围。因此，网络游戏内的信息传播需要经过文化和旅游部审核，属于网络媒介形式的一种。综合以上四个原因，网络游戏是一种不折不扣、毋庸置疑的网络媒介。

　　综上所述，网络游戏属于网络媒介。接下来回归正题，继续探讨网络游戏中的威胁工具权力形式。网络游戏会针对玩家用户的作弊行为制定严苛的惩罚条款，小到没收虚拟物品，降低虚拟等级；大到限制账户登录，删除用户信息。这种威胁管理的目的就是打击不遵守现有既定规则的玩家，惩罚他们的不良行为，以维护游戏内的正常运行秩序。网络游戏之所以采用威胁的工具权力而不是承诺，是因为游戏运营团队相信大多数的玩家用户会默认遵守、服从游戏规则，并不会铤而走险。这样也可以降低权力运作的成本。换句话说，鉴别和查出哪些玩家作弊了，哪些玩家使用外挂软件投机取巧破坏了游戏规则，要如何处置这种舞弊行为才是游戏管理运作的额外成本，但游戏运营团队并不想付出这种成本，因此选择威胁的网络媒介权力工具对网络游戏规则进行监督维护。

　　如前所述，工具权力中的威胁和承诺在实际运作中，并不相互冲突，可以同时出现，就像某些论坛的规则，根据用户的等级不同会允许用户在论坛中开展不同级别的行为，低级别的用户只能登录并浏览他人的帖子，这时用户的行为受到限制，只能通过浏览和登录来获取经验值以提升等级。当等级达到一定要求之后，便允许该用户留言来发表自己的观点和意见，此时，用户可以更加快速地积累经验值，以提升为更高等级。该用户如果持续使用论坛账号，积累了一定的经验和等级，且表现良好，既往的留言中没有违反论坛出台的各项规章制度，那么他会成为高级用户，拥有在论坛中开展板块，选定话题，发出帖子，收拢粉丝、建立群体聊天室等权力。这种激励用户按照论坛规则产生行为的权力便是承诺的权力使用。但是，一旦发现用户出现不良发言或宣传不良信息，论坛便会动用威胁的工具权力，采取警告甚至是降低等级、限制行动、删除账号等惩罚措施。两种工具权力的配合使用，往往才是建立网络媒介净土的有效方案。

（三）权威权力

1. 权威权力的表现形式

权威权力（Authoritative Power）是第三种权力形式，意思是利用他人对认可和引导的需求来掌控他人的能力。人类的本性不仅包括学习与模仿身边的其他人及个人的崇拜对象，同时还更加倾向于得到别人的表扬和赞许。这一需求在所有人类社交的形式中都有迹可循，无论是现代的动漫展览中二次元 Cosplay 爱好者，还是古代临摹四大才子书法丹青的骚人墨客；无论是身披白袍手持魔杖的西方神话，还是身背板斧难分真假李逵的东方故事，模仿其他人的行为并期望得到赞许都是人类的天性之一。箔皮茨认为，权威权力与工具权力不同，它运作的方式并不是根据接收者已有的喜好来设定积极或消极的刺激，而是基于在享有自由意愿的情况下，被权威束缚的人将统治者视为榜样的事实。

我国著名思想家老子曾在道德经中有过这样的描述："太上，不知有之；其次，亲而誉之；其次，畏之；其次，侮之；信不足焉，有不信焉。悠兮，其贵言，功成事遂，百姓皆谓：'我自然'。"（《道德经·第十七章》）根据老子的观点，永久的统治的根本之道，并非是通过欺负、恐吓人民来实现的，应该是因为统治者具备高尚的道德模范作用，从而赢得天下百姓的尊重和信赖。并且当权威权力建立完成的时候，一种特别形式的自治就会出现。在电影《复仇者联盟》中，纽约被邪神洛基（Loki）所召唤的外星军队入侵，城市瞬间陷入一片战火。此时美国队长从天而降，指挥旁边的警察，要疏散建筑物中的平民，并且封锁附近的街道作为战场。可是在美国队长一系列思路清楚地指挥之后，警察队长却只回了一句："我为什么要听你的指挥？"显而易见，此时警察队长并不认同美国队长，他的语言和行为，没有任何权力可言。巧的是，此时一群外星侵略者不请自来，美国队长一展身手转身迎敌，瞬间击退了数名凶神恶煞的敌人。见此情境，警察队长二话不说，开始通过对讲机布置任务，一字不漏地转达了美国队长刚刚提出的全部要求，还自发组织人员树立战争屏障，为美国队长接下来的作战提供便利的条件。在这个例子中，美国队长既没有对警察拳打脚踢，也没有对其进行辱骂训斥，更没有威胁警察遵从命令或承诺任何奖励，是通过自身的行动，迅速地建立起了权威形象。美国队长以最有效的方式实现了权威权力的建设和运作，通过让警察以自由意志来选择行动方针，借助权威权力达到了影响对方行动的目的，同时还促使警察自发地表现出了更多的帮助行为。总而言之，生活能够继续按部就班，人民充分享有自由，这些主观感受对领导者和被领导者都十分的重要。

领导者如果拥有了权威权力就不再需要依赖于行动权力或工具权力。因为通过权威权力追随而来的人员都是受到权威思想影响而自愿跟随的，他们并不是因为某种手段而被迫服从的。维持这种权力形式也异常的简单，你只需要肯定服从的行为和否定不服从的行为就够了。箔皮茨将这样"徒手"的武力称为"无声"的力量。除此之外，掌握了权威权力的领导者不需要对追随者持续地使用权力。因为这些追随者会自发地、不断地内化领导者的心愿、价值观和行动规则，并将领导者当作他们公正严明的裁判以不断地鞭策自己。

2. 网络媒介权威权力的表现形式

网络媒介权威权力的运作形式可以表现为虚拟社区身份、虚拟等级等。

虚拟社区的概念最早可以追溯到由瑞格尔德做出的定义：一群主要借由电子计算机互联网彼此沟通的用户，他们有某种程度的共识，分享某些特定领域的知识和信息，在很大程度上如同对待朋友般彼此关怀，从而形成的虚拟社会群体。而学术界目前普遍认可的定义为虚拟社区是由借由互联网相互联系、通过信息技术的支持、具有共同爱好或相似目的、彼此之间存在情感交流牵绊、经常讨论各类话题、参与特定的线上聚会活动、彼此之间建立了一定的人际关系网络的互联网用户所形成的在线集合体。虚拟社区相较于现实社区的优势在于摆脱了地理位置的限制，使得分散的个体即使不见面，在物理层面人本位缺失的情境下，也能参与问题的交流与讨论，成为知识和信息分享的有效平台。目前关于虚拟社区的研究包括知识共享的影响因素、分享机制、社交媒体等，而虚拟社区身份指的是在虚拟环境中，某个个体或群体所拥有的对外互动的虚拟账户。

如前所述，网络媒介环境下，用户主体在现实社会中所拥有的社会资本决定了其从外界环境中获取和分配资源的能力，同时也决定了其在网络媒介虚拟社区中权力的大小。因此，群体组织的虚拟社区身份的网络媒介权力往往要高于个体用户；官方机构的虚拟社区身份的网络媒介权力往往要高于民间用户；认证账户的虚拟社区身份的网络媒介权力往往优于一般用户；现实生活中更具备实力和资源的虚拟社区身份的网络媒介权力往往要高于现实生活中资源有限的账户；直接接触资源的虚拟社区身份的网络媒介权力往往要高于间接接触资源的用户。例如，以人事部的名义发表工资变动细则文件往往比个人公布的更加容易让人信服；拥有加 V 认证的微博往往能博得更多关注。所以，借助权威权力的影响，通过更优秀的虚拟社区身份，所代表个人或组织的网络主体能够获得更多的网络媒介权力。根据赵红艳的研究，这些优秀的虚拟社区身份特点可以归纳为结构性优势和网络优势，他们拥有更强大的社会资源，并且更有机会成为网络媒介中的舆论领袖，进而拥有更大的权威权力。

此外，虚拟等级也是网络媒介权力运作中权威权力的一个重要表现形式。这里又要列举一个关于网络游戏的案例，在早些年没有网络交易平台的时候，网络游戏中的虚拟物品和货币的售卖往往没有任何的保障机制和中介机构。因此，一手交钱一手交货的情况无法同步实现，必然存在一方先给出货品或金钱，然后另一方再按照承诺履行约定行为的情况。所以当年在游戏中有一个不成文的规定：游戏人物等级高的玩家拥有更高的信誉和权威，因此需要等级低的玩家先履行交易承诺。如果游戏人物等级低的一方希望实现交易行为，那么必须寻找一名等级超过交易另一方的玩家为其进行"担保"，才有可能先让对方履行交易行为。

虚拟等级在这种情况下，是一种权威权力的具象化和数值化，人们往往更加愿意相信力量更强的一方。其实造成这一认知的原因和虚拟社区身份相似，都要归结于现实社会中的资源控制和分配能力。等级越高则意味着现实生活中玩家为此虚拟人物投入的时间、精力和金钱越多，其权威权力也就越容易得到认同。只不过有的时候，虚拟等级并不是非常的明显，但是网络用户们仍然很重视并尊重这条不成文的规定。例如，双方同为满级的虚拟人物角色，某公会会长就会比一般会员等级更高，装备好的一方会被认为等级更高。双方同为抖音账户的管理团队，粉丝更多的一方会被认为等级更高，日均浏览量更多的一方同样会更具权威权力。

我们需要特别强调的是，如今随着自媒体的不断兴起，越来越多的网络媒介权力被四散瓜分。之前我们在权力的基本原则和固有属性中曾探讨过，权力是标准的此消彼长的零和博弈，因此，当自媒体越来越多地占据公众视野时，传统媒介的公众媒介虚拟社区身份虽然没有本质改变，等级也比自媒体账户高出许多，但是其影响力和曝光度会被不断地削弱。想要增强公众网络媒介的权威权力，不能仅仅着眼于虚拟网络社区的正确权力运作，同时也要不断提高在现实社会中的资源收集和积累的能力，才能更好地巩固网络媒介权威权力。

（四）技术权力

1. 技术权力的表现形式

在遥远的古代社会，人类就会通过砍伐树木或开凿山石等行为，改变周边自然环境中的具体物品以把抽象的思维具象化，来宣称自己对这件物品的占有权，这就是第四种权力形式——技术权力（Technical Power）。技术权力指的是通过干预或改变他人的自然和非自然环境条件来间接影响他人的能力。该权力形式的根源是人类天生具有目的性，并且会根据自身目的干预周边的环境。英国哲学家约翰·洛克（John Locke）认为，人类因为拥有劳动的能力而与自然界中的其他生物有所不同，马克思也同样认为劳动或实践是人的本质。因此，通过劳动把目标物品改变成了人类期望的目标状态即技术权力。

技术权力的运作可以具体分为三种类型：改造、生产和部署。改造强调的是对已有环境做出修改，例如，砍伐树木、开凿水渠或建立牧场等。生产指的是创造某种新物品，也就是创造出相对于自然界本身并不存在的人工制品，例如，用泥土垒起的房屋，用蚕丝纺织的纱或布料，用金属铸造的武器等。部署指的是对人工制品的准确使用，比如，使用火药制造出绚丽夺目的烟花，把布匹裁剪成雍容华贵的衣裳等。技术权力的范围和能力高低则由三个影响因素决定：完成度、目标的脆弱性和目标的弹性。第一个影响因素是技术手段的完成度，指在特定的权力运作领域，个体的权力大小取决于其是否能够高效地掌握改造、生产和部署的运作能力，如果此人能够掌握改造、生产和部署，说明此人的运作能力越强，那么此人的权力则越大，反之亦然。第二个影响因素是目标的脆弱性，目标的脆弱性指的是个体或群体暴露于风险之中的生存能力和对风险的敏感程度。生存能力越强、敏感程度越高的单位，受到技术权力的影响则越小。第三个影响因素是目标的弹性，指的是个体或群体对伤害的抵抗能力，以及对恶劣环境的适应能力。抵抗力越强、适应能力越强的单位受到技术权力的影响越小。因此，技术权力的影响和成功运作不仅仅依赖于主动方据有完善的资源和先进的手段，还会受到被动方对风险时的脆弱性和应对风险时的弹性能力的影响。

2. 网络媒介技术权力的表现形式

根据权力表现形式的表述，网络媒介技术权力的表现形式包括登录设备、编写代码、使用图片音乐等。

网络媒介的技术权力与现实社会中一般的技术权力有所不同。在生活中，每一个人都或多或少地掌握一些技术权力，但是在网络媒介情境下，并不是每一个人都拥有网络媒介技术权力的运作能力，因为毕竟不是每一个人都能编写程序或制作图片。美图秀秀、金山游侠等一键式的便利工具软件虽然与日俱增，企图帮助互联网用户跨越各种技术壁垒，攻克各种技术难题，但我们必须承认，在互联网这个新兴的朝阳领域，能掌握技术权力的人仍然是少数，能够做到熟练运用，并且能够通过干预或改变他人的自然和非自然环境条件以间接影响其他个体的人更是凤毛麟角。毕竟，根据我国 2021 年 CNNIC 最新发布的第 47 次《中国互联网络发展状况统计报告》，中国超 91% 的网络用户只具有大专及以下学历，同时 40 岁及以上的人群占比超过 45%。在社会中，仍然有许多不具备技术权力的网络媒介使用者。更不用提一些年长的网络媒介用户，许多用户甚至都没有学过拼音，他们想要通过键盘在网络上输入文字非常困难。

在现实社会中，人类会通过运作技术权力，来改变周围的环境，用以表示对该物品或地区的拥有和占领，例如，雕刻石头、铺设道路或者树立路障等。在我国古代小说《隋唐演义》里，皂角林中程咬金拦路抢劫时曾说，此路是我开，此树是我栽。要打此处过，留下买路财。这便是在强调自己的技术权力所在，并期望他人的顺从以获得利益。无独有偶，出生于瑞士日内瓦的哲学家让-雅克·卢梭也曾详细地介绍过一个关于在土地的技术权力中改造权力结构的例子："如果有人第一个将一片土地圈起来，并宣称：这是我的。同时找到一些头脑十分简单的追随者，令这些追随者对他的话深信不疑，那么圈地之人就是这片土地文明社会的最初奠基者。假如有其他人拔掉木桩或填平沟壑，并向他的同类大声疾呼：'不要听信这个骗子的话！如果你们忘记土地的果实是大家共同拥有的，那你们就要遭殃了！土地是不应属于任何个人的。'这个喊话者会令人类免去多少罪行、战争和冲突，免去多少不该存在的苦难和恐怖情绪啊。"① 同样地，在网络媒介权力中，网民会通过注册域名来圈定自己的"领地"，确保自己媒介权力能够被认可和有用武之地。每当用户使用百度搜索想要的关键词时，其实百度就已通过网络媒介技术权力运作，引导用户连接到它预设好的目标网页，这就解释了为什么在搜索宠物食品时，前几条链接总是广告而并非查询的内容。

在现实社会中，人类通过人造制品的生产和使用来证明他们对这种物品拥有潜在的技术权力，在网络媒介中亦是如此。网络媒介中的图片和视频制作人员，往往会通过某种技术手段，给自己的作品添加实体水印或者数字水印，这样做的目的有以下两点：第一，创作者为数字产品的生产和改造留下记号，彰显其对此人工制品的贡献和所有权。第二，防止作品被盗用和窃取，抵抗针对数字多媒体产品的恶意攻击、故意盗用和版权破坏等负面情况，起到保护数字产品版权的目的，确保自己的潜在利益不受到侵害。除此之外，给图片和视频添加水印这种技术权力还能够提升图片的抗剪辑性和抗干扰性，为远程追踪提供了可能性。相较于各大视频网站 logo 的实体水印，数字水印可以反复嵌入原始图像相应分辨率层中的不同位置，在增大水印嵌入强度的同时，不影响水印图像的不可见性，在不破坏视觉效果和艺术价值的情况下，提高了水印的鲁

---

① 卢梭. 论人与人之间不平等的起因和基础 ［M］. 李平沤，译. 北京：商务印书馆，2007：44.

棒性。

技术权力的作用范围，在网络媒介权力中仍然受到完成度、脆弱性和弹性三个因素的影响。技术手段的完成度包括：添加的水印是实体的还是数字的？数字水印的添加算法是否足够先进和隐蔽？遭到剪辑后是否还能被追踪辨认？目标的脆弱性包括，对该素材的需求程度，有没有其他可供替换的媒介渠道？目标的弹性则表现为，其对数字水印解码的手段如何？是否可以根据需要改变媒介使用情况？上述众多问题都可能会影响网络媒介技术权力的运作和行使，故网络媒介的技术权力不只在于主动方是否具备完善的技术手段资源，被动方的需求程度和依赖程度等所表现出的脆弱性和弹性也是网络媒介权力能够正常运作的重要影响因素。

（五）权力运作形式的相互关系

以上便是权力运作的四种表现形式，接下来我们分析一下它们的相互关系。首先，工具权力和权威权力都是可以直接影响被动方的行为，工具权力是通过为行动提供外部刺激来发挥作用的，而权威权力是依赖内在的情感共鸣而产生效果的。它们的共同点在于它们都能影响有关人员的处境和偏好，但是它们的区别在于前者对脆弱的肉体、社会生物的地位或经济行为体会形成直接影响，其更多的是外附的激励（extrinsic）在发挥作用。后者则是通过影响它们所处的自然和非自然环境条件对本体产生间接的影响，这种更偏向于内在的激励（intrinsic）。其次，权力运作的各种形式并不是相互冲突的，它们可以相互融合、相互转换，在现实生活中，更多的是以组合的方式出现。箔皮茨提供了一个权力形式随着时间变换的典型案例："权力的形式转换可以在侵略外国领土的过程中得到充分体现。最开始的权力积累是由简单的暴力转化而成的，属于最简单的行动权力，当行动权力得到一定成功之后，侵略者则转而使用工具权力不断地降低权力运作的成本以获得和累积新财富；与此同时，不断地镇压反抗者和奖励顺从的追随者可以使工具权力转换为更加强大的权威权力；而所有以上过程都需要锋利的兵刃和坚固的盾牌，甚至是更加先进的炮火武器，最后再通过树立旗帜或篆刻石碑来宣布胜利，这些改造、生产和部署人工制品的行为都属于技术权力。"① 当然这并不是一个简单的线性过程，铸造武器和镇压反抗者往往是相辅相成、同时进行的，这也就是侵略行为权力形式中工具权力和技术权力的组合表现。

---

① 多米尼克·迈尔，克里斯蒂安·布鲁姆．权力及其逻辑［M］．李希瑞，译．北京：社会科学文献出版社，2020：75.

网络媒介权力的具体表现亦是如此，每一次网络媒介权力运作，都伴随着多种权力形式的组合和转换，且所有权力表现都统一指向使用者的最终目标。我们使用手机是技术权力的表现，登录自有的微信账户是行动权力的表现，建立群聊并发布开会通知是权威权力的建立过程，在通知中对他人出勤的奖励和缺席的惩罚是工具权力的具体表现，最后在群里发出一个"加油"的表情，这又是一次技术权力的使用。所有这些权力形式的使用和转化都是为让其他人遵从指示、前来赴会的目的进行服务。

第五节 网络媒介权力运作状态分析

（一）网络媒介权力运作的常规标准状态

从情报学的角度出发，网络媒介权力运作中的信息交互行为是指信息通过网络媒介扩散传播的过程，信息通过信源传递至信宿并被采纳，这种交互过程让信息完成了由点到面的扩散传播。就是说，信息在一定时间和空间内的变化、转移是网络媒介权力运作的结果。因为信息只有在充分的扩散时，才具备释放本身蕴含价值的条件。所以，常态化的网络媒介权力运作标准之一是保证信息能够得到有效的传播和扩散。信息如果不能被充分传播，则会极大幅度降低信息本身所携带的情报价值，无法做到提升受众的公众认知水平，并对受众的思想和行为产生影响。相对而言，网络媒介权力运作常态化的第二项标准则是要求信息的传播必须符合一定的结构和规律，不能无限制地肆意扩散。如果信息超过了网络媒介权力运作能力的范畴，就会无法控制信息的异变和错误解读，进而产生更多的噪声，从而影响受众的判断，阻碍信息的正常传播和效果发挥。

从传播学的角度来讲，媒介权力作为一种特殊的软权力作用形式，其权力的作用能力是有限的。传统媒介权力受到权力主体组织机构的约束，因此，政治权力直接给媒介权力的作用发挥带来影响。但是，网络媒介权力则突破了传统权力主体组织的束缚，真正地将媒介权力归还给每个受众。也就是说，用户才是网络媒介的权力主体，而个体的利益才是一切传播活动开展的前提。故而，当权力运作目的与大部分人民利益一致时，媒介权力运作受到正面影响的推动。此时，媒介权力运作因为反映了社会公众的利益要求，于是信息得到有效的扩散和传播，并形成舆论场，实现常态化的网络媒介权力运作。相反，权力运作与受众的基本诉求和根本利益相冲突，则属于话语权滥用或价值观扭曲，这种权力运作有悖于媒介受众的基本意愿，若长此以往则会导致公众媒体的公信力缺失，社会媒体的关注度下降，也就是网络媒介权力运作失当。

总结来说，网络媒介权力运作的常态是指能够顺应广大受众的根本利益，并且符合信息传播扩散的整体结构和发展阶段，向受众传递正确的价值观，引导正确的思想与行为，同时打造健康的网络信息传播环境的运作状态。

（二）网络媒介权力运作的失范状态

1. 违反基础原则的权力运作失范表现

（1）网络媒介权力倒挂，忽略了社会资本的物质前提。当出现下层网络媒介权力运作主体拥有的媒介权力高于上层网络媒介权力运作主体时，或者低级用户的网络媒介权力高于高级网络媒介用户时，即违反了社会资本的媒介权力产生状态，便属于网络媒介权力运作失范状态。

（2）信息频繁"破圈"传播，忽略同质交往限制壁垒。当网络媒介信息频繁突破同质交往壁垒的限制，造成难以控制的大范围影响及跨界传播时，会造成网络媒介对信息编译和解读的控制能力持续降低，最终导致信息的异变和不受控制的扩散。此时网络媒介缺乏对信息内容的解释和传播控制的能力，属于网络媒介权力运作失范状态。

（3）跨地域运作网络媒介权力，破坏了地域分割的传播规则。当网络媒介中的信息传递不受地域限制，可以尽情地异地登录或"翻墙、越狱"时，表示网络媒介对用户的行为和操作失去了监督能力，随之而来的是，用户在网络媒介上的权力运作行为不需要付出任何代价，缺少监督与威胁会令其更加肆意妄为，会激发出人类最原始的破坏欲望。因此，对 VPN 等门户界限的控制势在必行，如果大量网络媒介权力运作主体不遵守地域分割的规则和要求，这便属于网络媒介权力运作失范状态。

2. 违反固有属性的权力运作失范表现

（1）违背道德中立性的不良目的运作。在明确知晓信息内容不良的情况下，为了达到某种自私自利的目的，而故意扩散宣传信息的行为，违背了网络媒介权力的道德中立性，属于网络媒介权力运作失范现象。

（2）情节多次反转，不利于权力的标准与固化。网络媒介权力运作主体由于受众不能完全掌握全部信息，而频繁出现身份更迭、态度转变的情况，导致网络媒介权力运作主体的人群出现反复巨大的转换和波动。这种情况会损害媒介平台和大众媒体的公信力，并令普通受众产生媒体倦怠情绪，不利于权力的标准与固化，应归因于网络媒介权力运作的不作为，严重甚至会引发社会动荡，因此这属于网络媒介权力运作的失范现象。

（3）为达某种目的而"无所畏惧"时，导致畏惧与需求性的自控失效。

权力运作的基础在于人类的脆弱性与追求，但是，网络媒介权力一旦寻租失败，出现没有目的的网络媒介权力运作行为，权力主体本身也会变得"无所畏惧"。这种没有明确目的的网络媒介权力运作行为，便会导致网络媒介信息传播和权力运作缺乏自控自律，属于网络媒介权力运作失范现象。

（4）人的自由意志不能实现，破坏了自由开放性及主体能动性。扭曲用户的本来行动意志，强制用户实施特定的信息互动行为，封锁网络媒介权力运作主体的信息互动行为，不尊重其正常的表达意愿和信息消费诉求，这些都属于阻碍网络媒介权力的正常运作，违背了网络媒介权力运作的自由开放性和主体能动性的现象，属于网络媒介权力运作失范现象。

（5）未经允许，曝光于众，匿名性遭到破坏。如果信息，尤其是隐私信息，不能得到有效保护，不经当事人或网络媒介平台允许而被私自公布于众，则会影响受众的正常生活或者社会的安定团结。此种行为在一定程度上，违反了网络媒介权力匿名性的固有特点，应归因于网络媒介权力运作的监督与控制不利，属于网络媒介权力运作的失范现象。

（6）过高限制，门槛过多，教条主义取代了人为主观意识的贷偿性破坏。用户在一开始便完全放弃自己的信息选择权、网络媒介接近权等，并让渡这些权力给信任的网络媒介，以简化信息筛选渠道。所有的信息"把关"均由网络媒介的少数群体把控，网络媒介缺少有效的监督和自省，极容易误导大量受众陷入信息茧房和权力运作的陷阱。因此，这种大批量的机械化的网络媒介权力集中现象，属于网络媒介权力运作失范现象。

（三）网络媒介权力运作失控可能引发的问题

通过对上述网络媒介权力运作失范状态的描述，我们可以认定网络媒介权力运作失控是一种较为特殊的媒介权力异化现象，而这种权力的异化可以被总结为以下三种情况：

（1）扭曲网络媒介权力本质的网络媒介权力错位运作

媒介权力的基本原则和固有属性被扭曲和破坏，那么网络媒介权力运作必将引发重大问题。举例来说，信息的真实性是媒介权力运作的最基本要求，也是网络媒介权力运作行为的价值所在。媒介要正确行使权力就理当传播真实的信息内容，如果信息的真实性出了问题，那么任何关于这些内容的网络媒介权力运作行为都将成为网络媒介权力的错位运作。例如，吸烟能够抵抗 SARS 的谣言就是不实信息对受众的行为造成了影响，并导致了网络媒介权力出现了错位运作的问题。

（2）缺乏媒介权力运作核心职业精神的媒介权力运作失职

媒介权力运作如果缺乏职业素养和核心精神，就会发展成为一种权力运作的失范现象。作为拥有较高网络媒介权力信息的"把关人"，无论是代表政府机构发言的大众媒体，还是代表社会舆论的社会自媒体平台，两者都可以人为地改变信息落差，决定公众接收信息的角度和时间。然而，媒体工作人员和管理人员在受众关心的重要信息面前失语，则会放任网络媒介权力肆意生长运作，毫无轨迹的发展和聚集必然会损伤大众媒介的公信力，并降低网络媒介对受众的影响力。例如，"7·23甬温重大铁路交通事故"就是大众媒体的失语，间接造成的网络媒介权力运作失控问题。

（3）超越媒介权力运作职能范围的媒介权力僭越运作

网络媒介权力运作应以受众的公共利益为宗旨，顺应权力运作的潮流和状态，但并不应当过分干预。毕竟"新闻"也只是对"事实"的一面的加工"报道"，其并不等于"事实本身"。在信息有限的视角中，人们对事件的过多干预，往往会给现实造成更多的障碍与麻烦。网络媒介权力的分散促使一些初尝甜头的基层用户以"无冕之王"自居，进而将网络媒介权力的触手恣意延伸。这些权力运作主体不但将本不应公开的信息肆意披露，无视国家利益或个人隐私，甚至还常常肆意揣度，妄加评论，企图利用网络媒介权力左右事情发展，甚至干预行政司法，提前进行"媒体审判"。这种网络媒介权力的僭越行为对公众生活和社会安定造成了巨大的影响，也就是网络媒介权力过分运作并缺少控制而导致的社会舆论失控问题。

总结梳理网络媒介权力运作失当所引发的各种各样的问题，我们不难发现，问题小到会误导受众个人的行为习惯和思想认识，大到会威胁到整个社会的安定团结和发展进步。这种现象既会对社会整体造成影响，又会对受众的部分认知产生干扰。因此，针对这些失范状态和具体问题，我们有必要对网络媒介权力的运作行为进行必要的监督和控制。

本章从权力的基础出发，以"权力—媒介权力—网络媒介权力"为线索进行梳理，分别从产生机制、基本原则和表现形式三个层面辨析了网络媒介权力的相关概念和基本形态。着重强调了网络媒介权力的独特性，陈述了网络媒介有别于传统媒介，是因为网络媒介双向信息流通的全新传播方式，让多主体相互即时的信息共享和信息流通成为可能。这表示信息产生和传播渠道不再被社会少数精英或掌握话语权的上层阶级独占，因此，无形中瓦解了传统媒介权力的来源基础。网络媒介权力的产生则是依靠各个主体之间的信息交换和互动来塑造公众意见和大众舆论。

　　研究分别从理论前提和物质前提两方面着手，通过分析网络媒介权力产生的机制和传播规则，建立了网络媒介权力产生机制和传播规则的模型，进一步明晰了网络媒介权力的深层次概念及内涵。除此之外，在充分考虑和分析网络媒介特殊性的前提下，以权力运作原则和固有属性为基础，针对网络媒介权力运作的特殊性，综合梳理已有的文献，进一步总结出了网络媒介权力运作的多个基本原则与固有属性。

　　然后，本章汇总并借助前辈学者们对权力运作形式框架的梳理，将其带入网络媒介权力范围，整理出了网络媒介权力是一种依赖用户互动的新媒介权力，以及其独特的权力运作形式。由于网络媒介权力的产生源动力并非传统媒介对信息获取渠道和发布平台的垄断和占有，而是互联网用户各主体间的信息互动所产生的个人权力的联合效应。最后，本章阐述了网络媒介权力运作的常规状态、失范状态和可能引发的问题，通过对网络媒介权力的本质和运作状态进行全方位的剖析和总结，为接下来网络媒介权力运作控制机制的研究和分析奠定基础和铺平道路。

第三章

网络媒介权力运作控制机制的方法与分类

第一节　网络媒介权力运作控制的层次

因为权力遵循滋长与强化性，所以无论权力的具体表现如何，其无时无刻不在寻求扩张和成长。建立在互联网之上的虚拟社区和网络媒介中的各种权力亦是如此，如果缺少有效的监督和管理措施，权力运作和践行则会变得肆无忌惮、无法无天。因此，如何防止网络媒介权力过度滋长和遏制网络媒介权力的不良运作，是需要合理的管理手段来解决和完善的一个应用型科学问题。

要解决这一问题，我们需要建立有效的控制机制与完善的管理手段，而控制权力运作的必要手段和具体方法则必须从三个层面进行思考。首先，是最根源、最基本的道德层面，即所有的控制管理方法要符合最基本的纲常伦理。其次，是法律层面，通过建立明晰的法治框架，以保证权力的有序运作，在规避权力运作失控或权力异化风险的同时，明确运作行为的界限和惩罚，以便对网络媒介权力运作进行有效的限制和约束。最后，是制度与机制层面。通过建立完善的制度体系，规范网络媒介权力运作的常规流程。三位一体共同实现对网络媒介权力运作的有效控制和正确引导。根据管理的基本分类方法，我们又可以把它具体分为管理的法律方法、管理的行政方法、管理的经济方法、管理的教育方法和管理的技术方法。针对这些控制手段的不同层面和不同方法，我们接下来将进行一一阐述。

根据现代社会的宪政体制与法治情境，控制权力运作可经由以下路径进行分析。

（一）道德层面的网络媒介权力运作控制

谈到关系、控制、约束或者规范，我们最先分析的应该就是道德的限定。所谓道德控制，是借由内心信念、伦理纲常、传统习惯和人文素养等所产生的约束力量。这种力量通过不断内化的信念理想、价值观念或意识形态，进而达到引导和约束主体行使权力行为的目的。在权力控制系统的各种调控方式中，道德控制对权力运作具有特殊的调控作用，具有其他手段无法比拟的特殊功能。道德控制主要是通过修养的培育和观念的教育，将权力运作的道德观念内化成为权力行动主体的行为准则。道德控制从根本上决定了权力行动主体运作权力的价值取向与善恶观念，如若缺失正确的道德观，则很容易陷入价值选择的迷茫和行为语言失范的无边泥沼之中。

当以道德手段来控制网络媒介权力运作时，我们要时刻提醒自己，这是一个道德他律与道德自律相互映衬、彼此融合的过程。我们必须坚持道德自律与道德他律的统一标准，一视同仁，拒绝双标，要以道德手段实现网络媒介权力运作的控制，必须先做到充分的道德自律。因为道德自律不仅是行使网络媒介权力控制他人的前提条件，还是实现网络媒介权力运作的参照标准。如果一个人，他自己尚且不能遵守网络媒介权力运作的道德规范，那么又怎么可能正确影响网络媒介中的其他用户呢？我们只有在即便是无人监督的网络虚拟社区中也能做到克己自律，才会得到他人的尊重与敬仰，并且通过权威权力的运作形式去影响和辐射身边的其他用户。但是，由于个人认知的局限性，个体所能够改善和影响他人道德边界的上限，便是自身道德水平的制高点。在达到一定的自律标准之后，我们会以道德自律为手段去实现道德他律。外在表现出的道德规范是网络媒介权力运作的重要条件，其内心的价值选择与修养基础是左右影响力大小的关键。权力运作主体既要接受道德外在的教化与约束，同时也要自觉遵守权力运作的道德规范，才能坚守道德底线，提升自我，影响他人。尽管如此，道德控制属于一种软控制手段，我们需要依靠道德境界的参悟，来执行规范的自觉性以及保持正确判断是非曲直的理智。

（二）法律层面的网络媒介权力运作控制

所谓法律控制手段，就是凭借法律的强制性将权力运作控制在明令允许的范围之内，用以建立和维护权力运作的正常秩序的一种控制手段。法律控制作为权力运作的一种控制形式，与道德控制不同，其具有强制性的特点，属于一种硬性控制手段。这意味着：只有法律明文规定或可以被允许的，才能够得以运作；任何权力的运作都不得超越法律规定的范围，一旦有所逾越或偏差，法律控制就将被启动，并以惩罚的方式迫使其向法律规定的方向靠拢就范。我们以法律控制权力来运作，首先必须建立完善、规范的权力运作法律法规体系。针对网络媒介权力运作控制，国家要出台适当的、单独的、全面的、翔实的法律文件和条例规范，以明确网络媒介权力运作的功能、职能、范围、界限与运作程序等，并充分体现其规范性和可操作性。试图借助权力运作本身具备的标准和固化的权力性，来对权力运作进行非个性化、规范化和一体化的管理，最终形成规范、高效且能够长久运行的优质法律管理体系。

目前我国使用的网络媒介相关法律及条例包括：《中华人民共和国网络安全法》《中华人民共和国电信条例》《互联网信息服务管理办法》《中国互联网络信息中心域名争议解决办法》《互联网新闻信息服务管理规定》以及《互联网网络安全突发事件应急预案》等，如此诸多法律及条例存在的目的便是规范互联网服务，保障互联网电子信息服务的应用者和利益相关人员的合法权力，对互联网服务提供者及组织单位进行监督和检查，或者在特殊情况下用于分析突发事件隐患和风险，并发布预警信息等。

我们需要注意的是，根据权责对等原则，在明确规定网络媒介权力运作的职能、范围和程序的同时，也必须明确规定其所应承担的责任。因为法定权力运行程序和规则，是权力行为主体运作权力的法定依据，任何单位和个人不得随意违反、减免或篡改。除此之外，法律控制的效力不应单单体现在遵守法律条文规定上，而是当触犯者需要接受惩罚时，也都必须有充分的法律依据，来对触犯者权力运作的失当行为进行判决。因关于法律更深入和具体的研究处于法律学科体系之中，不在本书的研究范围之内，所以此处点到为止。

（三）制度与机制层面的网络媒介权力运作控制

制度与机制控制是最普遍和最有效的控制手段。众所周知，法律与道德并不是万能的。对网络媒介权力运作的控制，还需要积极构建和完善权力运作的相关制度和机制。制度和机制的制定主要体现为对网络媒介权力运作的工具权力和权威权力的使用，通过合理的机制设置和制度体系，有效地从根源避免网络媒介权力滥用，是治理权力失当最前端、最积极的处理方式，也是理论上性价比最优的管理策略。

我们对网络媒介权力运作进行控制和制约，必须切实加强虚拟网络制度建设，建立一套结构合理、配置科学、程序严谨、行之有效的权力控制机制，既能够确保网络媒介权力运作的规范性，又可以有效防止约束过度、权力失衡、谣言散布等现象的发生。

任何权力都需要多方制衡，缺乏制衡的权力运作结果是无法想象的，合理分权是权力制衡的必然前提。权力过分集中，必然导致制衡失灵。传统媒介依靠对信息渠道和发布平台的垄断与占有牢牢地把握了传统媒介权力，站在了媒介权力金字塔的顶端。而网络媒介权力则是来自互联网用户各主体间的信息互动所产生的联合效应。因此，在网络媒介中，传统媒介不能如法炮制地简单打造自身不可撼动的权力地位，加之自媒体产业不断兴起和壮大，网络媒介权力分散属于必然现象。正因如此，权力的运作应有明晰的边界和结点。如果权力边界混沌、模糊，必然导致权力越界运行，诱发权力滥用甚至是权力腐败。在互联网上最常见的表现则为群众的谣言四起，公众媒体的公信力下降等现象。要明确界定各级权力行为主体的职权范围和行权边界，并以制度和机制控制权力运作，基础是明晰权力的边界。我们要充分利用现代法治社会的优势，使所有网络媒介运作的行为制度化、规范化，同时，也要对网络媒介权力进行分解与制衡。我们要从权力的科学配置和有效制衡上，整合和创新权力运作结构体系，构建纵横交错的网络媒介权力运作网络，形成权力之间的相互制约，达到各方权力运作行为主体各司其职、各负其责，并且相互监督、相互牵制的效果。

总之，对网络媒介权力运作实施有效控制，不仅是建立健康绿色的网络生态环境，促进网络媒介有序健康发展的内在要求，同时还是保障网络媒介用户信息安全和良好上网体验的必然选择，更是维护网络秩序、维护网络正常运作的必经之路和必要前提。

第二节　网络媒介权力运作控制机制的方法

在常规企业管理中，控制的职能是保证企业计划目标与实际作业动态的相互适应。而在网络媒介权力运作中，控制同样承担了根据计划和目标来确定网络媒介权力运作行为的正确和规范的职能。控制工作的主要内容包括确立标准、衡量绩效和纠正偏差三方面。有效的控制要求控制者能够识别关键的干预环节，确定恰当的控制频度，收集及时有效的信息等，这就意味着，控制者必须能够明确认识和合理运用各种控制方法中的一切控制手段，在此，我们参考周三多先生的著作，对控制方法进行深入的剖析和认识。

控制方法一般可分为：法律的控制方法、行政的控制方法、经济的控制方法、教育的控制方法和技术的控制方法。它们共同构建成了一个完整的控制方法体系。除此之外，学术界也有学者主张按照其他角度对控制方法进行分类。比如，按照控制客观对象的范围可以划分为宏观控制方法、中观控制方法和微观控制方法；依据控制方法的普遍适用性的区别可划分为常规控制方法和特殊控制方法；按照控制对象的性质可以划分为信息控制方法、经济控制方法、库存控制方法等。在本书中，我们遵照控制手段不同的分类方式，针对网络媒介权力运作控制机制的内容实质和特点作用进行深入的研究分析。

（一）法律的控制方法

1. 法律控制方法的内容和实质

法律是由国家制定且认可的，是用国家强制力量以保证实施的行为规则，能够体现统治阶级意志的总和。法律控制方法是指国家根据网络用户群众的根本利益，通过各种法律、条例、法令、预案和司法与仲裁，调整网络媒介环境中的总体活动和各虚拟用户在网络媒介进行信息交互时产生的各种关系及状态，以保证和促进网络媒介健康发展、正常运作的控制方法。

法律控制方法的具体内容同时包括建立和健全各种法律法规和相对应的司法工作与仲裁工作两方面。这两个环节如同自行车的两个轮子，必须相辅相成、紧密相连、各司其职、缺一不可。如果只有法律条文所组成的典籍文件而没有司法和仲裁的衡量与判决，那么会使法律文件变得流于形式，不能发挥应有的控制效力；但如果只具有司法和仲裁工作却缺少法律条文的基础支持，那么司法和仲裁将变得无所依从，随心所欲。

法律控制方法的实质是实现网络媒介相关者的全体意志，并维护包括管理者、运营方和使用者在内各方的根本利益，代表他们对网络媒介中所涉及的经济问题、政治要求、文化活动等行使一视同仁的强制性控制行为。这同时也要求法律控制方法既要反映出网络媒介用户的切实利益，又要符合事物发展的客观规律，在不扼杀网络媒介用户创造性、自由意志和积极性的同时，保证网络媒介权力使用与运作的合规合法。

2. 法律控制方法的特点

法律的控制方法主要具有以下特点：

（1）严肃性

法律和法规的制定必须严格按照法律规定的程序和要求进行。一旦制定和颁布出来之后，应具有非常大的持久性和稳定性，不得随意更改或废止。法律的控制不会因人而异，必须一视同仁。司法和仲裁工作更加需要严肃的行为来予以保障，必须通过严格的执法活动来维护法律的庄重与尊严。

（2）规范性

法律和法规应成为所有组织和个体行动的统一准则，对任何客观对象都应具有同等的约束效力。法律和法规都是用标准、严谨的语言，准确清楚地阐明一定的含义，只能应对一种解释或意义，严禁产生理解歧义。法律与法规之间不应相互冲突，法律的地位高于法规，法规应遵守法律的相关规定。法律相互之间也应保持统一和一致，如若发生冲突，则以下位法律服从上位法律的原则进行处理，我国规定拥有最高法律效力的是中华人民共和国的根本大法——

《中华人民共和国宪法》。

（3）强制性

法律控制方法的强制性主要体现在强制遵守和强制执行两方面。首先，法律法规一经明确出台则必须强制执行，所有公民个体与组织单位必须无条件地服从与遵守，不存在法外特权的特殊情况。其次，一旦触犯或违反相关的法律法规，则必须受到国家强制力量的处罚，不存在讨价还价或以功抵过的情况。

3. 法律控制方法的作用

法律控制方法的运用，不仅是其他控制方法的底线和基础，同时还对建立和健全科学的控制制度和控制方法有着十分重要的指导作用。

首先，法律的控制方法是必要的秩序保证。网络媒介的内部与外部牵连着各种社会的人际交往和经济关系，只有通过法律才能公正、合理、高效、快捷地调整错误和平衡偏差，及时排除网络媒介权力运作中的各种不良因素与有害行为，保证网络媒介权力运作秩序的正常运行，为网络媒介使用者提供绿色、安全的网络环境。

其次，法律控制是其他控制因素的最终调节阀。法律的控制方法具有一定的调节控制功能，其不但可以根据目标对象所具备的特点差异和所承担的任务不同，规定不同主体在整个网络媒介权力运作中应承担的责任和发挥的作用，也能在其他控制因素出现矛盾问题和冲突时，予以最终的调节和判断，并从根源上解决问题和冲突。

再次，法律控制有利于规范化和制度化的建设与完善。法律控制方法的运用，有助于符合客观规律、行之有效的控制制度和控制方法用法律的形式规范化、固定化、条理化，使网络媒介权力运作有法可依、有章可循。通过严格执行这些制度和方法，控制系统便能够实现自主有效的长期运转。这样不但能够保证控制行为的底线明晰和坚固，同时还能够做到节约控制成本，提高管理控制效率。

最后，网络媒介权力运作纷繁多样，我们不能期望只依靠法律去解决所有的问题，不然会非常的劳民伤财、效率低下，而且法律只能在有限的范围内发挥作用。在法律控制介入之前，大部分的经济纠纷、人际关系、社会问题都可以依靠其他控制方法更快速和准确地进行管理和调整。所以，法律的控制方法应属于指导地位，同时与其他控制方法综合使用，才能建立最高效的控制体系。

（二）行政的控制方法

1. 行政控制方法的内容和实质

行政的控制方法是指依靠行政组织的权威性，运用命令、规定、指令、条例、指挥、要求等行政手段，按照行政系统的层次体系，以权威和服从为前提，直接或间接影响下属工作行为的控制方式。

行政控制方法的实质是通过行政组织中的职务和职位来达到控制的目的。这种控制方式的特别之处在于它特别强调职权、职责和职位的能力，并非个人的影响力和控制力。与法律的控制方法不同，法律控制是对所有客观对象有效的、行政的控制方法，只有上级能够对下级进行有效的控制，反之则毫无效力可言。这是由于在行政系统中，各层级所掌握的信息和资源有所不同，上层行政机构往往掌握了更多的信息内容，拥有更好的信息渠道和信息来源，因此能够更加全面综合地考虑问题和做出评估，这些都是下层行政机关所无法比拟的。所以，行政控制的方法只限于上级指挥和管理下级，久而久之，上级的权威权力便得以形成和固化。在我国，先后成立了国家新闻出版总署和国家广电总局作为媒介机构的行政监督单位，用以行使媒介的行政控制权力。而针对互联网中的信息传播，我国在2011年5月成立了中华人民共和国国家互联网信息办公室，其主要职责包括落实互联网信息传播方针与政策，推动互联网信息传播法制体系建设，指导、协调、督促有关部门加强互联网信息内容管理，依法查处违法违规网络媒介平台等。2013年3月，两家单位合并为国家新闻出版广电总局，统一行政管理。2014年，中共中央网络信息办公厅召开各界人士座谈会，正式研究将网络媒介纳入行政管理体系，并在会上研讨了如何加强依法管网、依法办网、依法上网以及全面推进网络空间法治化等问题。2018年我国成立国家广播电视总局和中央广播电视总台，将"新闻出版"等媒介的管理和运营工作正式划归中央党委宣传部。宣传部规定国家广播电视总局为正部级单位，是国务院直属机构。同年，国务院下发《国务院关于机构设置的通知》并明确指出：国家互联网信息办公室与中央网络安全和信息化委员会办公室合二为一，施行一个机构两块牌子的行政管理政策，正式列入中共中央直属机构序列。

2. 行政控制方法的特点

行政的控制方法实际上就是依赖政治体系上全民公认的权威权力对目标实施影响和干预，它的主要特点包括以下几点：

（1）权威性

行政的控制方法所依托的基础是管理机构与管理者所处职位的权威性。行使控制行为的管理者所持有的权威性越高，其所发出指令的被接受范围越大，程度也越高。因此，提高各级领导者的权威，是灵活运用行政指令实施控制行为的前提，也是提高行政控制有效性的基础。行政的控制方法要求实施者必须要具备优良的品德和卓越的能力，只有德才兼备的领导者，才能让行政控制长久、稳定地持续实施。不然仅靠职位和行政级别所带来的权威性很容易被架空和忽视，进而导致控制行为的失效。

（2）强制性

行政权力机构和管理者所发出的命令、指令、要求等，对控制对象具有不同程度的强制性。行政的控制方法通过这种强制性以达到指挥和命令对象服从的目的。但是行政控制方法的强制性与法律控制方法的强制性有一定的区别：法律控制方法的强制性更多的是通过国家机器和司法机关的强制手段来执行，例如，通过法律人们可以规定网络媒介用户可以行使哪些权力和不得侵犯哪些权力；而行政控制方法的强制性，更多的是通过行政机关的权威性对目标形成影响，要求网络媒介运营单位和使用者在行动的目标上坚定服从和统一的意志，遵守相同的规矩与原则。

（3）垂直性

行政的控制方法需要通过政治体系和行政层次予以实施。行政的控制方法严格遵守上行下效的运作规则，同级别横向机构中不存在相互的制约或控制关系，因此行政的控制方法有效范围仅限于垂直的纵向控制。行政的控制方式一般都是自上而下进行传达的，下级组织和员工接受上级领导的安排与指挥，同时上级并不一定需要遵守下级的要求和规定，横向组织则更加不必予以理睬。例如，国家广电总局要求不得在网络媒介宣传血腥暴力的图片，因此各级地方政府网络信息管理办公室必须遵守上级要求，对网络媒介中的不良图片进行筛查并处理。但是各省份的具体执行控制行为的执行单位和执行人对血腥暴力的接受程度可能有所差异，因此出现了某些图片在一些地方被认定是违规图片而在另一些地方则属于合规图片的情况，地方与地方两者属于横向同级别单位，彼此并无法干涉决策，也无法对对方实施行政控制行为。此外，专门管理未成年人网络环境的行政机构认为，危险驾驶、焚烧等极端行为亦不应该在儿童网络媒介中传播，因此限制了关于"意外死亡"相关的话题讨论。可是下级规定并不能通过行政手段而控制上级行政组织，因此并不会影响该地区其他部分关于"意外死亡"话题的传播和讨论。总之，行政控制方法的运用，必须坚持纵向垂直且从上而下实施，切忌通过横向传达命令和以下犯上，否则极易产生多重领导和权力倒挂现象，妨害正常的控制与管理行为。

（4）具体性

相对于其他控制方法而言，行政的控制方法较为具体，也更加明确。详细而言，行政控制的方法的具体性不仅表现在行政指令有非常具体的控制内容和控制对象，而且表现在实施的过程中的具体控制方法的因人而异、因时而异、因事而异。任何关于网络媒介权力运作的行政控制指令，往往都具体指向某一个特定对象或某一类特定群体，同时往往会具备明确的时间效力约束。例如，网络游戏会针对用户是否已达到足够年龄而设置游戏时长限制，其特定对象为未成年人这一类特定网络媒介用户群体，时间效力不仅规定于18岁之前，而且设置固定的游戏时间上限。

（5）无偿性

运用行政的控制手段对网络媒介权力实施控制行为，上级组织对下级组织和个人拥有绝对的控制力，不存在等价交换和有偿实施等情况。上级对下级的人员、经济和物料等资源的调动和使用完全根据控制权力的需要而进行，不需要考虑直接或间接的补偿措施或条件问题。

3. 行政控制方法的作用

由于行政的控制方法具有垂直性、具体性、无偿性等特点，因此，采用行政的控制方法则会产生一些其他控制方法无法比拟的独特作用，在网络媒介权力运作控制中亦是如此。

第一，行政控制方法的运用有利于网络媒介内部的统一目标、统一意志、统一行动。行政控制能够迅速且有力地贯彻上级的方针与政策，对网络媒介全局活动进行行之有效的控制。尤其在需要高度集中或适当保密的网络媒介领域，行政的控制方法无论是在执行能力还是在效率上都远远优于其他控制方法。

第二，行政控制方法是实施其他各种控制方法的基础和必要手段。在网络媒介权力运作的控制活动中，无论是经济控制、法律控制、教育控制还是技术控制，都必须依赖于行政系统的中介和实施才能得以实现，因此行政控制方法还要承担起具体的组织执行和贯彻实施的角色。

第三，行政控制方法可以强化控制能力，便于其他控制方法力量的发挥和落实。行政控制可以促使整个网络媒介环境、各相关部门和相关单位密切配合，并不断调整它们之间的进度和相互关系，以便于其他控制方法能够成功实现并顺利发挥作用。

第四，行政控制方法可以根据特殊情况处理特殊问题。行政控制方法具有较强的时效性，它能实时地针对具体问题发出命令和指示，可以快刀斩乱麻，较好地处理特殊问题和控制活动中出现的突发情况。

行政方法是实现网络媒介权力运作控制的一个不可或缺、不可替代的重要方法，但是另一方面，行使控制权力的机关单位也必须清楚地认识到，这种行政方法不仅是一种控制，更是一种服务。不以服务为目的的行政控制，必然会导致官僚主义滋长蔓延，进而出现以权谋私、玩忽职守等恶劣现象。行政的控制方法会因为管控者的个人特性和品质的不同而出现差异（因为行政控制更多的是人治，而非法治），因此尤其依赖控制实施者的水平和使用的具体方式。最后一点，在使用行政方法控制网络媒介权力运作时，要清楚地认识到信息渠道在其中担任的重要角色。首先，领导者统筹全局、坐镇指挥台，必须要及时获取网络媒介权力运作内外相关的全部有效信息，这样才最有可能做出正确、高效的明智决策，避免指挥失误。其次，如果行政上级需要将命令、指示、要求向下迅速传递，也需要把相应的信息资源一并传达，供下级理解、判断和使用，以达到控制行为令行禁止、令行如流的目的。

（三）经济的控制方法

1. 经济控制方法的内容和实质

经济的控制方法是根据客观经济规律，运用各种经济手段，调节各层次网络媒介经济主体间的关系，以获取和限制较高的经济效率为目标的一种控制方法。这里所谈及的经济控制方法，包括但不限于税收、价格、信贷、罚款、抵押以及经济合同等具体手段。不同的经济控制方法在不同的网络媒介权力运作模式下发挥着各自不同的重要作用。

大部分网络媒介中都会使用虚拟货币代替真实货币进行交易和定价，这属于一种内部价格。这种内部价格也是一种行之有效的控制手段，其不仅可以平衡经济利益，而且可以准确地量化网络媒介资源消耗和个人网络媒介收获成果等指标。

2. 经济控制方法的特点

与其他控制方法相比，经济的控制方法更为功利，并且具有以下特点：

（1）利益性

经济的控制方法是通过利益机制引导被控制者去追求某种既得利益或避免失去已有利益，从而间接影响和控制对方行为的一种控制方法。例如，我们需要支付一定的费用才能够从互联网媒介中得到我们想要获取的信息资源；我们需要购买会员资格才能观看一些网络媒介中的影视作品；如果我们在网络媒介中未经允许私自盗用他人的文章或者帖子，将可能因为盗用、侵权等问题而面临罚款等经济赔偿。

（2）关联性

经济控制方法的适用范围非常广泛。各种经济手段之间的关系错综复杂，影响多方面，同时每一种经济控制方法的具体变化都可能造成网络媒介中多个利益主体的经济关系变动，产生复杂的连锁反应，正所谓牵一发而动全身。更多的时候，经济控制方法不仅会影响短期内可判断的眼前利益，还会因为贴现率变动、通货膨胀、金融缩水等必然经济规律而波及未来资产，在不可预见的以后产生一些难以预料的惊人后果。

（3）灵活性

经济控制手段的灵活性可以表现在两方面：一方面，经济控制方法针对不同的网络媒介权力使用者可以采取不同的具体实施手段。例如，如果有网络媒介的普通用户在论坛中发布谣言，以博取话题关注度，骗取其他用户的虚拟货币，那么则可以对其进行封号处理，并追踪交易信息返还其他用户损失的虚拟财产；但如果是某游戏公司的运营，假借测试为名以权谋私，倒卖游戏中的稀有虚拟物品，扰乱金融市场，破坏经济杠杆，则应该由公司对其个人进行实际经济处罚，但不应回收已经流向市场的虚拟物品。另一方面，对于相同网络媒介权力使用者来说，在不同情况下，可以采用不同的方式来实施经济控制，以适应形势的发展。例如，本书之前提到的 bilibili 创作激励计划，其便是通过增添奖励金的方式，吸引更多的网络媒介使用者和创作者，并增加用户黏性，在某一话题中快速积累人气，增加信息传播概率，扩大网络媒介影响力。同样，我们如果想要快速消耗某一话题的影响力和传播价值，则应该予以表述限制，增加通过审核的时长与难度，或者直接使用撤销相关话题的奖励的负强化措施，并提高其他话题内容的奖励，以引导逐利用户群体的自然分流。

（4）平等性

经济的控制方法承认被控制的单位或个体在获取自身经济利益的条件上的平等性。网络媒介虚拟社区会参照社会现实，将社会资源按照统一的价值尺度来计算和分配经济成果；各种经济手段的运用对于相同情况的被控制者具有同样的控制效力，不允许特殊个体的存在。

3. 经济控制方法的作用

经济的控制方法的实质是围绕着物质利益，运用各种经济手段正确处理和限制集体和个人网络媒介权力的关系。一方面，通过罚款等经济控制手段警醒和阻止网络媒介权力超规格运作；另一方面，通过正向激励和引导，最大限度调动各方网络媒介主体的主动性、积极性和创造性。此外，经济的控制方法还有以下两点重要作用。

首先，经济的控制方法能够帮助网络媒介筛选优质平台和优质用户。网络媒介权力运作与社会资本息息相关，因此一些社会资本较薄弱的用户群体没有经济实力和能力长时间掌控和运作网络媒介权力，也很少会通过消耗社会资本的方式来增加自身在网络媒介中的影响力和号召力。对网络媒介平台也是如此，运营者会根据自身的社会资本和信息资源投入建设网络媒介平台，低质量、低效率的网络媒介必然会因为运作不良而逐渐遭到淘汰。但是，网络媒介的经济控制手段也同样要警惕信息行为中"劣币驱逐良币"的反噬现象，有些低效劣质的网络媒介会依靠"谣言"或者利用受众的"猎奇心理"非法扩张自己的网络媒介权力，扰乱网络媒介权力运作的正常秩序，破坏网络信息正常的传播渠道，影响网络公共虚拟社区的良好秩序。

其次，经济的控制方法可以提高网络媒介信息内容质量。随着自媒体的大肆兴起和互联网的跨平台沟通，信息内容的无界限成为网络媒介使用者所面临的一大困扰和难题。超链接和信息延展，造成信息内容超出受众接受能力的信息超载现象，令网络媒介用户头疼不已。然而，这种情况往往只限于免费网络信息运作行为中，因为这种情况下的信息缺乏"把关人"，不能对无效信息和重复信息进行过滤。所以，为了寻求更高品质的信息内容而付费的经济控制方法便应运而生。学术界普遍认为，网络媒介对信息的垄断极大地破坏了互联网经济平衡和网络媒介信息产业生态，非常不利于中小型网络媒介的生存和发展。但不得不承认，过于分散的资本会对舆论环境甚至文化环境形成不良的影响，造成主流网络媒介难以对受众产生足够影响力的媒介权力失效问题。因此，我们必须加以综合考虑，并通过经济的控制方式，提升网络媒介平台的信息质量，平衡网络媒介的竞争与改变网络媒介垄断市场的状态。

（四）教育的控制方法

1. 教育控制方法的内容和实质

教育的控制方法是按照一定的程序和目的对受教育者从智力、德行、审美、价值观等多方面施加影响，辅佐与帮助其建立观念的一种计划性控制活动。网络媒介权力的教育控制方法的最终目的是让网络媒介使用者和运营者的行为符合社会对网络媒介的道德要求与行为规范。

众所周知，世界上最无法预测的就是人心，最难控制的因素是人的因素。因此，如何在不抹灭人的创造力的同时能够充分调动人的积极性和主动性，并同时做到符合网络媒介道德和法律的标准，是教育控制的首要任务和最终目标。有效的教育，可以不断提高网络媒介用户的思想品德素质、文化知识素养和人文视野认知水平，实现网络媒介权力运作参与者综合全面的提高和进步。网络媒介是互联网与现代科学技术完美融合的产品，随着网络技术日新月异的迅猛发展，人们获取知识的成本虽然不断降低，过去处理信息的速度也和现在不可同日而语，但也模糊了获取知识的边界和真实性。在任何人都可以随时随地无条件进入网络并使用网络媒介的今天，如何提高网民素质，加强网络媒介使用者的人文教育和道德修养，依然是普及和强化网络媒介权力运作规范过程中一个无法绕过的重大障碍与关键问题。正因如此，培养和教育网络媒介使用者和经营者，已经成为控制网络媒介权力正规运作的必经之路和必不可少的重要方法。

2. 教育控制方法的特点

（1）强制性

并非所有的教育控制都带有强制性，但是，仍然有一些与网络媒介相关的规章制度和内容体系在教育方面做了强制性的规定。例如，计算机基础操作教育、网络信息安全教育、敏感信息保密教育以及基本网络媒介操作规范要求教育等。这些教育并不一定是乏味的传统师生课堂，而是具有丰富多彩的形式和简单易懂的流程介绍，甚至可能只是简单的引导教程，其目的就在于规范网络媒介使用者的行为，引导新用户尽快熟悉功能与界面，避免误操作和不当使用行为等。只有完成了这些必要的教学与课程，网络媒介用户才有得到进入、使用网络媒介的权力，这种强制性的学习能有效确保网络媒介系统的正常安全、有效的运行及网络媒介权力的规范应用。

（2）示范性

示范性包括两方面：预控制和模范作用。防患于未然，好过亡羊补牢。预控制是教育控制方法中最重要也是最独特的特点之一。集中、系统、正面的教育与引导是非常必要的，事先就明确和界定应当怎样做正确的事，比事件发生危机和冲突后，再来应对和处理要更加有利于控制成本的节约和控制效益的提升。合理使用教育的控制方法既能避免网络媒介权力错误运作行为的产生，又能直接提升网络媒介用户的整体素质，有利于长期的持续改善。除此之外，更重要的是示范性模范作用。单纯的说教和讲授某种规定往往不一定能够引起足够的重视。网络媒介使用者和运营者真正重视的是已经存在的行动轨迹和运作模式如何，其他引路者是如何做的。正所谓"身教重于言教"。所以，对于网络媒介内部来讲，媒介的运作单位和管理者需要严以律己，以身作则，不滥用网络媒介权力，不破坏网络媒介环境。而对于网络媒介的外部大环境而言，网络媒介的管理监督单位应当先做到遵守法制、完善规章制度，提升道德修养，行使网络媒介权力要合理合规，维护网络媒介权力运行的正常秩序。

（3）群体性

人是群体性的动物，城市的建立和社会的运转都充分证明了群居的优越性和重要性。社会群体中不乏我行我素的特殊个体，但绝大多数人的行为受组织文化的影响极大。如前所述，网络媒介中的物理身份缺失，导致了所有用户都以符号化的形式存在，这也同时为更多"键盘侠"的诞生提供了便利条件。用户通过网络媒介天南海北齐聚一堂，更加增强了群体感染传播效应的发挥，因此我们应该抓住并充分利用这一传媒现象，格外注意对群体的思想教育和行为规范，着重提高每个网络媒介用户对群体行为和思想的认知水平，加强团队的凝聚力和荣誉感，无论是在正式组织中还是在非正式组织中，都要培养德才兼备的舆论领袖，提升网络媒介中掌权者的修养和见识，才可以通过身体力行的方式影响其余普通网络媒介用户，让群体行为为网络媒介权力运作常态化服务。

（4）个体性

好的教育并不是千篇一律的机械重复，而是因材施教的殊途同归。人是群体性的动物，这一点毋庸置疑，但不可否认的是每个个体都存在其特殊性。因为每个人的个性、习惯、爱好、兴趣、文化水平、经济条件、生活经历等的不同，每个人在网络媒介中所表现出来的价值观、行为习惯、善恶标准、审美取向也各不相同。教育的控制不能简单粗暴地一刀切，而应以仁爱之心、宽广之怀，包罗万象、感化万物。在面对不同网络媒介使用者时，网络媒介甚至比现实社会更加能够包容、尊重和体恤特殊个体。只要在道德和法律允许的范围内，网络的开放性允许用户以自身爱好为标准，用各种独特的方式创造性地实行网络媒介权力运作。所以教育的控制方法在必要时，也必须采取一把钥匙开一把锁的办法，实现求同存异、和而不同。

（5）自主性

教育的控制方法是通过影响人的思想认识、知识结构来达到改变人的行为，使其向有利于实现控制目标的方向发展。因此这种改变的主要动力应来自网络媒介用户本身的内在需求，而网络环境只是为他们提供了发挥创造力和进一步展示自我的外在客观条件而已。教育控制方法的主要作用在于激发网络媒介权力正规运作的内在认同意识，并塑造成基本的修养与品行，深深地烙刻在每一位网络媒介相关人员的内心之中。教育控制方法促使网络媒介用户产生自律意识，避免出现违背教育内容的权力失范行为。

3. 教育控制方法的作用

教育控制方法可以说是最好的控制方法，其具有以下作用：

第一，教育不仅仅是提高网络媒介权力的运作态度和使用行为，其更能促使用户的思想品德、思维方式、知识水平、知识结构、文明程度、劳动态度、修养见识等发生根本性的转变，提高我国网民的综合素质。

第二，长时间的教育和行为控制能够帮助网络媒介用户形成行为自觉性，具备高度自觉性的网络媒介使用者甚至不需要其他控制行为横加干涉，就可以保证自身网络媒介权力运作的正确与规范，并影响、辐射他人。

第三，采取平等、开放、互动的网络媒介教育控制，可以帮助网络媒介用户更好地理解网络媒介权力的深层内涵与外在表现，通过教育方的权威权力，激发下层网络媒介用户产生自律自治的高尚行为。

第四，教育的控制方法利于高尚价值观的传播和扩散。因为教育更多的是通过动之以情，晓之以理的方式建立和影响目标的基础思想，更容易引起网络媒介用户的情绪共鸣和感同身受，因此，当符合主流价值观的行为或言论出现后，增加了其在网络媒介中与其他主体进行信息互动的机会，也就更容易获得网络媒介群体受众的支持和权力运作基础，有利于塑造优质的、高尚的公众价值观念。

（五）技术的控制方法

1. 技术控制方法的内容和实质

技术的发展与进步直接导致了控制手段的现代化。对于当今网络媒介权力运作的控制者来说，想要在日益复杂和变幻莫测的网络环境中，对网络媒介中包括舆论领袖和开发管理人员在内的各种网络媒介资源进行有效的协调，以维持、巩固和增强网络媒介的活力，单凭传统的控制手段是远远不够的，必须要求控制者掌握一定的技术能力。换言之，网络媒介环境的复杂多变和自身的技术依赖性决定了，没有任何技术能力和技术知识的控制者是无法对网络媒介进行全面综合的控制和管理的。

众多网络媒介热点事件已然证明了，有效的控制离不开技术的正确使用和鼎力支持，尽管不同的问题冲突对技术的依赖程度可能不一样，但是在任何人都可以进入网络媒介，并行使一定的网络媒介权力的当今社会，不掌握技术控制方法，很难做到有效地限制权力和回收权力。甚至可以这样说，不使用技术就谈不上真正的控制。小到在网络媒介中根据关键词检索自己想了解的新闻事件，大到通过网络媒介科普预防新冠病毒传播的有效方法，这些都需要技术手段的辅助和控制，才能达到网络媒介权力运作的目的和效果。曾经的控制者，更多的是依靠经验和见识，而现在更多的是依靠技术和能力的支撑，可以这样说，不会学习和使用新技术的控制者必定是落伍的，终将被时代淘汰。

2. 技术控制方法的特点

（1）客观性

技术控制方法的客观性体现在两方面：首先，技术本身是客观存在的，不依赖人的意识而存在，更不会以人的意识为转移；其次，技术方法产生的结果具有客观性，即技术的应用必然会产出相应的结果。

（2）规律性

技术控制方法的规律性源自客观性，对应的，规律性也分别体现在两方面：第一，技术脱胎于现实世界中普遍存在的客观规律；第二，技术的控制方法是由先后顺序的程序和步骤有机结合而成的，故每种方法都是有迹可循、有章可遵，并非是杂乱无章、随心所欲的。

（3）精确性

技术控制方法的精确性指的是只要基础数据正确无误，凭借特定技术控制产生的最终结果必然也翔实准确，在同一技术控制方法下，输入的信息和输出的结果是一种函数对应关系。正是因为技术控制方法的精确性和客观性，这种控制方法才备受青睐，逐渐成为控制网络媒介权力运作的主要方法之一。

（4）动态性

控制者在实施控制的过程中会因为互联网纷繁复杂的环境，随时遭遇到新情况和新问题。在面对这些无法预料的特殊情况和动态变化时，以往某些作用效果不错的技术控制手段可能会面临效果严重降低甚至失效的情况，这就要求技术控制方法要不断地更新和进化，同时也要求控制者根据具体方法和情况的改变，具备一定的临场应变能力。换句话说，技术控制方法的动态性其根源是互联网环境不断发展和改变的动态性，如果控制者不能很好地做出及时应变，其后果不堪设想。

3. 技术控制方法的作用

技术控制方法的运用，对网络媒介的运行和权力运作有着十分重要的作用。首先，技术控制方法可以提高网络媒介权力运作相关决策的速度与质量。凭借技术控制方法的客观性和精准性可以有效地摆脱许多个人的情绪与观念对决策的不良影响，以达到第一时间精确布控的效果。其次，技术控制方法的使用和被重视为技术创新创造了良好的条件和氛围。再次，网络媒介是传播信息的主要网络阵地，因此技术控制方法的运用可以有效提高通过网络媒介获取信息的能力和质量，避免虚假不实信息在网络中的肆意传播，以及遏制不良网络媒介权力运作行为。最后，技术控制方法的运用不仅可以在计划和组织网络媒介权力运作方面发挥作用，还可以提高网络媒介权力相关机构的办事行为与执行效率，促进从点到面、从小到大、从线到流的整个网络信息传播环境的良性循环。

即使技术的控制方法优点众多，适用范围也非常的广泛，我们也要明确地认识到技术并不是万能的，不是依靠技术控制方法就能解决网络媒介权力运作失控的所有问题。如果只依赖于技术的精确性和预测能力，就会因为缺乏经验和直觉的判断而影响控制的效率与结果，正确有效的控制方法永远应该是"多管齐下，互帮互助”的。此外，技术控制方法的正确使用需要一个必然的前提，即控制者本人必须努力学习新技术的正确使用方法，了解不同技术控制方法的价值，功能和局限性，并在可能的情况下，学习更多的新方法和新技术，不断进取，向他人学习请教，弥补自身不足，才能保证技术控制的有条不紊、行之有效。

综上所述，根据网络媒介权力运作控制方法的不同，可将它们定位在不同的控制层次，纵轴表示控制层次的深浅，横轴表示控制效果持续时间的长短，如图 3.1 所示。

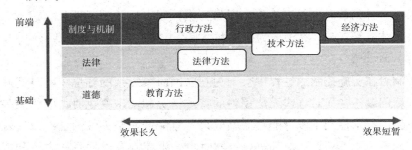

图 3.1　控制层面与控制方法的关系

第三节　网络媒介权力运作控制机制存在的必要性

斯蒂芬·P. 罗宾斯（Stephen P. Robbins）曾这样描述控制行为对于有效管理的重要性：有效的管理者应该始终督促他人，通过各种方法尽可能地保证采取的行动事实上已经被执行，并保证应该达到的目标事实上已经顺利达成。美国管理学家亨利·西斯克（Henry Sisk）也曾指出：如果计划从来不需要修改，而且在一个全能的领导人的指导之下，由一个完全均衡的组织完美无缺地来执行，那就没有控制的必要了。然而，我们都知道，这种理想的状态在现实情况中是不可能存在的。无论计划制定得多么周密或完美无瑕，由于各种各样的人为因素和外部环境因素，在具体执行和实施计划时，现实情况总会或多或少与计划有所出入，因此管理学才拥有控制职能，协助领导者完成管理的最终目的。对于网络媒介权力运作的控制来说也是同样的，不能仅仅依靠社会道德的约束和法律的管制，必须要通过建立完善可行的管理制度与机制来实现网络媒介权力运作的常态化运转。下面，我们将分别从三方面具体阐述网络媒介权力运作中控制机制存在的必要性。

（一）外部环境变化导致的动态控制需要

无论是在宏观的视角下，还是在微观的观察中，环境都是无时无刻不在变化的，尤其是互联网环境，其变化速度之快甚至可以用瞬息万变来形容。每时每刻都有信息在互联网诞生，每分每秒网络媒介权力都在转移和变动，这就要求管理和控制的手段也要相应地改变和进化。如果网络中的信息年复一年、日复一日地重复相同的内容，网络媒介也可以以相同的技术和方法进行信息的生产和运作管理，那么不仅是控制职能，甚至连管理中的计划职能都将成为完全多余的存在。然而我们都知道，事实上这样的静态环境是不存在的。所以，道德控制和法律控制只能为网络媒介权力运作控制奠定基础和指明方向，如果要真正在变幻莫测的网络环境中做到控制网络媒介权力的有序运作，需要合适的机制。

（二）管理权力分散导致的控制方法失灵

互联网是一个庞大的组织，根据 CNNIC 的第 47 次《互联网络发展统计调查报告》，我国拥有近 10 亿网民，每天活跃在互联网上行使自己的网络媒介权力。如此庞大的用户群体不可能单单仅靠一个人或几个人直接地、全面地完成管理和控制工作，即便借助各种各样的智能软件也远远不可能实现。因此，时间、能力与精力的限制要求他们必须委托一些助手代理管理部分事务。由于同样的原因，这些助手也会再向下委托其他人帮助自己完成管理和控制工作，这便是管理层次形成的根本原因。为了使助手能够有效地完成被托付的任务，上级领导必然要授予他们相应的权限和资源。因此，任何企业的管理权力都制度化或非制度化地分散在各个管理部门和管理层次之中，互联网管理也不例外。分权程度越高，控制就越有必要，每个层次的主管都必须定期或非定期地检查直接下属的任务完成情况，以保证授予他们的权力得到正确有效的利用，保证使用这些权力组织和生产的业务运作活动符合活动计划和最终目的的要求。如果没有控制机制，没有依此而建立的相应控制系统，管理人员就不能有效及时地检查下级的工作情况，即便出现了权力不负责或权力运作失范的情况，上层领导也无法及时发现，更加无法及时采取行动纠正不当行为，网络媒介权力运作就会面临失控的风险。

（三）实际能力差异导致的具体标准要求

即使外部环境相对稳定，微小的变动不足以影响网络媒介内部的媒介权力运作，即使网络媒介早就制定了全面、完善、详细、实际的工作流程和工作计划，即使各管理部门和管理层次上的管理人员都能兢兢业业地行使管理权力维持网络媒介权力系统稳定运行，对实际运转中的网络媒介权力运作的控制仍然是有必要的。这是因为组织是由每一个个体组成的，而每一个个体成员的认知能力和工作能力是有差异的。完善翔实的计划，要求每一个个体成员的具体工作都能严格按照计划要求来同步、和谐地运转。然而，由于组织成员是在不同的时空进行工作，他们的实际工作结果也可能出现在质量和数量上与既定计划不符的现象。某个环节一旦出现一点点偏离计划的现象，就可能会引发蝴蝶效应，对整个网络媒介系统的运作活动造成无法想象的制约或冲击，进而造成网络媒介权力运作失范的可能。因此增加对这些成员具体工作的控制机制是非常有必要的，控制机制是保证管理工作和控制工作达成最终目的的必备手段和重要条件。

第四节　网络媒介权力运作控制机制的基本分类

根据管理学对控制不同的分类方法，具体可以按照控制标准进行分类和控制目标进行分类，我们接下来就从两种分类方法中分别定位网络媒介权力运作的控制机制，以便于理解和探讨何种控制分类方式更加适用于网络媒介权力运作的控制机制研究。

（一）标准控制分类

所谓标准控制分类主要是根据确定控制标准 Z 值的不同方法对控制行为进行分类，这种分类法将控制行为分为四种，分别是程序控制、跟踪控制、自适应控制和最佳控制。

1. 程序控制

程序控制的特点是控制标准 Z 值是时间 t 的函数：

$$Z = f(t) \quad (3.1)$$

在企业的生产经营活动中，绝大多数的管理控制工作都属于程序控制的类别，例如，计划编制程序、机床操作程序、统计报告程序、信息传递程序等都必须严格按照事前规定的时间进行活动，在既定的时间内完成相应的本职工作和控制作业，以确保整个企业系统运转的协调统一。

在传统媒介权力运作中，程序控制也是最主要的控制手段之一。例如，电视台和报社，会按照既定的标准时间召开选题会议，并根据新闻事件分配记者相应的采访任务，同时要求新闻稿件的截稿时间，以确保新闻的编辑和出版的最终时间，并在新闻公布的这一时间点开始行使媒体自身的媒介权力。一旦新闻不能按时刊登或播出，即出现新闻学中的"开天窗"现象，这属于极为重大的新闻事故，媒介权力便荡然无存。所以，根据时间 t 确定的程序控制方法是传统媒介运作媒介权力的重要手段。

　　然而在网络媒介权力运作的实践中，程序控制并不能够发挥良好的控制作用。这是因为网络媒介权力产生的根本来源与传统媒介权力有所不同，是依靠互联网用户各主体间的信息互动而产生的联合效应的赋权体系。换句话说，信息互动时才是标志着网络媒介权力真正开始运作的时间节点。但是，信息互动的具体时间会因为不同的互动主体在不同的时间分别进行而变得分散且无法预测，因此，以时间为控制主轴变量的程序控制行为在网络媒介权力的运作中能够起到的作用相当有限。

　　2. 跟踪控制

　　跟踪控制的特点是，控制标准 Z 值是控制对象所跟踪的先行量的函数。这里我们可以假设先行量为 N，则：

$$Z = f(N) \quad (3.2)$$

　　先行量可以是一个固定的数值，也可以是一个动态的变量，这里首先列举一个先行量为固定值的例子。海军在执行海上巡逻任务时，要求军舰的航行轨迹必须与海岸线保持 15 海里的距离，那么海岸线就是先行量 N，航行轨迹就是跟随量，控制标准 Z 则为 15 海里。根据这种控制条件，军舰在执行巡逻任务时要不断地观测和计算自己与海岸的距离，来控制和更改自己的所在位置和前进方向，并规划接下来的行驶路线。

　　除此之外，先行量也可以是某种持续变化的变量。这里我们列举一个常见的追逐问题作为案例，如图 3.2 所示，运动员 A 从原点出发，沿着 X 轴向右直线运动，运动员 B 从 P 点开始行动追赶运动员 A。追逐过程中运动员 B 会根据运动员 A 的实时位置随时改变自己的前进方向，使自己与运动员 A 始终保持最短的距离，此时运动员 B 的行动轨迹就形成了一条追逐曲线。在此案例中，运动员 A 便是先行量 N，追逐曲线是跟随量，追逐曲线的切线与运动员 A 运动轨迹的交点 Z_1、Z_2、Z_3……就是控制标准值。

　　在企业生产经营活动中，上缴税款、奖金分红、获利资金再投入、物料储备等工作都属于跟踪控制性质。以上缴税款为例，企业的销售额作为先行量，税款则为跟随量，控制标准是国家和地方政府制定的各种纳税标准和上缴比率。国家通过这种税率的调节和把控以实现对于企业经济的动态跟踪与实时调控。税款上交的跟踪控制行为，既可以有效地控制国家和企业在经济利益上的分配比例和协作关系，也能够保证企业正向平稳的发展和国家整体经济环境发展态势的繁荣昌盛。

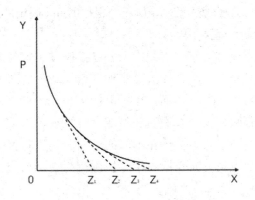

图 3.2 运动员 B 的追逐曲线

在传统媒介权力运作中，跟踪控制也曾被应用，不过由于传统媒体本身庞大的组织机构信息传播的滞后性、信息单向传播、反馈不及时、灵活性低、跟踪能力差等问题，效果并未得到很好发挥。某新闻类电视节目就曾推出过观看新闻获取奖品的跟踪控制活动，其将观看新闻的行为设定为先行量 N，并在第二天新闻节目播出的时间段内随机走访受众用户，如果遇到正在观看本档新闻节目的观众，则赠送奖品作为奖励。电视新闻栏目是期望以实体物品奖励和宣传的双重手段增加和巩固自己的受众群体，进而强化自身的媒介权力，但是活动所收获的节目效果并不理想，后来这个跟踪控制活动也无疾而终。

然而在网络媒介权力运作实践中，跟踪控制是非常有效且实际的控制方式。网络媒介很好地克服了传统媒介信息传播的劣势，具有信息传播及时、信息双向传播、反馈及时、信息来源可追踪等优良特点。因此，网络媒介可以实现对每一个受众的及时发现和持续跟踪，将用户的反馈行为视为持续变动的先行量，不断调整自身的信息传播内容、传播方式、传播频率，加强对信息的解释能力、控制能力和持续跟踪能力，因此，跟踪控制被广泛地应用于网络媒介的信息传播和权力运作实践之中。

3. 自适应控制

自适应控制的特点是虽然没有明确的先行量，但依然存在控制标准与要求，在这种方法中，控制标准 Z 值是通过过去某个时刻或某一段时间内的既有状态 K_t 而求出的对应函数。换言之，Z 值是通过分析、了解、学习、对照过去相同或相似的情况和事件，依据已有经验而得出的，其表达式可以表现为：

$$Z = f(K_t) \ (3.3)$$

在影像医学技术中就有一种依靠以往病例为新的被检人员做出病理判断的大数据 AI 机器人（artificial intelligence robot），它就是一种自适应控制的典型代表。这种大数据 AI 机器人通过学习以往患者的病例和影像特征获得经验，根据经验，对新的被检者所提供的影像数据进行病理分析和诊断。但是自适应控制并非万能的，它是一种相对应的、有一定限度的控制方法。如果出现了它在以往病例中未曾遇到过的影像特征和数据结构，它将无法采取行动或生成决策判断。

在瞬息万变的企业生产经营活动中，情况无时无刻不在变化。企业最高领导人对企业的每个细微变化和整体发展方向很难进行细致周到的程序控制或跟踪控制，而必须进行自适应控制。他们往往要根据企业目前所处的外部环境和内部已经达到的状态，凭借自己的智慧、经验和胆识进行分析预测，同时为整个企业做出性命攸关的重大决策，使企业适应外部环境的全新变化、跨过困难、勇往直前。但是人非圣贤，孰能无过。没有人能够预知未来会发生的事情。因此，企业的领导者都往往会根据企业以往的状态和情况从长计议，尽可能从过去已有的情况中分析问题和寻找应对措施，这样通过前车之鉴而析出的控制方法可以尽可能保证企业出现不良问题的概率大大降低。

在传统媒介权力运作中，自适应控制一直是非常有效的控制手段。报纸的头版一向是人们最关注的位置，不仅对商家有最强大的吸引力，同时也对受众有较为强大的影响力，用现在流行的话说，头版就是报纸媒介中的"C 位"（Carry 或 Center，核心位置的意思）。传统媒介组织能够轻松地实现对信息的控制是因为其拥有决定信息是否出现或出现位置如何的"把关人"能力。这种决定信息位置分配的能力同时也赋予了不同信息内容不同的权重比例。根据不同的宣传和传播策略，报社可以在排版时将头版设置为一版一条或一版多条的信息格局，以保证报纸中的重要信息能够被受众准确地接收和关注。如果有社会重大新闻需要被公众知晓时，报纸则会将头版信息单独印刷，配以鲜明的颜色和醒目的标题。报纸媒介慢慢发现，这种信息传播的方式更为直接和有效，因此，每当出现这种情况，报纸媒介就会选择这样的排版模式，以准确行使媒介权力的自适应控制手段，不必每次都绞尽脑汁，另觅他法。

另外，我们在电视剧和电影中经常看见卖报童手持报纸大喊"号外！号外！"的场景，这也是行使自适应控制传统媒介权力手段的典型案例之一。想要明白为什么"号外"属于一种自适应控制手段，首先要明确号外的真正含义。在我国报业发展的初期，每一家报纸都会有规则的出版周期和对应的出版编号，例如，有的报纸为 7 天出版一期并编号，有的报纸为 15 天出版一期并编号。但是报纸作为受众广泛的公众媒体，为了及时报道某些社会中关注度较高的重磅消息，会出现急需行使自己的媒介权力而无法等到常规出版周期的特殊情况，因此出现了这种编号体系之外、临时增加的特殊期刊，以及时刊登重要的突发信息，称为"号外期刊"，简称"号外"。后来，报社和读者达成共识，认为号外即等同于突发的重要信息，所以，一旦报社掌握了公众尚未知晓但极具时效性的信息，就会刊发号外报纸，以实现对媒介权力的控制和运作。

在网络媒介权力运作实践中，自适应控制也一样效果显著。同样以"号外新闻"作为案例，微信小程序中的腾讯新闻是腾讯集团为了满足用户需要而嵌入的新闻信息发布平台，正常情况下，腾讯新闻每天会不定时推送3—5条信息推文，包含9—20条内容信息。可是，在我国面临新冠肺炎疫情的特殊时期，腾讯新闻为了配合全国的防疫宣传工作，每日推送信息的次数出现显著提高，最多时曾一天推送15条信息推文，同时为了保证信息的准确接收，避免信息关注失焦，减少了每次推文的信息总量，甚至经常出现每条推文只包含一则新闻消息的情况，这种"单独推送"的号外信息在通常情况下是极为罕见的。腾讯新闻的网络媒介权力控制行为不仅参照了以往重大新闻事件突发情况的信息传递方式，还将优秀的传统媒介权力运作模式复刻进网络媒介权力运作中，增强了对网络媒介权力的控制和运作能力。

4. 最佳控制

最佳控制也称为极限控制，其控制标准 Z 值是根据某一目标函数的极限值来确定的，极限值可以是某个指标的上限，也可以是某个指标的下限。这种函数通常含有若干输入量 X_1、X_2······传递因子 S 以及各种周边参数 C。具体函数表达式为：

$$Z = maxf(X_1, X_2 \cdots\cdots S, C) \quad (3.4)$$

或

$$Z = minf(X_1, X_2 \cdots\cdots S, C) \quad (3.5)$$

例如，之前所描述的追逐问题，若以最短路径 L 作为运动员 B 追逐运动员 A 为最佳控制标准的话，运动员 B 就不应沿着跟随曲线奔跑，而应该从 P 点直接朝着两者相交的 Z（t）点奔跑，这样就实现了最短路径追逐运动员 A。（如图 3.3）

在企业实际的生产经营活动中，由于各种目的明确的管理目标存在，企业普遍应用最佳控制原则进行单目标的决策和管理。例如，用最低廉的费用来控制生产批量，用最节约成本来控制生产规模，用最大利润控制投资比例，用最短时间完成生产任务等。所有可以用线性规划、网络技术等运筹学方法和其他数学方法解决的问题，都无一例外地会通过某种数学手段得出最优解，并根据最优解制定实施管理的最佳控制标准。可是，复杂的市场和激烈的竞争，往往

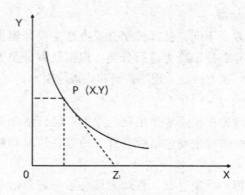

图 3.3 最佳控制

让企业管理控制工作无法一以贯之，换句话说，许多管理问题和控制问题往往不是单一的和线性的，更多的是多方面资源的此消彼长和相互制约，所以最佳控制原则更多的是在扮演标准和期望值的角色，并不会原封不动地生搬硬套给企业的实际操作。

在传统媒介权力运作中，最佳控制原则也常常以标杆性质出现。媒介组织本身往往都在追求媒介权力的最大化，即希望传播出去的信息能够被每一位受众准确接收，同时追求每一位接收信息的受众都能无差别地准确解读信息，并按照传播者希望运用的思维方式进行思考与活动。但事实上，这是不可能实现的。首先，信息的覆盖率无法达到 100%，其次，媒介权力也无法保证每一个个体受众都完完全全地选择认同并统一行为活动。

在网络媒介权力运作实践中，最佳控制更是遥不可及的存在。网络媒介的一大特点是边界模糊，因此在网络媒介权力的控制中，几乎不存在达到极限值或临界点的情况。媒介权力本身作为一种软实力的象征，对受众的影响和把握能力有限，无法做到通过软手段实现完全服从的百分之百的最佳控制。即便如此，我们仍然可以在某些情况下，使用最佳控制手段来制定标准，虽然在控制行为方面最佳控制所产生的效果有限，但是在网络媒介权力的边界识别问题和性质判别问题上，最佳控制依然可以为我们提供非常有建树的理论帮助。

综上所述，我们不难发现，程序控制和最佳控制虽然有各自的长处和优势，但并不适合用来对网络媒介权力运作进行控制和监督。我们将跟踪控制和自适应控制相结合，才是网络媒介权力运作控制机制的可行之法。因此，如果按照控制标准分类法，我们应当以自适应控制为指导前提，以跟踪控制为主要控制手段，以程序控制和最佳控制为辅助标准，来研究和制定网络媒介权力运作的有效控制机制。

（二）目标控制分类

与标准控制分类方法不同，目标控制分类方法主要是根据控制时机、对象特点和具体目标的差异对控制行为进行分类。根据这种分类方式，我们可以将控制行为划分为三类：预先控制、现场控制和成果控制。

1. 预先控制

在企业管理中，预先控制通常是指在企业生产经营活动开始之前进行的各类控制行为。其控制的内容主要包括检查资源的筹备情况和预测其可能产生的效果两方面。

为了保证经营过程的顺利进行，管理人员必须在经营活动开始之前就反复认真地检查企业是否已经或能够筹措到在质和量上都符合计划要求的各类经营资源。如果预先调查的结果为资源的数量与质量或其中的一方面无法满足运作的需要，那么就必须修改企业的活动计划和目标，或者改变企业产品加工的程序和方式，以使得企业经营计划在实践运作中得以顺利进行。在完成调整后，管理人员需重新评估这些经营资源在经过加工和转化后是否能够取得符合预期目标的结果和企业运作的需要。循环往复，直到检查所需资源的质和量均符合标准，且预测效果符合正常企业运作要求。如果预先调查的结果为资源的数量与质量均可以保证达到企业目标，并且预测可能产生的效果良好，那么应抓紧一切时间尽快开展实际经营工作，并在企业按部就班运转的同时，审视还未实施的后续环节，争取抢在进程到达之前，加强或修改夯实接下来的运作方案，以求做到尽可能压缩成本、提高效率、超额完成任务、提前达成企业目标。

在传统媒介权力运作中，预先控制是一种普遍存在的控制行为。以电视新闻为例，所有的电视新闻在最终面向受众前一定会经过层层的严格审核，这种审核出现在媒介权力行使行为之前，目的是保证媒介权力行使时能够有足够的资源作为支持，同时尽可能明确在行使媒介权力后的效果，属于典型的预先控制行为。在电视新闻中，足够的资源包括：视频素材、音频素材、同期采访、空镜转场、剪辑特效、新闻切入点、事件内容、播出时段、口播信息等，而效果预测则更多的是指预测新闻顺利播出后对受众的影响和导向，能否引起受众共鸣，能否引发事件相关部门的足够重视并采取处理措施等。故而每一次传统媒介在行使媒介权力时，其实都已经经过了严格的预先控制，这样不仅保证了媒介权力运作的正当性，同时还能够在一定程度上降低媒介权力失范带来的负面影响。

在网络媒介权力运作实践中，预先控制却并不能有效发挥作用。第一，网络媒介相较于传统媒介缺少了客观固有的组织机构，这就直接导致了网络媒介的信息发布和权力行使缺少组织机构的预览和审查。第二，网络媒介权力产生的基础与传统媒介权力生成路径有所不同，网络媒介间各信息主体的互动行为才是网络媒介权力产生的基础，这种互动行为可以是按照程序进行的，但也可能是某阶层主体的冲动行为或临时决定的，因此，这种互动无法被预见或进行事前干预。第三，网络媒介权力的行使非常简单，基本上只需要最原始的行动权力即可完成对自身网络媒介权力的支配和控制，不需要繁杂的资源筹备或专业的知识储备。第四，网络环境的虚拟性，更是不需要权力践行者为自身行为的后续连锁效应承担后果。如果对每一次信息互动行为都进行预先控制，这将无限加大了控制总量和工作难度，并且其中绝大部分会沦为毫无用处的"无效控制"，因此，这种控制根本不可能实现。综上所述，我们不难看出，对网络媒介权力运作的预先控制非常难以实现。

2. 现场控制

现场控制，也被称为过程控制，通常是指企业经营过程开始以后，管理人员对活动中的人和事进行指导和监督的控制行为。

我国著名管理学家周三多认为"有效领导＝明确目标+知人善用"，即先要确定本部门、本单位在未来某个时期内的活动目标和行动路线，然后再为组织适配恰当的工作人员来从事相关经营活动，以确保企业目标的顺利完成。但是，企业管理犹如栽植树木，如果不浇水施肥、修枝裁叶，便不能保证小树苗的苗壮成长，不能保证小树苗最终会成为栋梁之材。而这些浇水施肥和修枝裁叶的工作就好比在企业管理中对计划进程实施现场控制的工作一样，需要不断地检查、督导与修正，才能保证企业计划的进程时时在轨、步步为营，朝着目标稳步前行。

根据周三多的描述，现场控制是对下属员工的工作进行现场的、实时的监督与干预，其作用主要有以下两点：首先，现场控制能够保证下属员工以正确的方式开展并落实工作具体内容。现场控制可以使上级有机会当面解释工作的要领、重点，甚至传授亲身实践的经验与技巧，不仅能够培养和提高员工的工作能力，还可以增进同事间的相互信赖程度，提升团队凝聚力。其次，现场控制可以确保工作按照计划进度执行和保证企业最终目标的顺利实现。通过实时的现场控制，管理者可以随时发现下属在实际工作活动中与计划要求不符或偏差的现象，降低权力滥用、管理脱节等问题出现的概率，从而将不利于企业长期发展和实际工作的有害问题消灭在萌芽状态，避免不利因素的大范围影响和扩散。

在传统媒介权力运作中，现场控制一直被视为有效的控制机制，尤其是在各类直播节目中。传统媒介权力运作通过现场控制，一方面，可以监督和落实媒介权力运作的实际情况，防止现场突发事故的发生；另一方面，可以根据实际进程不断调整和安排接下来的实际工作，最大限度地保证媒介权力的正常运作和尽可能地提高媒介权力的影响效果。在新闻联播中，除了前台主播在播报新闻时控制播报语速和新闻播放节奏以外，我们还可以看见背景中有许多工作人员，他们是每次新闻直播后台的编辑和导播。这些编辑和导播的工作是负责配合镜头前的新闻主播共同完成信息播报工作。后台编辑人员的具体工作包括新闻播出时切换镜头，更改信号画面，嵌入字幕版，提供突发新闻素材等现场控制。这样前台与后台相互配合，才能保证一次新闻联播直播节目的顺利开展，即媒介权力的成功运作。除此之外，体育赛事的转播也是传统媒介权力运作现场控制的典型表现之一。一些体育比赛持续的时间很难预测，因此，往往需要解说员、导播、主持人等相互配合，根据比赛进程不断调整计划，最终顺利完成对比赛的转播工作，实现这一媒介权力运作目标。

在网络媒介权力运作实践中，现场控制的作用更是不可或缺的重要存在。由于网络媒介及时性、反馈快等特点，现场控制往往可以在网络媒介权力运作效果产生的第一时间给予监督和修正，这大大降低了权力滥用、权力失范、权力倒挂等问题引发的不良传播效果的风险，减少了网络媒介权力运作出现重大问题产生恶劣影响的可能性。网络媒介权力是因为大量主体间的信息互动而出现的，每一次单独的信息互动行为犹如一根丝线，虽然单独存在时微不足道，但是当大量相似的丝线交互纠缠在一起，就成为一根具有力量和耐性的粗绳，这时，由许多丝线集合而成的粗绳便拥有了足以改变和牵动事实的能力。网络媒介权力的现场控制就是试图通过控制丝线集合的状态和位置，避免不良信息凝结成片，诱导良性媒介信息聚沙成塔，覆盖周遭垃圾信息，让网络媒介权力在生成之初便存在位置优势，从而助力网络媒介权力良性正向的发展。根据每一次信息互动行为的现场控制，可以第一时间制止错误信息和不良言论的进一步传播和扩散，最终达到时时监督、处处跟随、点点矫正、面面俱到的有效控制。

3. 成果控制

成果控制，亦称为事后控制，是指在一段时间内或某个时间节点的生产经营活动结束以后，对之前的资源使用情况及其效果评估结果进行总结以指导后续工作的控制方法。

顾名思义，事后控制是在某阶段实际经营工作结束之后进行的控制行为，这种控制方式的分析结果往往更加中肯，评价更为具体，对经营效果判断的正确率也远高于预先控制和现场控制，但是其对已经结束的经营活动来说却无济于事。因为先前完成的经营活动已成板上钉钉的事实，并不会因为事后控制活动的判断而发生变化。成果控制主要包括成本分析、财务状况分析、产品质量反馈、职工绩效评定等方面，因此，其最主要的作用是通过总结过去的经验和教训，为未来计划的制定和工作安排提供可参考的基本标准和指导方案。

在传统媒介权力运作和网络媒介权力运作实践中，成果控制的实际运用与标准控制分类中的自适应控制的控制行为基本一致，都是根据既往媒介权力行使的效果，制定往后持续沿用的方法与策略，最终达到更好地掌握和管理网络媒介权力实际运作和影响效果的目的，故而在此不多做赘述。

总的来说，现场控制和事后控制更加适合网络媒介权力运作管理，预先控制实施难度较大并且效果一般，故而在控制网络媒介权力运作中并不多见。即便如此，仍有一些方面可以进行预先控制以降低网络媒介权力运作中失范情况的发生，比如，要求网络媒介使用者注册或实名关联等控制行为。在更多的时候，用户在使用中能够发现和意识到的控制行为仍是实时监督进行的现场控制和对以往情况进行总结和汇总的成果控制。预先控制的手段由于较少，也经常因为无法达到控制效果而容易被受众所忽略。网络媒介权力运作控制机制要做到对现场控制的尽可能把握和正确处理，同时充分利用网络媒介痕迹易留存的特性，广泛收集数据，通过精准的成果控制提高对网络媒介权力运作的控制能力，降低现场控制所需的人力和物力成本。

第五节　网络媒介权力运作控制机制的体系框架构筑

（一）一级指标的确立

通过总结控制行为的常用分类方式，本书作者认为根据控制行为发生时间的分类方法更加适合用来分析网络媒介权力运作控制机制。如前述所，网络媒介权力的根本来源是在网络媒介中多层次、多主体用户间的信息互动行为所塑造出的公众意见的影响力。因此，我们定义网络媒介权力产生和运作的初始节点为网络媒介中出现信息互动行为，这里所说的信息互动行为泛指网络上的一切信息使用、交换、收集及消费手段，具体行为包括但不限于发布信息、引用、转载、点赞、置顶、收藏、储存、评论、回复、公示、标注、禁言等。根据这种理论基础，我们将主体间信息互动行为之前的控制机制归类为网络媒介权力运作的预先控制行为；将网络媒介用户信息互动过程中所产生的效果和出现干预的控制行为视为网络媒介权力运作的现场控制行为；将主体间信息互动行为趋势下降并最终停止后的时间内发生的控制行为和总结反馈等视为网络媒介权力运作的成果控制行为。我们并定义预先控制、现场控制和成果控制为网络媒介权力运作控制机制评价体系中的一级指标。

（二）二级指标的收集与汇总

作者通过研读大量的相关文献和汇总收集网络中现实存在的各种被实际应用的网络媒介权力运作控制机制，以传统媒介权力控制手段作为参考，仔细斟酌和考虑了网络媒介权力运作的特殊性，并综合了管理学、通信学、情报学、传播学的相关理论知识，最终总结和梳理出了已有的和理论上可行的网络媒介权力运作控制机制共 29 项。根据前文所述，将这 29 项网络媒介权力运作控制机制，按照预先控制、现场控制和成果控制的具体操作时机进行归类，并将分类后的具体网络媒介权力运作控制机制定义为二级指标，最终得到结果如表 3.1 所示。

表 3.1　网络媒介权力运作控制机制

控制分类	控制机制
预先控制	注册限制、登录限制、资产绑定、实名关联
现场控制	控制验证、有偿申诉、限时应答、发言间隔、言论审查、互动次数限制、IP 访问总量限制、曝光量干预、信息整合、在线答疑、实时封禁、延迟播报、设置冷静期、退出限制、言论保护、动态调整用户级别、用户分流、更改信息互动规则、官方引导、自动回复调节
成果控制	数据特征分析、控制效果分析、响应时间分析、持续时间分析、成本分析

（三）二级指标的客观验证——结构方程模型

从内容层面来讲，结构方程模型（Structural Equation Modeling，SEM）是根据各种参数与变量的特定关系，能够整合潜在变量的界定与测量，分析复杂变量结构，处理多重抽样结构数据，有效解决研究者面对不同研究课题的多样性需求的一种社会科学研究方法。从方法层面来讲，结构方程模型是一种基于统计分析技术的量化研究方法，可用来处理复杂的多变量研究数据问题的探究与验证。因为其能够同时进行潜在变量的估计与复杂变量预测模型的参数估计，所以也被归类为多变量统计方法中的一种。

1. 模型构建

为了保证网络媒介权力运作控制机制评价体系的科学性以及每一种控制机制的独立性，我们在此使用结构方程模型对其进行探索性因素分析（Exploratory Factor Analysis，EFA），具体操作应用的软件为 IBM 公司开发的 Amos23。根据之前的理论基础和归纳分析，通过将一级指标与二级指标进行划分和归类，绘制出结构方程模型如图 3.4 所示。其中包括测量变量共 29 项，分别对应 29 种网络媒介权力运作控制机制；潜在变量 3 项，分别对应三个控制机制分类标准的一级指标；测量误差 29 项。

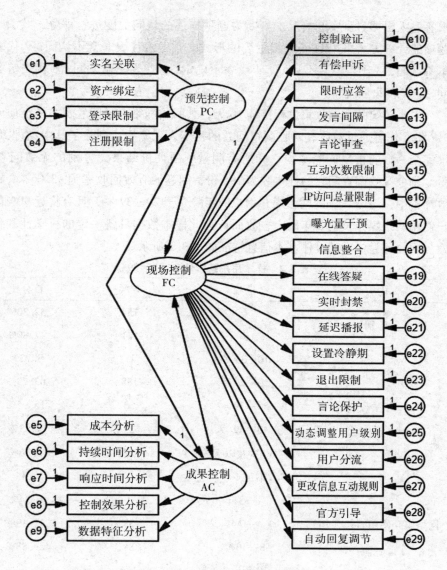

图 3.4　网络媒介权力运作控制机制评价体系

2. 数据收集

本次研究采用问卷调查的方式收集实验所需数据。调查问卷分别通过网络媒介平台"问卷星"和实体纸质问卷两种形式进行发放，并汇总两部分数据统一进行分析处理。本调查问卷主要由基础信息和测量题项评分两个部分组成。第一部分基础信息包括答卷人的性别、所属年龄段和网络媒介使用时长（年）三个问题。第二部分测量题项，所有的题项均由一个完整的陈述句所构成，要求答卷人根据自身实际情况的判断为题项描述的认同程度进行评分，共 29 个。题项的计分方式采用 Likert7 级量表的形式。其中 1 代表非常不认同，2 代表基本不认同，3 代表稍微不认同，4 代表不确定，5 代表稍微认同，6 代表基本认同，7 代表非常认同。

　　本次实验的数据收集过程持续 16 天，共回收网络电子问卷及实体纸质问卷 317 份。作者通过对所有回收调查问卷的初步人工鉴别，剔除了其中物理 IP 地址完全一致的重复问卷 2 份，和所有测量题项评价结果无差别的无效问卷 20 份。剩余有效调查问卷的样本数为 295 份，问卷的有效回收率为 93.06%。在有效样本中，超过 75% 的网络媒介用户的年龄介于 20—39 岁，且有将近 90% 的用户使用网络媒介长达 8 年以上，故而认为此样本数据具备一定的科学性和代表性。回收问卷样本的具体基本信息特征如表 3.2 所示。

表 3.2　样本用户基本信息（N=295）

内容	选项	频次	百分比
性别	女	154	52.20%
	男	141	47.80%
年龄段	10—19 岁	11	3.73%
	20—29 岁	188	63.73%
	30—39 岁	50	16.95%
	40—49 岁	29	9.83%
	50 岁及以上	17	5.76%
网络媒介使用时长（年）	不足 1 年	0	0
	1—3 年	1	0.34%
	4—7 年	33	11.19%
	8—10 年	88	29.83%
	10 年以上	173	58.64%

3. 数据检验

　　本次研究实验数据使用 SPSS22.0 和 Amos23.0 同时进行检验，以保证实验数据和模型的科学性和有效性。作者首先利用 SPSS 软件对数据样本的组合信度和收敛效度进行检验。结果显示，各变量题项的标准化负荷均大于或非常接近 0.5，每组变量的组合信度均大于 0.7，克朗巴哈系数均大于 0.75，这表明量表的内部一致性良好，具有良好的组合信度。各测量变量的平均变异萃取量均大于 0.4，虽然未达到 0.5 的优秀标准要求，但依然表明量表的收敛效度可以被接受。具体数值如表 3.3 所示。

表 3.3　信度效度检验结果

控制机制	标准化负荷（St.）	组合信度（CR）	平均变异萃取量（AVE）	克朗巴哈系数（Cronbach's α）
PC1	0.67	0.764	0.449	0.759
PC2	0.64			
PC3	0.76			
PC4	0.60			
FC1	0.55	0.932	0.413	0.932
FC2	0.59			
FC3	0.55			
FC4	0.56			
FC5	0.56			
FC6	0.73			
FC7	0.71			
FC8	0.62			
FC9	0.70			
FC10	0.80			
FC11	0.81			
FC12	0.73			
FC13	0.58			
FC14	0.64			
FC15	0.67			
FC16	0.77			

控制机制	标准化负荷 （St.）	组合信度 （CR）	平均变异萃取 量（AVE）	克朗巴哈系数 （Cronbach's α）
FC17	0.55			
FC18	0.48			
FC19	0.60			
FC20	0.68			
AC1	0.75	0.873	0.580	0.871
AC2	0.83			
AC3	0.80			
AC4	0.71			
AC5	0.71			

如图 3.5 所示，本模型的 chi-square = 1363.469，自由度 df = 374，由此得出的 X^2/df = 3.646，小于 5，RMSEA = 0.095，小于 0.1，AGFI = 0.682，大于 0.6。此三项指标均满足统计标准要求，表示此模型与实际理论的拟合度尚可，但是GFI 和 CFI 两项指标分别为 0.727 和 0.786，参照 0.8 的标准值尚有些许欠缺。我们检查数据相关性发现，预先控制中的 PC3（登录限制）与 PC4（注册限制）存在较强的关联关系；现场控制中的 FC4（发言间隔）、FC6（互动次数限制）和 FC18（更改信息互动规则）三者具有较强的关联关系，FC5（言论审查）和FC15（言论保护）具有较强的关联关系；成果控制中的 AC2（持续时间分析）和 AC3（响应时间分析）具有较强的关联关系。因此作者有理由怀疑是以上几种控制机制的内在逻辑联系影响了独立性，从而导致了模型的某些指标偏低。

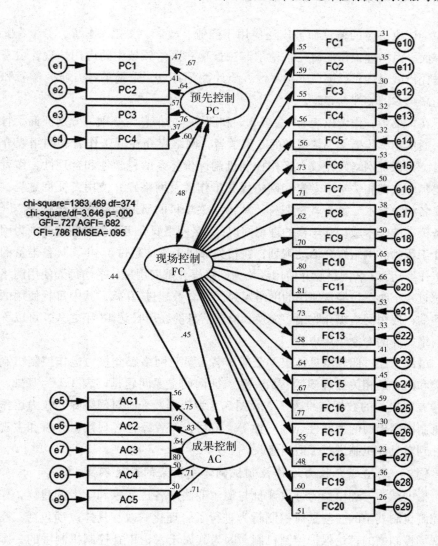

图 3.5 网络媒介权力运作控制机制评价体系标准化符合结果

4. 二级指标的主观验证——德尔菲法

德尔菲法（Delphi Method）的实质是一种高级匿名反馈函询法。其主要操作流程为：通过收集对所要预测的问题征询专家的意见，并针对这些意见进行整理、归纳及问题重塑；将重塑后的新问题和不同意见再次反馈给各位专家，进行背靠背评议，并再次征求意见，循环往复，直至各位专家针对预测问题得出一致的意见。德尔菲法最初是美国兰德公司在 20 世纪 50 年代与道格拉斯公司合作研究并投入实际应用的专家意见收集方法。目前，该方法由于能够有效避免全体决策时的偏见而被广泛应用于商业、教育、文化、军事、卫生、安全等方面。对护理工作的研究是德尔菲法最早在医学领域中的应用体现，后来其更是凭借匿名性、反馈性、预测性、统计性等特点，受到了各方研究学者和专家越来越多的关注与青睐。

在本书中，作者以表3.1、表3.3和图3.5的信息为基础，分别征询了管理学、通信学、传播学、情报学的专家学者，网络媒介在职工作者和网络媒介使用者。为保证网络媒介权力运作控制机制评价体系的科学性和合理性，作者采用德尔菲法向相关学术专家和网络媒介工作者及网络媒介使用者征询意见，其中4名相关学术专家为教授职称，从事相关学科的研究和教育工作超过20年，具备极高的学术威望和丰富的理论知识；2名网络媒介工作者的职位分别为网络媒介工程师和网络媒介活动策划，在相关部门工作均超过15年，具备丰富的实际工作经历；2名网络媒介使用者均为网络媒介重度用户，平均每天使用网络媒介超过4小时，且经常使用的网络媒介平台总数超过20款，其中每日使用的超过5款，使用网络媒介收集、交换、消费信息的经历长达18年之久，可以称得上网络媒介的专家级用户。

最终，经过四轮意见征集，全部8名人员对网络媒介权力运作控制机制的分类和内容的相关处理问题达成一致。征询的主要问题是以表3.1为基础，以结构方程模型的数据结果表3.3及图3.5为依据，来应对网络媒介权力运作控制机制内容出现的关联性、独立性等。最后，作者综合客观数据分析和主观意见评判对具体机制进行了适当修改。

（四）网络媒介权力运作控制机制体系框架的最终确立

根据结构方程模型的分数评价与德尔菲法中各位专家和学者的建议，作者对控制机制其中的一些具体控制行为进行了合理化修改。具体改动包括：删除了现场控制中的言论保护控制机制，因为其属于言论审查控制机制中的一个部分，虽然重要，但不必单独列举；合并了一些相似的控制手段，将预先控制中的注册限制和登录限制合并为准入限制，因为两者均属于进入并准备行使网络媒介权力之前的核查性控制行为，综合成为准入限制更为简洁明确；将现场控制中的发言间隔、互动次数限制和更改信息互动规则合并为信息互动规则控制，但是由于前两者的侧重点不同，且都在后者的概括范畴之中，因此在详述中对具体手段依然分别进行了详细描述，只是在控制机制中总结为一个条目；将成果控制中的响应时间分析和持续时间分析合并为响应时间与持续时间分析，因为两者的具体控制行为都与控制效果的时间相关，且两者前后互为衔接，综合成为一个更为合理的控制行为，同时也避免了表述相似带来的困扰和疑惑；更改了一些控制机制的总结性描述,将"控制验证"的具体机制描述更改为"先控后验",着重强调了控制和检验行为的先后顺序性与时间概念。

经过多次的讨论与修改,最终总结形成网络媒介权力运作控制机制如表 3.4 所示,并为二级指标所对应的控制机制进行了重新标号。表 3.4 中将控制机制按照控制类别划分成为三个一级指标,分别为预先控制(Pre Control,缩写为 PC)、现场控制(Field Control,缩写为 FC)和成果控制(Achievement Control,缩写为 AC)。其中预先控制包括具体控制机制 3 个,现场控制包括具体控制机制 17 个,成果控制包括具体控制机制 4 个,共计 24 个二级指标。

表 3.4　网络媒介权力运作控制机制

一级指标	二级指标
预先控制 Pre Control（PC）	准入限制 PC1
	资产绑定 PC2
	实名关联 PC3
现场控制 Field Control（FC）	先控后验 FC1
	有偿申诉 FC2
	限时应答 FC3
	言论审查 FC4
	IP 访问总量限制 FC5
	曝光量干预 FC6
	信息整合 FC7
	在线答疑 FC8
	实时封禁 FC9
	延迟播报 FC10
	设置冷静期 FC11
	退出限制 FC12
	动态调整用户级别 FC13
	用户分流 FC14
	信息互动规则控制 FC15
	官方引导 FC16
	自动回复调节 FC17

续表

一级指标	二级指标
成果控制 Achievement Control（AC）	数据特征分析 AC1
	控制效果分析 AC2
	响应时间和持续时间分析 AC3
	成本分析 AC4

第六节　网络媒介权力运作控制机制体系的具体内容

（一）网络媒介权力运作的预先控制

1. 准入限制（PC1）

准入限制是指通过一定的技术手段提高用户的准入门槛，在用户登录和注册网络媒介时，延长所需时间和提升困难程度，做到限制用户的随意进入和减少冲动行为的产生。

准入限制是指在用户登录时通过实时发送的验证码、手动拼图验证、图像识别、简单计算等方法来提高进入网络媒介时的困难程度，避免用户随意"一键登录"的简单式操作。这样做既有效避免了机器人和人工智能进入网络媒介干扰视听的鱼目混珠行为，同时又增加了用户行使网络媒介权力的准备工作，可以达到警醒用户正确规范地进行网络媒介信息互动的目的。例如，B站，腾讯QQ等网络媒介都会在用户登录界面适当增添验证技术手段，从而避免用户过于随意地进入网络媒介平台或随意滥用自身和平台赋予的网络媒介权力。注册方面，B站更是需要用户完成答题测试，并达到一定的成绩标准方可对其开放网络媒介使用权和互动权。B站会根据用户选定的兴趣爱好和知识体系生成一套百分制的问答试卷，其中不仅包括用户自主选择的知识体系内容，还包括了许多网络媒介权力运作规范的基础知识和正规操作，答卷人必须成功达标及格线，才能成功注册成为B站的会员，拥有此网络媒介平台赋予的网络媒介权力，这就是之前所说的教育的控制方法的一种具体表现形式。除此之外，许多企业内部的网络媒介平台也会通过知识问答、影像识别、工号识别等方式限制一般用户的注册，从而达到控制网络媒介权力运作体系、保持良好状态的目的。（见图 3.6）

图 3.6　网络媒介用户登录的准入限制控制机制实例

2. 资产绑定（PC2）

资产绑定要求用户绑定现实社会资源作为保障或抵押，才能获取网络媒介中的信息互动行为权限。

资产绑定是指网络媒介用户通过关联信用卡、银行卡或抵押、冻结、验证部分名下资产的方式，将虚拟社区身份与现实社会中的社会资本进行联动和绑定，以达到控制用户网络媒介权力运作行为的目的。这种做法通过有效利用经济的控制方法，提高了网络媒介用户在行使网络媒介权力时的行为规范程度，因为加重和增加了权力滥用和权力失范的惩罚和成本，所以可以非常有效地避免用户在网络媒介中出现违规权力运作行为。但这种资产绑定的控制手段同时具备非常明显的缺点。首先，这种控制手段对网络媒介权力运作失范行为需要有非常明确的界定，因为犯错成本巨大，模棱两可的约定不具备有效的控制力，无法让人信服，被处罚的用户一旦产生巨大的经济损失和信誉损失，并不会善罢甘休。其次，这种控制手段要求网络媒介平台掌握大量有价值的用户信息，因此对用户的信息保护便显得非常重要。网络媒介平台大幅增加了数据存取和使用的保密程度要求、抵挡黑客攻击服务器的难度和保证用户隐私信息安全等工作，相当于无形中提高了网络媒介的运作成本。苹果公司目前使用的就是此种网络媒介权力运作控制手段。用户在注册账户时，被要求通过邮箱绑定一种付款方式，通常为绑定信用卡或借记卡，并以相关的高威胁和明确的用户守则来维护网络媒介权力运作的常规秩序。至于前面所提到的两种缺点，苹果公司通过全球领先的信息保护技术和全封闭的信息处理平台，几乎从未发生过用户隐私信息泄露事件。而苹果公司对用户的网络媒介权力适当判断，也做到了因地区而异，最大可能地为网络媒介权力正常运作创造健康环境和可行条件。

3. 实名关联（PC3）

实名关联要求用户必须通过技术手段核实身份，才能获取网络媒介中的信息互动行为权限。

实名关联是目前我国网络媒介权力运作控制机制中最常用的一种预先控制手段，属于行政控制方法与法律控制方法相结合的一种综合控制手段。实名关联要求用户必须上传资料以核实其自然人或法人身份，将网络媒介虚拟社区身份与现实社会中的真实身份绑定，从而达到引导和规范用户网络媒介权力正当运作的目的。其控制方式的实现与资产绑定大致相同，都是通过避免网络媒介用户在权力运作失当后逃脱惩罚，增加网络媒介权力失范所造成的后果和损失，来引导用户避免产生这种权力滥用的行为。实名关联和资产绑定两者都属于工具权力中的威胁权力工具范畴。我国最大的网络媒介社交平台——新浪微博采用的就是这种网络媒介权力运作控制方法。其鼓励并要求用户在注册时提交相关信息进行实名关联，通过实名注册之后，平台才会赋予其浏览信息和信息互动的网络媒介使用权力。实名关联的控制方法确保了网络媒介权力运作过程中每一段权力关系都能落实到个人或组织法人上，强化了网络媒介权力的控制能力，提高了网络媒介信息来源的追踪能力，降低了网络媒介权力运作现场控制所需的成本。

（二）网络媒介权力运作的现场控制

1. 先控后验（FC1）

针对网络媒介中出现的举报行为，我们应根据被举报和被控告的用户和言论，在第一时间对举报方和被举报方予以行动限制，避免不实信息进一步扩散和传播，然后再快速组织技术人员或专家小组通过验证其网络媒介权力运作行为是否失当，而采取进一步处理行动。

先控后验指的是当网络媒介权力运作出现异常状态时或出现用户言论、行为被举报的情况时，应根据网络媒介可留存、可追溯的特点，第一时间将信息源头和权力运作中心用户的行动予以限制，避免权力的不正当运作带来更多的损失和侵害，而不是第一时间动用大量的人力物力去验证情况的属实性，而后再根据调查结果实施相应的控制和管理措施。先验后控的控制流程机制不仅错过了对网络媒介权力运作行为实施控制的最佳时间，还导致权力运作失范后果的进一步扩大，会因为调查时间的延长，出现增加调查所需时间和精力成本，以及在加重实施控制行为时所需各种资源消耗的情况。

2. 有偿申诉（FC2）

对于网络媒介中的举报和申诉行为，网络媒介要求举报者要有偿进行，避免网络媒介权力的滥用和失当。

现行网络媒介信息互动行为和信息收集发布行为多是无偿进行的，即不需要用户为这些行为付出额外的费用，但是有偿申诉主张在网络媒介权力运作中，加入额外付费机制，以加强对网络媒介权力运作的控制和管理能力。如以之前女子南京寻人为案例，如果这种申诉行为变为有偿行使，那么污蔑和构陷的程度将会被大大降低，因为这种申诉和举报并不再是无条件免费进行。除此之外，实行有偿申诉机制还可以直接过滤掉许多恶意举报，大大降低了网络媒介机构需要处理和面对的举报与申诉的绝对数量。同时，通过有偿申诉机制可以缓解网络媒介权力运作所面临的经济压力，帮助相关部门和有关人员在处理和控制网络媒介权力运作违规行为问题时，更加重视完善程度和办事效率。

3. 限时应答（FC3）

为了确保公众网络媒介机构的权威性，要求公众网络媒介或网络媒介平台对一般用户所提出的问题和产生的反馈在规定时间内予以答复，避免网络媒介权力不作为而造成谣言滋生等不良问题。

限时应答控制机制主要是为了确保公众网络媒介机构的权威性。这种控制机制要求公众网络媒介机构或官方网络媒介平台对一般用户所提出的问题进行答复，并且对这种明确答复的时间界限要进行严格的要求和限制，如若超出规定时间，仍没有任何答复，则可以定义为公众媒体的网络媒介权力不作为。

4. 言论审查（FC4）

言论审查是指对网络媒介用户信息互动中的言论信息内容进行审查，以达到控制网络媒介权力运作的目的。

言论审查是目前网络媒介平台最为普遍使用的一种网络媒介权力运作现场的控制手段。因为网络媒介权力的来源是各层次主体间的信息互动行为，所以对信息言论内容的审阅与核查是最基本也是最行之有效的控制机制之一。首先，网络媒介会通过行动权力限制一些不文明用语的出现，但是这也只能在文字表达层面上予以控制，无法对语音中的不文明词汇产生屏蔽效果。于是，网络媒介经常使用工具权力来降低不文明用语出现的概率，比如，在直播平台中，如果主播出现不良言论会被超级管理员警告，情节严重的甚至会被直接强制关停直播间，剥夺使用网络媒介平台的权力。这种言论审查的控制机制，可以有效保证网络媒介权力运作有序畅通地执行，降低不法言论和污言秽语对网络媒介受众的影响和误导。

5. IP 访问总量限制（FC5）

IP 访问总量限制也称物理地址限制，是对于同一个 IP 地址或同一组 IP 地址，限制其访问总量，以达到控制网络媒介权力有序运作的目的。

IP 地址全称为 Internet Protocol Address，简称 IP，其中文全称为互联网协议地址，又译为网际协议地址。IP 地址是根据 TCP/IP 协议产生的一种统一的数字格式标识，这种标识为互联网上的每一个网络区域和每一台网络设备分配了一个独有的最多 12 位数字的逻辑地址，以此来区别和标注网络中的每一台设备。对 IP 访问总量的限制可以避免某个个体或单一地区的激进团体对舆论的恶意操纵，同时也能够防止同一地区信息互动过于集中而出现故步自封的信息茧房现象。问卷星作为一个专业的在线问卷调查、考试、测评、投票网络媒介平台，提供 IP 地址查询及限制服务。有些问卷发布者会为答卷者提供一定的经济补偿，问卷星通过 IP 地址限制有效地控制了一些投机取巧的用户重复答卷企图多次赚取答题红利，搅乱调查样本多样性的恶劣行为，保证了网络媒介权力的正常有序运作。（见图 3.7）

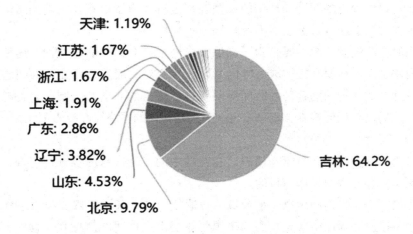

图 3.7 网络媒介权力运作的 IP 访问总量控制机制实例

6. 曝光量干预（FC6）

曝光量干预是指网络媒介平台通过使用技术手段对特定信息或内容的曝光量进行人为干预，从而达到引导用户行为、控制网络媒介权力有序运作的目的。

曝光量干预是指网络媒介平台通过技术手段对信息或内容是否能够出现在受众视野中以及出现在网络媒介受众视野中的概率进行人为调整的一种现场控制手段。一些网络媒介会根据用户的喜好，做到针对个体的信息内容定制主页，行业内称之为精准营销或精准推送。如果是在多次登录中，因为留下了数据信息而形成的，我们认为这应归类为成果控制当中的数据特征分析控制。这里所说的曝光量干预，更多指的是首次搜索某个信息即被网络媒介权力所引导和影响，或者当网络媒介用户正在使用时，就被不同的信息曝光量干扰而产生了某种想法，改变了某种认知或呈现了某种行为等。例如，当网络媒介用户使用百度搜索疏通下水道的方法时，百度就会根据信息的匹配程度将搜索结果一一列举，但是曾经评价较高的方法会被显示在更加显眼的首页位置，百度旗下的自媒体平台"百度百科"也会被放在较为显著的位置，方便引导用户因受众点击量并查看，并且，如果使用百度搜索引擎，在不特殊要求的情况下，列出的结果中一定不会出现"其他百科"，这就是百度作为网络媒介平台搜索引擎对曝光量的干预控制行为。再举一个更为简单的例子，当一名网络媒介使用者想要看电影时，他会点击进入某个网络媒介平台的电影专栏。如无明确目标的话，此时用户较大概率会点击首页滚动广告中推荐的电影作品，或者有相当大的概率从首页推荐中选择一部电影作品进行观看，从列表的第四页往后，作品被选中的概率就会明显降低。这也是曝光量干预对于网络媒介权力运作控制的典型表现。

7. 信息整合（FC7）

信息整合是指通过整合大量的相同或相似信息内容，精练内涵并标签化，从而为用户快速浏览信息、抓取焦点、形成印象提供帮助，以达到网络媒介权力运作控制的目的。

因为网络媒介具有边界模糊性，无边无际的信息内容远远超过网络媒介用户个体的认知和处理能力，所以网络媒介平台可以通过信息整合的权力运作，提炼中心思想和主要内容，减少用户所面对的信息量，以标签化的形式完成对大量相似信息内容的整合，再将整合后的标签化信息呈现给网络媒介用户，同时完成对用户网络媒介权力的影响和引导。购物网站就经常使用这种控制机制来管理和控制用户对商品的评价，这样做既能帮助新用户快速了解产品特性，又能够借助框架理论，引导和影响用户的体验感受和语言表达。例如，当你在购物网站检索"窗帘"时，某产品的评论区就会跳出"遮光性好""无异味""颜色鲜艳""做工好""欧式简约"等标签，并且每个标签后面都会出现一个数字，表示该内容评论中出现过的次数，这些标签通过首因效应让用户觉得这款产品拥有这些优点，从而很可能忽略了其他问题，例如，柔软度如何，是否会掉色等。而后在用户为其撰写评论时，也会不自觉地围绕标签中涉及的词汇进行评价和说明，以符合商品框架的定位。这一系列活动表明了，信息整合机制对网络媒介权力运作具有一定的控制和影响力。

8. 在线答疑（FC8）

在线答疑要求网络媒介平台工作人员、官方代表或公众媒介代理人在线上与受众进行实时交流沟通和信息交换，为受众所关心事情和提出的问题进行答疑解惑，以达到对网络媒介权力实施有效控制的目的。

在线答疑可以称得上是最原始的网络媒介权力运作控制机制之一，这种控制手段类似于传统媒介权力运作控制中的新闻发布会。在传统的新闻发布会中，是由权威人士或代表发言人通过面对面实时交流的方式，回答在场人员的各种问题，最终完成掌握舆论动向，解释和阐述官方态度与行为，帮助受众准确理解信息内容，达到了解受众真实想法的运作媒介权力的常规目的。在线答疑只是将这种线下的信息公开渠道搬迁到了互联网之上，并且降低了进入会场提问的门槛，使得每一名受众无论是否具备新闻记者的知识和素养，都可以向官方发出疑问。在线答疑还借助网络虚拟社区的优势，扩大了影响范围，由于不受地理和物理限制的影响，受众数量相较线下会议呈现幂式增长。在线答疑也有一定的局限性，首先，从受众的角度来说，提问门槛的降低必然会导致大量无意义问题的涌现，甚至会在线上答疑时出现灌水、刷屏等现象，此时便急需行动权力的介入，对受众的网络媒介权力滥用强制实施惩禁措施。从网络媒介的角度来说，在线答疑非常考验答疑人或发言人的临场应变能力、知识储备和人文素养，稍有差池便会让自身从"众人敬仰"沦落为"众矢之的"。

9. 实时封禁（FC9）

实时封禁是指通过实时观测和评估，对网络媒介权力运作的各层次主体进行封锁和禁言的强制控制手段，这是一种较为强硬、彻底的网络媒介权力运作现场控制手段。

实时封禁的控制机制重点要落在两方面，第一个是"实时"的概念，这要求网络媒介权力运作监管方要在权力运作出现问题的第一时间实施控制手段，不能通过超前预测的判断而进行提前干预，更不能待时过境迁再秋后算账。第二个重要的概念则为"封禁"，其主要指的是对信息互动行为的封锁和禁止。通过强制剥夺网络媒介用户的网络媒介权力运作能力，进而做到控制网络媒介权力的运作，在权力表象方面，因带有非常明显的强制性，因此应属于行动权力，同时其也是权力控制中最基本、最直接、最有效的权力运作控制手段之一。此外，我们还需要注意的是，实施封禁的控制对象并不一定是微观层面的某一个网络媒介用户个体，针对某一种群，甚至针对的是某一平台、某一种消息的宏观层面都可以通过实时封禁的手段达到控制网络媒介权力运作的目的。

10. 延迟播报（FC10）

延迟播报是指在网络中诞生的信息和产生的信息互动行为不要第一时间予以同步直播，而是通过短暂的延迟后再进行信息公开，以加强对网络媒介权力运作的现场控制。

延迟播报与在线答疑类似，同样是根据传统媒介权力运作的控制手段衍生而来的控制机制，这种控制机制最早被应用于电子传播时期的广播和电视传播。以广播为例，虽然传播的信息内容是以直播的形式发出，但接收者并不一定是完全同步接收到的。第一个原因是技术的限制，完全同步的信息传递需要极其严苛的条件和设备才能做到，然而因为无线电传播和物理规则以及实际应用的发出和接收信号的半导体设备并非完美无瑕，即使是信息直播，信号也依然无法做到完全的信息同步。第二个原因是内容审查的安全限制，当播音员播出信息或者接通来电热线与听众互动时，双方所发出的信息并不是产生之后就直接进入无线电发出设备并开始传播扩散的，而是首先会通过内部审查人员的收听，确保信息质量过关，内容安全健康，而后再进入大众传播流程，最终到达受众手中的接收终端。此过程从信息产生到信息被受众接收，有 10~30 秒的延迟传播时间，这种控制手段即传统媒介的延迟播报。在网络中，我们也经常会看到这种延迟播报的现象，以某直播平台为例，虽然所有的主播都是以直播的形式在线与观众进行网络媒介信息互动，但其实，所有的主播行为和受众反馈信息都会先经过或人工，或系统的过滤筛选，而后延迟到达接收方，并完成信息互动行为。延迟播报的一大重要优势是内部审查人员可以提前一步接收到信息内容，在信息广泛传播与扩散之前完成对信息内容的干预和调整，为网络媒介权力运作实施预留了操作时间和操作空间。

11. 设置冷静期（FC11）

设置冷静期可以通过设置信息互动的冷静期，来减少网络媒介权力运作中各主体的冲动行为和投机行为，以达到控制网络媒介权力运作的目的。

设置冷静期是指网络媒介用户在行使网络媒介权力时，必须要通过一定时间的静置，从而达到冷静头脑、稳定情绪、确认行为的目的。设置冷静期与发言间隔的控制机制并不相同，发言间隔控制机制对用户的第一次网络媒介权力运作并不进行干预和控制，并且对于发言间隔本就很长的非活跃用户，发言间隔控制机制也不会产生任何干扰和影响。但设置冷静期不同，其会在用户首次进行网络媒介权力运作时便启动控制机制，并且设置冷静期和发言间隔，对非活跃用户的态度也截然不同，在运作网络媒介权力时会予以更加严格的控制，因为非活跃用户突然变得活跃有悖于其以往的网络媒介权力运作习惯和经验，设置冷静期能够确保其并非因为过于冲动而做出某些破坏网络媒介权力运作的错误决策。此外，设置冷静期的网络媒介权力运作控制机制一方面可以降低冲动行为和投机行为发生的可能性，另一方面也可以避免用户误操作对网络媒介造成的信息数据负担。例如，每当用户需要登录网络银行时，登录界面都会要求用户发送临时验证码，进行身份认证，当用户点击发送按钮之后，按钮会变成灰色进入不可选取状态，一般情况下按钮会在一段时间得到重置，重新变为可点击状态。用户之前的等待，就是一种设置冷静期的控制方式。（见图3.8）

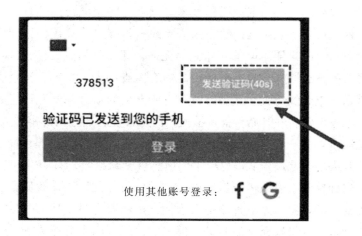

图 3.8　网络媒介权力运作的设置冷静期控制机制实例

12. 退出限制（FC12）

根据网络媒介中的信息互动情况和网络媒介权力的实际运作情况，网络控制机制动态跟踪网络媒介权力执行人和参与者，对其退出网络媒介权力运作的行为提高要求和进行限制，以保证网络媒介权力运作正常有序地进行。

退出机制中所涉及的退出问题并不仅仅指网络媒介用户的"退出"或"注销"行为，还有指的是各层次网络媒介权力运作主体完全放弃运作并不再参与任何信息互动的结束状态。网络媒介与传统媒介不同，其缺乏人本位的交流限制，网络媒介的虚拟性使得用户可以无视空间和时间的限制进行信息互动。也正因如此，许多网络媒介主体在完成网络媒介权力运作时，并没有明确地退出界限，导致网络媒介权力运作会进入一段无处寄托的漂泊状态。网络媒介用户退出网络媒介权力的争夺和运作有时是因为信息互动达到其互动的目的，得到了最终结果，或者所讨论的事件得到了最终的一致判定。比如，在网络媒介上提问并获得了权威人士的详细解答，或冲突事件通过社会法律体系得到了最终的判决。但在实际情况中，更多的则是网络媒介权力运作参与者的主动放弃行为。因此我们需要建立相应的退出限制机制，以避免网络媒介权力持有者不运营、不作为、逃之夭夭、有始无终，最后导致网络媒介权力运作失范的问题。

我国学者赵红艳就曾使用 UCINET 软件对 7·23 甬温特大铁路交通事故进行了单样本案例分析，案例选中了天涯论坛中的一篇热帖，其跟帖量超过 100 条，相关搜索达到近 7000 次，是名副其实的舆论焦点，理应持有较强的网络媒介权力。但是分析数据表明，此热帖的点度中心势和中间中心势都相对较低，这说明，在该热帖的讨论过程中，各方参与者的集中程度较低，虽然跟帖的回复数量极为可观，但网络媒介权力运转响应程度并不高，缺乏深层次的交流和有效的信息整合。中心势偏低意味着发帖人没有很好地进行议题管理以及参与后续的信息互动行为。它成为热帖，只是因为其信息内容更具时效性和话题度。但它因缺乏正确规范的网络媒介权力运作和约束，回复帖子的浏览者和参与者并不能受到有效的引导，最终导致了回复者都是在自说自话，并由于过于分散的信息内容和不连贯的信息互动行为，大大降低了主导性议题在网络媒介权力运作方面应展现出的影响效果。这就是缺乏退出机制而造成了网络媒介权力运作的失当，如果能够根据回帖量和热议度，要求话题发起者参与其中，并且对信息进行整理和反馈，持续进行完成信息互动行为，就能有效避免话题发起者始乱终弃，成功完成对网络媒介权力运作的局部控制和引导。（见图 3.9）

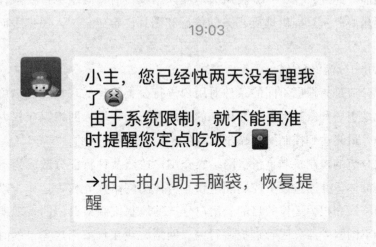

图 3.9　微信小程序的网络媒介权力运作退出机制实例

13. 动态调整用户级别（FC13）

动态调整用户级别是指通过不断调整网络媒介用户的等级和权限，鼓励或限制用户的发表、回复、点赞等信息互动行为，以达到影响和控制网络媒介权力运作的目的。

动态调整用户级别中的"用户级别"并不单纯指账户级别，还有权限等级的意思。想要对网络媒介权力运作的状态进行控制，我们则可以根据不同的用户信息互动行为动态调整其在网络媒介中的权限和级别，以达到赋予其权威权力，并最终改变其影响力、左右受众思想和行为的目的。新浪微博会对知名公众人物或知名社会组织的微博账户实行"加 V 认证"，从而使其在网络媒介中的信息互动行为更具备影响力和说服力。同样地，如果用户的言论并不属实，或者涉嫌网络媒介权力的恶意使用和运作，则可以通过降低其用户级别——剥夺其 V 字认证的方式，减少其在信息互动时对其他网络媒介用户的干扰和影响。动态调整用户级别的现场控制机制还可以进一步放大应用范围，不仅可以对用户账户的权限进行动态调整，还可以对网络媒介平台进行动态权限管理。百度贴吧就曾因为网络媒介权力运作涉及不良色情信息而被要求停板整顿，不仅限制了新用户的账号注册，还暂停了已有用户之间的信息互动功能，杜绝在整顿期间的不良信息复制和扩散。而在完成整顿再度对外开放服务后，贴吧内各主页及板块都删除了涉黄的文字信息与图片，并且恢复了网络媒介用户的信息互动交流功能。此外，在 5·12 汶川大地震国难祭奠时，国家也曾要求各网络媒介暂停娱乐服务，只提供地震相关的信息和图片，希望全国人民携手同心、共渡难关。

14. 用户分流（FC14）

用户分流是指根据不同的条件对用户进行分类管理的现场控制措施，通过分步分批地引导和影响网络媒介用户的思想和行为，增强网络媒介权力运作的控制能力，最终达到控制网络媒介权力有序正常运行的目的。

用户分流的控制机制是指将网络媒介用户按照某种特征分散成为不同的信息交流小群体，并通过逐个控制和干预小群体的网络媒介权力运作，以达到控制整个网络媒介权力运作的目的。用户分流的控制机制最典型的表现就是在网络游戏中不同服务器分区管理控制行为。网络游戏在玩家用户登录的时候，经常会先让用户自主选择登录的运营服务器。这些服务器按照一定规则来进行命名，例如，在"英雄联盟"中，每个服务器的名称就是游戏背景故事出现的城市和地区，玩家用户可以根据自身喜好自由进行选择，这样自然就能结交到与自己有相同喜好的其他玩家，更方便找到符合自身兴趣爱好的玩家群体。而在某些网络游戏中，则更为直接地按照我国地区将服务器划分为华东、华南、华北、东北、西南等几个大区，玩家可以根据自身所在的地区选择不同的服务器，并在游戏中结识地理位置更加相近的好友。用户分流的现场控制机制既避免了地区差异产生的信息沟通出现障碍的问题，又更加方便游戏管理者和运营者根据不同的小群体运作更加符合群体差异特征的网络媒介控制运作手段。网络媒介通过设置不同的服务器，将网络媒介用户进行分流，促使拥有相同爱好或地理位置相近的用户组成网络种群，同时与其他种群相互独立，以达到网络媒介权力有序正常运作和种群间互不冲突、互不干涉的理想目标。（见图 3.10）

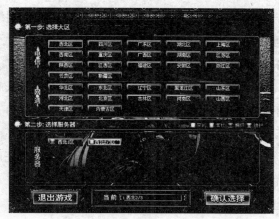

图 3.10 网络媒介权力运作的用户分流控制机制实例

15. 信息互动规则控制（FC15）

信息互动规则的控制机制可以具体分为发言间隔控制和互动次数上限控制。发言间隔控制机制是指强制要求用户两次信息互动之间要有一定时间的间隔，以达到控制网络媒介权力运作频率的目的。互动次数上限控制机制则是通过限制用户在一段时间内的总体互动次数，从而达到对网络媒介权力运作总量的控制。

第一，通过发言间隔实施控制。由于网络媒介权力的生成根源是网络媒介各层次主体间的信息互动行为，因此信息输出的总量和频率在一定程度上影响了个人所掌握的网络媒介权力。设置网络媒介用户多次发言的必要间隔，一方面，可以放缓单方面激进言论的集中出现，降低网络媒介权力运作失范的概率；另一方面，可以平衡信息互动的行动权力公平性，因为不同的个体对信息输出的能力不同，例如，打字有快有慢，思绪有急有顿，增加发言间隔时间限制机制，可以有效避免沉默的螺旋效应，鼓励不同信息内容和主观情绪的宣泄与发表，从而做到对网络媒介权力运作的把握和掌控。百度论坛就强制要求用户两次回帖间隔不得小于 60 秒，如若系统监测到该用户恶意灌水或顶帖，则可能给予更长的发言间隔限制，以平衡网络媒介中用户浏览信息和发表言论的公平性与有效性。

第二，通过互动次数上限实时控制。限制互动次数上限的控制机理和发言间隔控制机理类似，两者都是希望通过控制信息输出的总量和频率在一定程度上影响个人所掌握的网络媒介权力，只是互动次数限制更加关注总量的制约。设置网络媒介用户信息互动次数的上限，同样可以有效降低网络媒介权力运作失范行为出现的可能性，并有利于平衡信息互动中的行动权力分配。例如，新浪微博，不仅要求每条微博的字数不能超过 140 字，并且规定一天之内最多只能发表 50 条微博动态；某高校的网络成绩查询平台，每人每天登录查询成绩不得超过 3 次等。不过目前，网络媒介平台为了扩大自身影响力，多采用软限制的控制机制来对互动次数上限进行限制，例如，一天之内想要在新浪微博上发言超过 50 条，获得继续发表或转发他人动态的权限，则必须完成新浪微博的微任务活动。百度论坛也是通过每天只奖励用户的前 5 次信息互动行为，来对网络媒介用户的信息互动次数进行软控制。

16. 官方引导（FC16）

官方引导是指凭借网络媒介平台或公众网络媒介的权威身份，对一般网络媒介用户进行规劝和引导，以达到控制网络媒介权力运作的目的。

官方引导与之前所述的曝光量干预具有一定的相似之处，两者都是通过导流、引流和调整网络媒介中的信息接收概率来实现对网络媒介权力运作的管理和控制。但是官方引导与曝光量干预也具有非常大的区别。首先，从根本上讲，曝光量干预是一种技术权力的体现，主要是通过程序代码和网页制作等技术手段实现控制机制的有效运作。而官方引导则属于典型的权威权力的体现，是通过虚拟身份的权威性实现对信息受众的导流和引流。其次，曝光量干预实施控制的主体是网络媒介平台，其控制的对象为全体网络媒介用户，其中包括了公众网络媒介和其他网络媒介组织。而官方引导的控制行为实施主体是具有公众身份的公众网络媒介，其控制的对象不仅包括全体网络媒介用户，同时还包括网络媒介平台的组织和运营单位。最后，曝光量干预多被用于购物、观影、论坛等非正式组织和娱乐活动之中，而官方引导多用于正式场合或政府机关，可以被归类为行政控制方法的一种。

17. 自动回复调节（FC17）

自动回复调节是指，根据不同的网络外部环境和不同的网络媒介权力运作状态，对人工智能系统的自动回复内容和自动应答行为进行适当的调整，以适应当下网络媒介运作的权力关系与环境要求。

由于网络媒介的开放性，几乎任何人可以随时登录网络媒介并行使网络媒介权力，加之我国巨大的人口基数，当一些问题重复出现时，网络媒介平台往往会设置一些自动回复，以控制和调节网络媒介用户的权力运作行为。例如，招商银行移动 APP 程序中的智能在线助理——小麦便是其中之一。在招商银行移动 APP 平台通过小麦的自动回复导航可以快速进入"扫一扫""朝朝盈""精选理财产品"等功能界面，还可以通过小麦的"每周福利播报"快速收集信息，甚至小麦会在用户等待人工客服接待时，主动要求与用户进行成语接龙的小游戏，以缓解用户等待的焦虑情绪。人工智能机器人小麦的回复并不是一成不变的，而是根据网络媒介权力运作的状态变化而实时调整的。2020 年 11 月末，大型网络游戏《魔兽世界》最新资料片发布，招商银行与其开发商暴雪娱乐公司联合推出了招商银行魔兽世界借记卡，于是在 2020 年 10 月至 12 月期间，小麦便会在自动回复中主动询问，用户是否为魔兽世界的游戏玩家，是否需要申请定制魔兽世界专属借记卡的业务。

（三）网络媒介权力运作的成果控制

1. 数据特征分析（AC1）

数据特征分析是指通过分析信息互动的各种数据特征，例如，用户特征、时间特征等，总结网络媒介权力运作的重要节点和可观测指数，为将来出现类似的情况提供数据支持和预测基础。

数据特征分析是指网络媒介平台根据记录数据的特征，例如，用户性别、年龄、信息互动高峰时段、信息互动高峰地址、网络媒介权力集散中心等，从而分析并总结出网络媒介权力运作的重要节点和重要指标的控制方式。这种控制手段的主要目的在于对日后网络媒介用户行为和思想产生影响与进行控制，其对之前已经完成的网络媒介权力运作并不能做到任何的干预和调整。这种控制行为普遍被应用于各种网络媒介搜索引擎和购物平台之中。其会根据网络媒介用户以往的使用习惯和行为记录数据特征，推送更加精准的信息，从而达到吸引用户互动并影响用户行为的目的。

2. 控制效果分析（AC2）

控制效果分析是指通过记录和总结在网络媒介权力运作中的各种预先控制和现场控制行为的干预效果，为将来出现的类似情况，在选择和决策控制手段和预测控制效果等方面，提供实施控制方法的建议和依据的一种控制机制。

控制效果分析是指通过记录在网络媒介权力运作中的各种预先控制和现场控制行为的实施，以及其产生的对应效果，总结出在网络媒介权力运作中各种控制机制的实际效果，并在日后再次需要各种控制手段干预时，能够根据先前案例整理出的数据为经验和指导，明确和加强网络媒介权力运作的控制能力。

3. 响应时间和持续时间分析（AC3）

响应时间和持续时间分析主要是通过统计记录现场控制手段的响应时间和效果持续时间获得经验，为将来出现的类似情况，提供可供参考的辅助数据，用于帮助鉴别控制效果的优劣和是否有效。

响应时间和持续时间的分析可以根据各种不同现场控制手段的响应时间和效果持续时间的差异，总结出针对不同情况选择不同的控制手段和控制方式，积累经验。例如，在事出紧急时，应选择响应时间最快的控制行为，第一时间掌握网络媒介权力运作的动向，以降低网络媒介权力运作失当的概率并减少信息扩散造成的相应损害；在出现影响范围较广时，应选择持续效果更为优秀的控制方式，以保证网络媒介权力运作的长治久安，做到预防各路激进分子的伺机而动，使其没有机会乘虚而入。在管理决策中，最优决策并不是一成不变的，而应根据具体情况和不同的目的，不断调整管理和控制策略，以完成管理控制目标，达到最佳效果。在2020年的新冠疫情期间，各网络媒介平台和网络自媒体响应国家号召，充分行使网络媒介权力鼓励和动员全国人民携手并肩，共渡难关。此时，大部分网络媒介权力运作的控制都是遵循着持续效果最佳的控制原则，即置顶与抗击疫情有关的新闻消息，实时推送各省医疗状况最新进展，努力宣传出行佩戴口罩的防疫措施等。因为抗击疫情并非一朝一夕之功，而是一场旷日旷日长久的战役，虽然并不是每一个网络媒介受众在第一次接触到信息时就会立刻做出行为上的改变，但经过长此以往的不断宣传，必然能够唤起每一位受众的民族气节和团结精神，使得人们思想统一，团结一致，共克时艰的认识更加根深蒂固。在这种情况下，持续效果最久的控制手段才是最佳控制机制。话分两头，疫情肆意已然是对我国国情民生的巨大考验，但是，某些西方国家却妄想趁火打劫、火上浇油，企图利用这次疫情抹黑、攻击我国。针对这种损害我国声誉的不实言论，我们必须第一时间予以坚决回击！我国新华网通过互联网联合辟谣平台第一时间予以正式回应，坚决不许此种谣言干扰网络媒介权力的正常运作，并严禁关于这种不实言论的进一步传播扩散。这种情况下，响应时间最短的控制手段才是最佳控制机制。

4. 成本分析（AC4）

成本分析是指通过记录已实施的控制行为所消耗的各种成本和所达到的效果程度。在将来出现类似情况时，我们根据所预测理想达成的控制目的和效果，预测控制效果与所需成本，为理应投入的人力物资提供参考依据。

每一种控制手段都需要付出一定的财力和精力作为成本，网络媒介权力运作的控制行为亦是如此。成本分析是通过了解和记录曾经实施的控制行为所使用各种资源的消耗情况，为将来的控制行为成本消耗提供标准和依据。成本分析便于日后再出现相同情况与问题时，我们根据自身的具体资源掌握情况和数量，预测是否能够顺利完成此次控制行为，控制行为的实施程度能有多彻底，控制行为时间能够持续多长，能够达到的预期效果如何等。此外，成本分析还可以通过比较标准成本和实际成本的差距，充分审视具体控制行为计划的完成情况，经过专业的结构分析和要素分析，进一步深入明确人力、设备、耗材等各方资源的消耗与利用情况，为降低控制成本和提高控制效率效果提供帮助。2013年火爆全国的某亲子互动类综艺节目横空出世，曾一度斩获高达5%的全国收视率。节目组根据第一季的播出情况和宣传成本效果的横向比对，发现在网络媒介宣传活动中，受众更加关注"奶爸"和"萌娃"的言语互动和默契配合，因为这种陪伴活动打破了中国传统价值观中"男主外、女主内"的刻板印象，这种不符合既往认知的冲突更能引起受众的关注和网络媒介权力运作的呼应。于是在第二、三季播出之时，节目组和制作方通过网络媒介强势宣传"奶爸"和"萌娃"的各种互动日常，并降低了关于节目环节和活动设置的宣传力度，甚至自掏腰包制作小嘉宾们的微信表情包供网络媒介用户免费使用，以提升节目在网络媒介中的话题度和曝光率。通过正确、有效的网络媒介权力运作成本分析控制机制，节目组不仅成功提高了节目关注度和收视率，还压缩了网络媒介权力运作的经济成本，可谓一举两得，事半功倍。

本章首先讨论了管理学中对控制机制的分类方式，根据理论分析和内容特点，我们最终选择以控制时间的方式对网络媒介权力运作控制机制进行分类。通过收集和汇总现有文献和网络媒介中存在的控制机制，我们对网络媒介权力运作控制机制建立了初步的评价体系，并使用结构方程模型的探索性分析对其进行数理验证。为避免过于刻板和偏执，根据验证结果，我们通过德尔菲法向专家征询修改意见，最终形成了较为科学、合理、全面、客观、真实的网络媒介权力运作控制机制评价体系。然后，作者根据每一项网络媒介权力运作控制机制撰写了概述和详述，为接下来的网络媒介权力运作控制机制权重赋值和评价打分奠定了基础并铺平了道路。

第四章

网络媒介权力运作控制机制的量化与赋权

第一节　基于协调分析法的网络媒介权力运作
控制机制的主观权重计算

在上一章中，我们分别通过德尔菲法和结构方程模型的探索性分析，确定了网络媒介权力运作的控制机制的分类方式和具体内容。但是，不同的控制机制必然对应不同的控制效果与管理能力，本章要解决的问题便是明晰每一种网络媒介权力运作控制机制的控制能力，通过运用某种特定的控制机制会产生强力的控制效果等。为更加准确地测定每一项网络媒介权力运作控制机制的控制能力，我们先后分别通过协调分析法的主观测定与置换分布熵的方法进行客观测定，最终综合两种方法的评分，对每一项网络媒介权力运作控制机制给出了较为准确、真实的权重分数评价。

如前所述，权力的主体是人，其作用的对象也是人。因此，人作为权力运作的首要因素，主观感受和真实想法是非常重要的影响因素。我们需要充分了解人对各种网络媒介权力运作控制机制的看法和判断，才能更准确地对网络媒介权力运作控制机制进行评价和赋权。

（一）协调分析法概述

协调分析法（Concordance Analysis Method）与权衡决策分析法（Trade-off Decisions）、目标达成法、期望值法（Expectancy Method）、香农信息熵（Shannon Entropy）等同属于多目标评价体系的决策方法。相较于其他方法，协调分析法具有分析步骤明确、计算过程规矩、严谨的特点，所以，使用该方法得出的结果，具有一定的科学性和代表性。这种分析方法普遍受到如荷兰等欧洲地区国家的喜爱。在实际应用中，该方法最大的特点在于，可以同时比较多个方案的优势和局限性，并通过多个方案间的两两对比，综合评价出优势更为明显且局限性较低的"优势方案"。

在面对多目标决策问题时，决策者通常都是以贝尔曼（Bellman）等人的最优化原理或西蒙（Simon）的满足化原理来进行方法决策和方案选择的。而协调分析法则与之存在根本区别，它是基于妥协原理（Compromise Principle）的一种分析决策方法。协调分析法虽然是一种均一评价方法，但是可以通过综合考虑诸多备选方案的满意程度和不满意程度（优点和缺点），从更全面的角度对方案进行整体评价，最后确定每一种备选方案的优劣性。因此，协调分析法能够科学、全面、综合地评判适应目前情况的"优势方案"。正是因为其应用的妥协原理更符合现实社会的实际操作需要，这种分析决策方法被广泛应用于封闭区域道路建设、城市轨道交通规划安排、管理信息系统综合评定、海运出口物流通道选择、建筑物抗风抗震体系指标决策、区域经济增长与人才匹配体系等多个方面。

（二）学术专家的主观评价分数采集

作者分别邀请了管理学、通信学、传播学和情报学的四位专家学者，通过德尔菲法向他们征询了这四门学科对研究内容的重要程度占比问题。经过三轮意见征集，最后，四位专家一致认为管理学、通信学、传播学、情报学的重要程度占比为 5 : 1 : 1 : 1。根据这个重要程度占比，作者一共联系了 8 位专家学者对网络媒介权力运作控制机制进行主观评价，其中包括 5 名管理专业研究工作者，1 名通信专业研究工作者，1 名传播专业研究工作者和 1 名情报专业研究工作者。性别分布方面，男性专家和女性专家的比例为 1 : 1，各有 4 名；年龄段分布方面，年龄介于 30 岁至 39 岁之间的学者 2 名，年龄介于 40 岁至 49 岁之间的学者 3 名，年龄超过 50 岁以上的学者 3 名，且年龄超过 40 岁的 6 名学者均具备教授职称，在各自相关的研究领域具有一定的学术威望和丰富的研究经验。

根据文章之前确定的网络媒介权力运作控制机制理论评价体系，作者通过使用微软 VS 集成开发环境下的 C#编程语言，制作了一个网络媒介权力运作控制机制评价程序，用于向学者专家征求控制机制的具体评价分数。

点击进入小程序之后会首先弹出对话框，要求评价人填写自己的姓名，以确定和记录专家学者的身份信息，如图 4.1 所示。

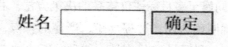

图 4.1　姓名登记框

输入姓名并点击"确定"之后，系统会自动弹出提示对话框，向专家学者说明操作要求以及简要介绍本程序评分体系中可能会出现歧义或理解偏差的专

有名词概念，以方便学者专家接下来的评审打分工作。提示对话框如图 4.2
所示。

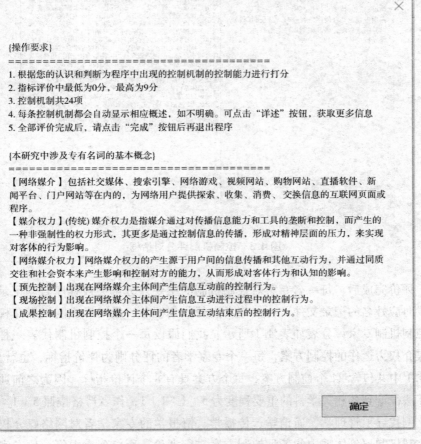

【操作要求】
==
1. 根据您的认识和判断为程序中出现的控制机制的控制能力进行打分
2. 指标评价中最低为0分，最高为9分
3. 控制机制共24项
4. 每条控制机制都会自动显示相应概述，如不明确。可点击"详述"按钮，获取更多信息
5. 全部评价完成后，请点击"完成"按钮后再退出程序

【本研究中涉及专有名词的基本概念】
==
【网络媒介】包括社交媒体、搜索引擎、网络游戏、视频网站、购物网站、直播软件、新闻平台、门户网站等在内的，为网络用户提供探索、收集、消费、交换信息的互联网页面或程序。
【媒介权力】(传统) 媒介权力是指媒介通过对传播信息能力和工具的垄断和控制，而产生的一种非强制性的权力形式，其更多是通过控制信息的传播，形成对精神层面的压力，来实现对客体的行为影响。
【网络媒介权力】网络媒介权力的产生源于用户间的信息传播和其他互动行为，并通过同质交往和社会资本来产生影响和控制对方的能力，从而形成对客体行为和认知的影响。
【预先控制】出现在网络媒介主体间产生信息互动前的控制行为。
【现场控制】出现在网络媒介主体间产生信息互动进行过程中的控制行为。
【成果控制】出现在网络媒介主体间产生信息互动结束后的控制行为。

确定

图 4.2　操作要求及专有名词概念陈述对话框

接下来会进入网络媒介权力运作控制机制评审打分的正式流程，专家学者会根据自身实际情况和专业学术经验为每一个控制机制的控制能力强弱进行主观判断并评分。在评价过程中，相关控制机制的概述会自动弹出，向专家简要解释此控制机制的运作方式，如需要了解更多信息，可主动点击右侧的"详述"按钮，则右侧会展开关于此项控制机制的详细描述和案例列举，帮助专家学者进一步理解和判断，系统界面如图 4.3 所示。

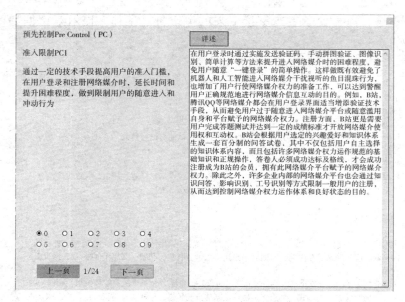

图 4.3　控制机制评分对话框

评价完成后，每一名专家对控制机制的主观评分都会被程序自动记录，并生成对应姓名的记录文件，再由作者进行收集汇总，最终形成网络媒介权力运作控制机制专家评分表如表 4.1 所示。我们假设每一个控制机制代表一种对网络媒介权力运作的控制方案，每一个专家学者的评分则为评价指标，也就是说，表 4.1 中共包含 24 个控制方案，每个方案具有 8 个评价指标。因为之前通过德尔菲法征询到各相关学科的重要程度为 5：1：1：1，作者严格按照 5：1：1：1 的比例找寻了管理学、通信学、传播学、情报学的专家学者对网络媒介权力运作控制机制评价体系中的各种控制方案进行评价，所以列表中每一位专家学者的评价指标的决策权重 DW 都为 0.125，故而在表格中未特殊标注。

表 4.1　网络媒介权力运作控制机制专家评分

一级指标	二级指标	专家 1	专家 2	专家 3	专家 4	专家 5	专家 6	专家 7	专家 8
	PC1	6	5	4	4	3	3	2	4
PC	PC2	4	4	2	5	4	5	6	7
	PC3	7	1	6	6	7	4	2	3

续表

一级指标	二级指标	专家1	专家2	专家3	专家4	专家5	专家6	专家7	专家8
	FC1	7	6	7	5	8	4	7	5
	FC2	5	8	7	7	8	4	1	6
	FC3	7	7	9	6	8	8	4	6
	FC4	8	8	5	6	8	3	6	3
	FC5	6	6	4	4	7	3	9	7
	FC6	7	3	4	6	8	6	5	6
	FC7	7	5	8	9	9	7	6	8
	FC8	7	8	9	9	8	9	3	9
FC	FC9	7	9	7	9	5	9	9	9
	FC10	6	4	8	9	6	6	6	7
	FC11	6	2	6	8	9	6	8	7
	FC12	7	4	5	7	5	5	5	8
	FC13	6	7	6	8	8	7	8	6
	FC14	6	9	6	7	7	4	4	5
	FC15	6	9	5	4	8	3	7	9
	FC16	8	7	8	9	8	5	4	9
	FC17	6	2	8	7	8	8	6	8
	AC1	8	8	6	3	7	5	6	6
AC	AC2	8	6	8	8	8	4	6	4
	AC3	7	6	6	7	8	1	2	5
	AC4	6	5	8	9	9	5	7	6

（三）定义协调数据集及协调矩阵

首先，定义协调数据集为 $C_{ii'}$，则 $C_{ii'} = \{j \mid P_{ji} > P_{ji'}\}$。其中 P 表示第 i 个控制机制的第 j 个专家学者的评价指标，并且 $i \in (1, 2, \cdots, 24)$，$j \in (1, 2, \cdots, 8)$。然后，我们定义协调性指标为 $c_{ii'}$，则：

$$c_{ii'} = \frac{\sum\limits_{j \in C_{ii'}} DW}{\sum\limits_{j=1}^{8} DW} \quad (4.1)$$

因为在本案例中 $\sum_{j=1}^{8} DW = 1$，故而可以简化表达为：

$$c_{ii'} = \sum_{j \in C_{ii'}} DW \quad (4.2)$$

协调指标代表了协调数据集的相对值，表示了控制机制 i 相对于控制机制 i'，优先指标的相对重要程度之和。最后整理得到协调矩阵 $C = (c_{ii'})_{24*24}$ 如图 4.4 所示。

C=

	PC1	PC2	PC3	FC1	FC2	FC3	FC4	FC5	FC6	FC7	FC8	FC9	FC10	FC11	FC12	FC13	FC14	FC15	FC16	FC17	AC1	AC2	AC3	AC4
PC1	0	0.375	0.25	0	0.25	0	0.125	0	0.125	0	0	0	0.125	0.125	0.125	0	0	0	0	0.125	0.125	0	0.125	0
PC2	0.625	0	0.5	0.25	0.375	0.25	0.25	0.25	0.375	0	0.125	0	0	0.125	0.125	0.125	0.375	0.25	0.125	0.125	0.25	0.25	0.375	0.125
PC3	0.625	0.5	0	0.125	0.25	0	0.25	0.5	0.125	0	0	0.125	0.25	0.125	0.25	0.125	0.125	0.5	0	0.125	0.125	0	0.125	0.125
FC1	1	0.625	0.625	0	0.25	0.125	0.5	0.625	0.375	0.25	0.125	0.125	0.5	0.375	0.5	0.25	0.5	0.5	0.125	0.375	0.375	0.25	0.375	0.25
FC2	0.75	0.625	0.625	0.375	0	0.25	0.5	0.625	0.375	0.125	0	0.125	0.25	0.25	0.375	0.25	0.375	0.375	0.125	0.125	0.375	0.25	0.5	0.125
FC3	1	0.75	0.75	0.625	0.5	0	0.375	0.75	0.375	0.375	0.125	0.25	0.625	0.5	0.5	0.375	0.625	0.5	0.25	0.375	0.5	0.5	0.625	0.5
FC4	0.75	0.625	0.5	0.375	0.25	0.375	0	0.625	0.5	0.25	0.25	0.25	0.375	0.25	0.5	0.25	0.375	0.25	0.25	0.25	0.25	0.125	0.5	0.25
FC5	0.5	0.625	0.375	0.25	0.375	0.25	0.25	0	0.375	0.25	0.125	0.125	0.375	0.25	0.375	0.25	0.25	0.125	0.125	0.25	0.375	0.25	0.375	0.375
FC6	0.75	0.625	0.625	0.375	0.375	0.125	0.25	0.5	0	0	0.125	0.125	0.25	0.25	0.25	0.125	0.625	0.375	0.25	0.25	0.375	0.25	0.375	0.25
FC7	0.875	0.875	0.875	0.625	0.875	0.5	0.625	0.75	0.875	0	0.25	0.25	0.625	0.75	0.75	0.625	0.875	0.625	0.375	0.5	0.625	0.5	0.75	0.375
FC8	1	0.875	0.875	0.625	0.75	0.5	0.5	0.875	0.625	0.5	0	0.25	0.75	0.75	0.75	0.75	0.75	0.5	0.375	0.75	0.625	0.625	0.75	0.625
FC9	1	1	0.75	0.625	0.75	0.625	0.75	0.75	0.75	0.5	0.25	0	0.625	0.875	0.75	0.875	0.75	0.625	0.375	0.75	0.75	0.625	0.75	0.625
FC10	0.75	0.625	0.75	0.5	0.75	0.375	0.5	0.375	0.625	0	0.125	0.25	0	0.375	0.625	0.375	0.625	0.375	0.25	0.25	0.5	0.375	0.625	0.25
FC11	0.75	0.75	0.75	0.625	0.75	0.5	0.75	0.5	0.625	0.125	0.25	0.125	0.25	0	0.625	0.25	0.625	0.625	0.375	0.375	0.625	0.5	0.625	0.375
FC12	0.875	0.625	0.625	0.375	0.5	0.375	0.375	0.625	0.5	0	0.125	0	0.25	0.375	0	0.25	0.5	0.375	0.125	0.25	0.25	0.25	0.375	0.25
FC13	0.875	0.875	0.75	0.625	0.5	0.25	0.625	0.625	0.625	0.25	0.125	0.125	0.5	0.25	0.75	0	0.625	0.5	0.25	0.375	0.5	0.5	0.625	0.375
FC14	0.875	0.625	0.5	0.25	0.375	0.25	0.625	0.5	0.375	0.125	0.25	0.125	0.25	0.125	0.375	0.125	0	0.375	0.125	0.125	0.25	0.25	0.375	0.125
FC15	0.625	0.75	0.5	0.25	0.5	0.375	0.375	0.5	0.5	0.375	0.25	0.125	0.5	0.25	0.5	0.25	0.375	0	0.25	0.375	0.5	0.375	0.5	0.25
FC16	1	0.75	1	0.75	0.75	0.375	0.5	0.875	0.625	0.375	0.25	0.375	0.5	0.625	0.75	0.5	0.75	0.5	0	0.5	0.5	0.5	0.875	0.375
FC17	0.75	0.75	0.875	0.5	0.625	0.375	0.5	0.625	0.625	0.125	0.125	0.25	0.375	0.375	0.5	0.375	0.625	0.375	0.25	0	0.625	0.25	0.5	0.25
AC1	0.875	0.625	0.625	0.5	0.375	0.375	0.5	0.5	0.5	0.375	0.25	0.25	0.5	0.25	0.625	0.25	0.5	0.375	0.25	0.375	0	0.5	0.625	0.25
AC2	0.875	0.625	0.875	0.375	0.5	0.375	0.5	0.625	0.625	0.25	0.25	0.375	0.375	0.375	0.75	0.25	0.625	0.5	0.125	0.375	0.375	0	0.625	0.25
AC3	0.75	0.625	0.5	0.125	0.25	0.125	0.375	0.5	0.375	0.125	0	0.125	0.375	0.25	0.375	0.125	0.25	0.375	0	0.25	0.25	0.125	0	0.25
AC4	0.75	0.75	0.875	0.625	0.75	0.375	0.75	0.5	0.625	0.125	0.25	0.25	0.375	0.375	0.625	0.375	0.75	0.5	0.25	0.5	0.375	0.625	0.75	0

图 4.4　协调矩阵

协调矩阵中所有 c_{ii} 的值无意义，可判定为 $c_{ii}=0$，$i \in (1, 2, \cdots, 24)$。定义第 i 个控制机制的协调优先指标为 c_i，则：

$$C_i = \sum_{\substack{i=1 \\ i \neq i}}^{24} c_{ii'} - \sum_{\substack{i=1 \\ i \neq i}}^{24} c_{i'i} \quad (4.3)$$

也就是说，c_i 为协调矩阵中第 i 个控制机制所对应的行之和与所对应的列之和的差，得到的差值结果 c_i 越大，表示该控制机制的优先性越高，即拥有的优先权越大。通过以上公式计算得出每种控制机制的协调性优先权重为 c_i = {-16.75，-10.625，-11，-0.75，-3.875，4.625，-2.375，-6.125，-4，10.25，11.75，12.125，1.25，3.5，-3.5，4.375，-4.5，-0.25，9.375，2.875，0.75，3，-5.625，5.5}。

（四）定义非协调数据集及非协调矩阵

非协调数据集与计算协调数据集和协调矩阵的步骤相同。首先，定义非协调数据集为 $D_{ii'}$，则 $D_{ii'} = \{j \mid P_{ji} < P_{ji'}\}$，即非协调集合要求同一控制机制的评价指标 $i < i'$。其中 P 依旧表示第 i 个控制机制的第 j 个专家评价指标，并且 $i \in (1, 2, \cdots, 24)$，$j \in (1, 2, \cdots, 8)$。然后，我们同样对非协调指标进行定义，将其定义为 $d_{ii'}$，则：

$$d_{ii'} = \sum_{j \in D_{ii'}} \left\{ \frac{w_j \left| P_{ji} - P_{ji'} \right|}{d_j^{max}} \right\} / M \quad (4.4)$$

　　其中，d_j^{max} 为此名专家学者对各项控制机制评价的最大分差，即 $d_j^{max} = |P_{ji} - P_{ji}|$ 的最大值，M 为非协调集合中指标个数的最大值。显而易见，控制机制的两两比较之后就产生一对协调集合和非协调集合，所以非协调集合不止一个，在本案例中，非协调集合最多含有 8 个元素指标，因此 $M = 8$。非协调指标代表了非协调数据集的相对值，表示了控制机制 i 相比劣于控制机制 i'。最后，通过整理数据，我们得到非协调矩阵 $D = (d_{ii'})_{24*24}$ 如图 4.5 所示。

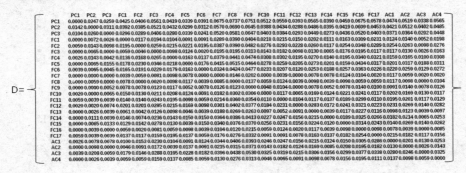

图 4.5　非协调矩阵

　　这里我们用 d_i 来表示控制机制 i 的非协调指标，具体计算公式为：

$$d_i = \sum_{\substack{i=1 \\ i \neq i}}^{24} d_{ii'} - \sum_{\substack{i=1 \\ i \neq i}}^{24} d_{i'i} \quad (4.5)$$

　　即 d_i 为非协调矩阵中第 i 个控制机制对应的行之和与对应的列之和的差，d_i 越大则表明此控制机制的劣势越大，反之，则表示该控制机制存在的劣势越小。通过以上公式，我们从矩阵数据中计算得出每种控制机制的非协调性优先权重为 $d_i = \{1.0645,\ 0.8122,\ 0.6917,\ 0.0444,\ 0.2319,\ -0.2815,\ 0.1203,\ 0.2520,\ 0.2207,\ -0.5561,\ -0.7034,\ -0.7369,\ -0.1186,\ -0.1364,\ 0.1671,\ -0.2927,\ 0.1292,\ -0.0360,\ -0.5561,\ -0.1811,\ 0.0114,\ -0.1811,\ 0.3479,\ -0.2905\}$。

　　（五）基于协调指标与非协调指标的主观权重计算

　　综上所述，我们得出的网络媒介权力运作控制机制的主观评分的协调优先指数和非协调优先指数的最终计算结果如表 4.2 所示。

表 4.2　网络媒介权力运作控制机制的协调分析指标

控制机制	协调指标 c	协调优先性	非协调指标 d	非协调优先性
准入限制 PC1	−16.75	24	1.0645	24
资产绑定 PC2	−10.625	22	0.8122	23
实名关联 PC3	−11	23	0.6917	22
先控后验 FC1	−0.75	14	0.0444	14
有偿申诉 FC2	−3.875	17	0.2319	19
限时应答 FC3	4.625	6	−0.2815	7
言论审查 FC4	−2.375	15	0.1203	15
IP 访问总量限制 FC5	−6.125	21	0.2520	20
曝光量干预 FC6	−4	18	0.2207	18
信息整合 FC7	10.25	3	−0.5561	3
在线答疑 FC8	11.75	2	−0.7034	2
实时封禁 FC9	12.125	1	−0.7369	1
延迟播报 FC10	1.25	11	−0.1186	11
设置冷静期 FC11	3.5	8	−0.1364	10
退出限制 FC12	−3.5	16	0.1671	17
动态调整用户级别 FC13	4.375	7	−0.2927	5
用户分流 FC14	−4.5	19	0.1292	16
信息互动规则控制 FC15	−0.25	13	−0.0360	12
官方引导 FC16	9.375	4	−0.5561	4
自动回复调节 FC17	2.875	10	−0.1811	8
数据特征分析 AC1	0.75	12	−0.0114	13
控制效果分析 AC2	3	9	−0.1811	9

控制机制	协调指标 c	协调优先性	非协调指标 d	非协调优先性
响应时间和持续时间分析 AC3	−5.625	20	0.3479	21
成本分析 AC4	5.5	5	−0.2905	6

由表 4.2 可以看出，现场控制中的"实时封禁"是主观评价中控制力最强的网络媒介权力运作控制机制，其协调优先性和非协调优先性均位居第一。同时，在线答疑、信息整合和官方引导也毫无异议地分列网络媒介权力运作控制能力的第二、三、四位。在协调指标的成果控制中的成本分析控制位列第五名，但是在非协调指标中却位列第六，第五名被现场控制中的动态调整用户级别所占据，两者出现了不同的结果。协调指标和非协调指标都认为预先控制中的准入限制控制机制具备最低的网络媒介权力运作的控制能力，但是对倒数第二位的判定，两项指标分别给出了不同的答案。协调指标认为资产绑定比实名关联更胜一筹，但非协调指标却判定资产绑定比实名关联的局限性更大。为了保证最终结论的一致性，我们分别将协调指标和非协调指标进行标准化和归一化处理，从而获得两组归一化的权重指标体系，最后取两组权重得分的平均值作为主观评价的最终权重占比。具体计算过程为，首先计算各项控制机制协调指标的标准值：

$$m_i = \frac{c_i - \left[min\ (c_i)\left(\frac{i+1}{i}\right) \right]}{\left[max(c_i) - min(c_i) \right]\left(\frac{i+1}{i}\right)} \quad (4.6)$$

然后，再计算各项控制机制非协调指标的标准值：

$$n_i = \frac{d_i - \left[min\ (d_i)\left(\frac{i+1}{i}\right) \right]}{\left[max(d_i) - min(d_i) \right]\left(\frac{i+1}{i}\right)} \quad (4.7)$$

最后，分别将两者进行归一化处理并取平均值，需要注意的是非协调指数需要取补集才表示权重的大小，因此最后所呈现出的主观权重计算公式为：

$$SW_i = \left\{ \frac{m_i}{\sum_{i=1}^{24} m_i} + \frac{(1-n_i)}{\sum_{i=1}^{24}(1-n_i)} \right\} / 2 \quad (4.8)$$

根据计算，得出各项网络媒介权力运作控制机制的主观权重如表 4.3 所示。

因为协调性指标和非协调性指标所判定出的最劣方案均为预先控制中的准入限制，且所判定出的最优方案皆为现场控制中的实时封禁。因此，准入限制的主观权重最小为 0. 0017，实时封禁的主观权重最大为 0. 700。但以上结果均为专家学者的主观认知评价，并不表示准入限制在实际网络媒介权力运作中的控制能力最差，可能只是因为准入限制最为普遍且不易被察觉，因此被主观判断产生了控制作用并不显著的假象所干扰，同时实时封禁也并不一定是最有效的网络媒介权力运作控制机制。为了保证赋权的最终结果能够更加科学和理性，我们接下来将引入信息熵理论的客观权重得分判定标准，对主观权重进行修正和改进。

表 4.3　网络媒介权力运作控制机制主观权重

控制机制	主观权重 SW	控制机制	主观权重 SW
准入限制 PC1	0. 0017	延迟播报 FC10	0. 0454
资产绑定 PC2	0. 0137	设置冷静期 FC11	0. 0484
实名关联 PC3	0. 0156	退出限制 FC12	0. 0344
先控后验 FC1	0. 0400	动态调整用户级别 FC13	0. 0524
有偿申诉 FC2	0. 0327	用户分流 FC14	0. 0339
限时应答 FC3	0. 0525	信息互动规则控制 FC15	0. 0421
言论审查 FC4	0. 0366	官方引导 FC16	0. 0634
IP 访问总量限制 FC5	0. 0296	自动回复调节 FC17	0. 0485
曝光量干预 FC6	0. 0328	数据特征分析 AC1	0. 0428
信息整合 FC7	0. 0644	控制效果分析 AC2	0. 0487
在线答疑 FC8	0. 0690	响应时间和持续时间分析 AC3	0. 0284
实时封禁 FC9	0. 0700	成本分析 AC4	0. 0537

第二节　基于信息熵理论的网络媒介权力运作控制机制的客观权重计算

近年来，互联网技术突飞猛进，摇身一变成为重新定义世界的一项重要变革，智能移动终端的层出不穷更是为互联网技术加速崛起提供了重要的发展平台。借助这两股发展状态势如破竹的东风，网络媒介作为一种向用户提供信息服务的全新传播形态也正在朝气蓬勃地正向发展，并引领受众迈进以网络媒介为主导的互联网信息时代。

网络媒介通过技术手段将信息内容数字化，并将数字化后的视频、音频、图片、文字等信息传输给各种信息接收终端设备。网络媒介作为当代人类进行信息收集和信息消费的有效工具和重要载体的一种，不仅具有普适性、门槛要求低、传播速度快、交互性强、信息量大等特点，还促进了自媒体行业的快速发展，为公众的媒介就业创业创造和提供了大量机会，并成功提高受众在媒介信息传播中的话语权和重要性，做到了对传统媒介权力的瓦解和再分配。然而，在网络媒介中信息交流主体"人本位"物理属性缺失的虚拟性，也同样为网络媒介的监督和管理带来了前所未有的巨大挑战。如何管理网络媒介中普通受众手中所掌握的信息互动权力，如何评估网络媒介中海量规模的信息互动行为，如何鉴定网络媒介权力运作过程中各种控制机制控制能力的大小，成为亟待解决的现实问题。为了加强网络媒介控制管理信息互动能力评估体系的科学性和合理性，本书将引入信息科学中信息熵的相关理论，对问题予以解决和完善。

（一）信息科学概述

信息科学是指以信息为主要研究对象，以信息科学方法论为主要研究手段，由信息论、系统论、控制论、博弈论、人工智能学科理论和计算机理论等相互渗透、相互结合并对信息的运动规律和信息利用内在原理进行研究的一门新兴综合性科学。其基础理论支柱主要来源则为信息论、系统论和控制论三大学科。

目前信息科学仍然处于高速发展壮大阶段，因此学术界对其研究内容的范围尚未完全统一。但目前关于信息科学的主要的研究课题，大部分都集中在信源理论和信息获取；信息的传输、存储、检索处理；信号的测量、分析、处理和表现；信息的分类、识别；知识信息处理和智库建设；对信息的采集、分析、处理进行决策和控制这六方面。具体的课题内容更是包含光通信技术、通信与信息系统、物理电子与纳米技术、无线通信技术、量子电子技术、激光技术、计算机软件工程、计算机网络等。

（二）信息、情报、信号三者的区别

1. 信息

信息是信息论中最基本也是最重要的概念之一，其指的是在人类社会互通情报的长期实践活动中产生的包括音讯、消息、通信在内的一切内容。在很多情况下，信息常被误认为等同于情报、知识、消息、信号等，其实信息与它们之间虽有千丝万缕的联系，但又不尽相同。关于信息的定义存在多种理论说法：哈特莱（Hartley）认为信息是发信者在通信符号表中选择符号的具体方式。美国学者维纳（Wiener）认为信息是人们适应外部世界，并且使这种适应再次反过来回馈给外部世界的具体过程，同外部世界进行互相交换的内容的名称。意大利学者朗格（Lange）认为信息是反映事物的形式、关系和内涵差异的东西，信息是主要存在于客体间的差别中，而不是在客体本身中。目前学术界普遍承认的定义是数学家香农于1948年给出的描述："信息是用来消除随机不定性的东西。"除此之外，物理学认为，信息是与物质和能量相对立的存在，即信息并非物质，也非能量。信息的传递需要消耗能量，但是信息本身是并不能携带或储备能量的，另外，信息是无法独立存在的，其必须依靠某种物质形成的载体才能得以表现。

2. 情报

荷兰学者法拉丹（Farradane）于1953年首次提出了"情报学家"这个专有名称。而后，经过他历时两年的极力倡导，最终"情报学"得以作为一个独立学科被命名和首次使用。经过半个多世纪的研究与发展，情报学作为一个独立学科已经逐渐成熟。我国著名学者钱学森曾说过"情报是激活的知识"，这一观点深受情报学人的推崇与认可。马费成教授也认为对单个的知识单元进行规划、组织并实施有效利用才是情报学的学科内核。以上观点足以证明情报是对知识加工而来的，情报具有知识性并发挥着极为重要的参谋作用。那知识又是什么呢？根据著名知识管理专家阿肖克·贾夏帕拉（Ashok Jashapara）的观点，知识（knowledge）可以被称为"可付诸行动的信息"，他并总结了数据、信息、知识、情报和真理的层级关系（见图4.6）。我们可以总结出，情报就是经过加工和安排之后呈现一定规律的、有组织性的、可付诸行动的、有价值的信息。

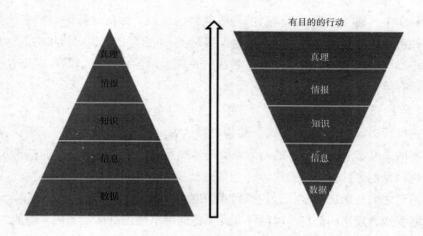

图4.6　数据、信息、知识、情报和真理的层级关系图

3. 信号

信号的定义分为广义和狭义两种，其中广义定义为信号是符号的一部分，是信息对应事物的表达形式。而狭义定义则为信号是在信息传播过程中载体的一种表达形式，是信息传输的载具。

在传播学中，研究者通常认为"信号"是与"象征符"对立的存在，他们二者合一被称为"符号"。如何区别信号和象征符呢？根据德国学者恩斯特·卡西尔（Ernst Cassirer）的表述，有："信号具有物理性质，而象征符则具备人类语义性质。"S. K. 格兰尔（S. K. Grande）则认为："信号是对象事物的替代物，而象征符是对象事物之表象的载体。"最终，结构主义语言学奠基人索绪尔（Saussure）通过界定"能指（signifier）"和"所指（signified）"的不同，将两者进行了较为严谨的定义和区分。简单地说，信号具有以下两个重要特点：第一，信号与其表示的对象事物之间具有自然存在的因果关系，是客观存在关联的，也就是说，一切自然界中的符号都属于信号。例如，烟雾弥漫是着火的信号，乌云密布是倾盆大雨的信号，体温骤降是生命终结的信号，男性长出胡须和体毛是体内激素变化、发育成熟的信号等。第二，信号与其表示的事物之间通常具有一一对应的固定关系。这种关系在自然符号中非常明显，例如，蜻蜓点水是为了产卵，水会结冰是因为温度下降到了0摄氏度以下等。即便在非自然界中，这种一一对应的关系仍然随处可见，例如，各式各样的计算机编程语言也是根据一定的语法规则与电子信号逻辑体系一一对应而建立的，这样才能将各种电子数据转换成一般受众能够理解的文字、图像、声音等信息。而在信息科学中，信号主要是指信息的传输载体的一种，即信号是可以携带大量的信息并将其传播和运输的一种"交通工具"。由于信息是事物运动状态或存在方式的不确定性的描述，所以，通信的目的是完全消除或部分消除不确定性，从而获得有效信息。

（三）通信系统原理

在现代通信中，"数学模式"传播过程认为信源和信道是组成一个通信系统所需要的最基本单元，基本的通信系统简易模型如图4.7所示。在通信系统中，传输内容是信息，传输的表现形式为信号传递。其中，接收者又称信宿，在其收到消息之前是无法确定信号内携带信息的具体内容的，也就是说，接收者无法判断发送者发送的信息是以何种方式描述何种事物的具体状态的。除此之外，信息在传输的过程中还要抵抗各种客观存在的噪声干扰，这使得经过传输获得的信息会产生一定的模糊和变化，信息状态能否保持原来的面目更是无从预测。因此，接收者无法判定其所得到的信息是否准确、真实，即接收者存在着"不知""不确定"或者"疑问"等状态。而在消息传递完成后，接收者会获得信息的具体内容，这将会完全消除或部分消除在信息接收之前存在的不确定性和未知性。总的来说，从接收者的角度出发，信息传递的过程就是一个从"未知"到"已知"的过程，是一个从"知之甚少"到"知之甚多"的过程，是一个从"知不知"到"信不信"的过程。

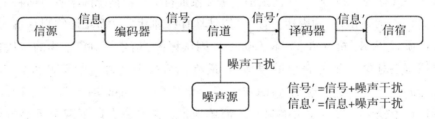

图4.7 通信系统简易模型图

（四）信息互动行为的随机性与信息系统中的熵

从数学的角度对具体问题进行理论分析，这些问题中所包含的不确定性也被称为随机性，而具有不确定性的事件也可以被称作随机事件。所以，数学可以利用概率论和随机过程来对随机事件展开研究，以完成对不确定性发生概率的测量，并解决相应的随机事件问题。简单来说，通过测量不确定性的大小，可以辨别并预判随机事件发生的可能性的高低或难易程度。如果某一事物状态出现的概率越低，那么它的不确定性或随机性则越大；反之，当某一事物状态出现的概率接近于100%时，其不确定性或随机性则越小。故而，某一事物状态的随机性的大小与该事物可能出现不同的状态数目以及各状态出现的概率大小有直接关系。综上所述，信息互动行为的测度，即信息互动行为的随机性的大小与可能发生的信息互动的次数以及各种信息互动状态发生的概率有关。

熵的最初概念来源于热物理学，原是评价分子状态混乱程度的物理量，后来被香农借用来描述信息理论中信源的不确定程度。根据信息熵理论的描述，信息是对系统中有序状态的描述，而熵则是对系统中无序状态的描述，即熵可用来衡量信息系统中各种随机性事件的出现程度和系统的无序状态。如果一个通信系统越稳定，则其包含的信息越多，熵值也就越小；反之，如果一个通信系统越不稳定，不确定性很大，则其包含的信息越少，熵值也就越大。举一个简单的例子：刘小明同学的成绩一直是全校第一，张东东同学的成绩一直是全校倒数第一，但是高考之后，他们两个人都成功考上了清华大学。很明显，"张东东考上清华"这一事件的信息量更大，其中可能包含着更多的信息。因为刘小明一直是全校第一，考上清华应该是一件概率很大的事情，大家都这么觉得；而张东东一直是倒数第一，突然考上了清华，表明一件本来非常不可能发生的事情发生了，这里面就蕴含着许多的信息。由此我们可以得出一个简单的结论：越有可能发生的事情，信息量越小；越不可能发生的事情，信息量越大。

熵值的检测是目前学术界研究的一个重要热点，因为它可以帮助预测和检验信息系统不确定性的大小，尤其是针对一些一旦发生后果不堪设想，且无法通过实际触发来进行检测的重大问题，检测其熵值可以有效从理论指导层面上，降低此类重大事故发生的概率，避免造成直接经济损失。近年来，熵值检测成了一个非常流行的话题，研究内容更是五花八门、遍地开花，具体学科涉及经济贸易、市场金融、生物医药、交通管理、航空航天、工程施工、网络信息、人口流动等多个研究领域。在网络相关的研究中，许多学者提出了基于熵的各种方法，来计算和判定检测异常状态的标准，或使用熵值直接对系统的异常状态和无序状态实施检测，学者普遍承认，通过熵值的分析得出的结论比传统分析所得出的结论更细致，更具体，更直观，更具说服力。

普泽米斯拉（Przemyslaw）等学者基于网络媒介的虚拟身份和进入门槛较低等特点，曾使用信息熵的方法检测现代僵尸网络恶意软件。阿图尔·斯维安（Artur Ziviani）等人根据香农信息熵的摘要参数，建议使用非扩展熵来达成网络媒介自治，并从理论上论述了网络媒介如何自主检测系统中的流量异常状态，随后，科卢恰（Coluccia）等人基于广义最大熵（maximum entropy）的原理，提出了一种具体的网络媒介流量异常检测方法。李（Lee）等人提出用"熵→条件熵→相对条件熵→信息增益和信息代价"等几种信息测度理论来进行网络媒介实际检测，因为这些测度指标可以用来描述网络媒介的数据集特征，并合理解释信息传递模型的性能。

不同的熵值计算方式因为不同的设计，而呈现出各不相同的侧重点，仅用一种熵进行测算可能会有局限性。例如，香农信息熵对信息科学的发展做出了不可磨灭的巨大贡献。但实验表明，当局部信息变化不影响整体信息布局时，香农信息熵会因为敏感性不足而忽略，即使振幅有显著变化，它也无法及时做出反应。而如果使用置换分布熵（PDE）或置换交叉分布熵（PCDE）来度量信号中蕴含熵的复杂度，就可以重点关注信号的动态变化特征，增加其对结构变化的敏感性，从而更精准地对网络媒介权力运作控制机制的控制能力进行侦测与评价。

故而，我们选择的熵值测度体系是以香农在1948年提出的信息熵理论为基础，并通过何（He）等人更改后的置换分布熵测度方法和评价体系。我们之所以选择这套方法和评价体系，是因为其与网络媒介权力运作控制机制的具体公式推导和内涵理论线索更为契合，有助于我们从数字表现上更直观地了解和审视各种网络媒介权力运作控制机制的有效性和重要性，同时置换分布熵能够敏锐地察觉出系统评分中的异常信号，大大地提升了数据的有效性和科学性。我们之所以没有选择更为精准的交叉分布熵来进行数据测定，是因为本次研究的数据样本量有限，不足以创造交叉分布熵的运算环境，无法满足多组数据并行地处理条件。

（五）信息熵理论的数学表现与公式推导

为更好地描述信息互动行为测度，本次研究将引入样本空间、概率测度、概率空间等基本数学概念。其中，样本空间指所有可能选择的信息互动行为的集合，包括信息互动可能出现的各种不同状态；概率测度是指对每一个可能选择的信息指定的概率，满足非负且总和为1的约束条件；概率空间是指样本空间和其概率测度的组合。以离散单信息源为例，描述信息测度过程。以 $[X, P]$ 表示概率空间，假设 $\{a_1, a_2, \cdots, a_q\}$ 是变量 X 的样本空间，则在本空间中选择元素 a_i 的概率为 $P_X(a_i)$，考虑存在相同变量的情况下，可以将其简写为 $P(a_i)$，选择符号 a_i 的概率也记为先验概率，最终得到概率空间公式为：

$$\begin{bmatrix} X \\ P(x) \end{bmatrix} = \begin{bmatrix} a_1, & a_2, & \cdots, & a_q \\ P(a_1), & P(a_2), & \cdots, & P(a_q) \end{bmatrix} \quad (4.9)$$

在接收端，选择消息 a_i 的不确定性是与 a_i 的先验概率成反比的，所以以 a_i

先验概率的倒数的某一函数来描述这种不确定性，并将以这种方式定义的不确定性称为消息 a_i 的"自信息"，则 a_i 的自信息公式为：

$$I(a_i) = \log \frac{1}{P(a_i)} \quad (4.10)$$

从通信系统简易模型中（图4.7），可以明显看到信道中是存在噪声干扰的。对于接收者而言就存在两种情况，第一种为信宿接收到的信息与信源发送的信息完全相同，则此时噪声干扰为 0，双方完全信息同步。更多的是第二种情况，即信宿接收到的信息与信源发送的信息不完全相同。这种情况表明，信息在通过信道进行传输的过程中受到了噪声干扰，故而双方的信息或多或少表现得有所差异。为方便描述接收者接收消息的情况，引入后验概率，即 $P(a_i \mid b_j)$ 表示接收者接收到的信息为 b_j 时发送端发送的消息是 a_i 的概率。而此时接收者获得的信息量即"互信息"，互信息表示了先验概率的不确定性减去尚存的不确定性，互信息的表达公式为：

$$I(a_i;\ b_j) = \log \frac{1}{P(a_i)} - \log \frac{1}{P(a_i \mid b_j)} \quad (4.11)$$

如前所述，自信息是某一信源发出某一信号中所携带的信息量，同一信源发出的不同信号中携带的信息量是不同的，自信息实质上也是一个随机变量，而以一个随机变量作为信息测度是不严谨的，也是不科学的。为了更加客观合理地描述信号携带的信息量测度，我们需要引入平均自信息量，也就是"信息熵"。信息熵的单位由自信息的单位进行决定，即取决于对数函数选取的底。在通信研究中，最常用的单位计算分别是以下几种：以 2 为底时，单位称为比特（Bit）；以 e 为底时，单位称为奈特（Nat）；以 10 为底时，单位称为笛特（Det）。不同单位之间可以引用换底公式进行互换计算，基本单位的换算准则公式如下：

$$1Bit = 0.693Nat = 0.301Det \quad (4.12)$$

信源的信息熵定义为自信息的数学期望，则其数学表示公式如下：

$$H(X) = E\left[\log \frac{1}{P(a_i)}\right] = -\sum_{i=1}^{q\Sigma_i} P(a_i) \log \quad (4.13)$$

信息熵 $H(X)$ 表示信源输出后，每个信号所提供的平均信息量，同时也代表了信源输出前信源的平均不确定性，信息熵 $H(X)$ 是随机变量 X 随机性的表征。值得注意的是，信息熵是信源平均不确定性的描述，一般来说，并不绝对等于平均获得的信息量。仅在没有噪声的情况下，接收者才能准确无误接收到与信源发送时一模一样的信息，实现 $H(X)$ 大小的平均不确定性的全部消除，此时获得的平均信息量就等于 $H(X)$。而在普遍情况下，获得的信息量并不是信息熵本身，而是两熵之差的结果。以单消息离散二进制信源为例，其信源熵函数图如图4.8所示。

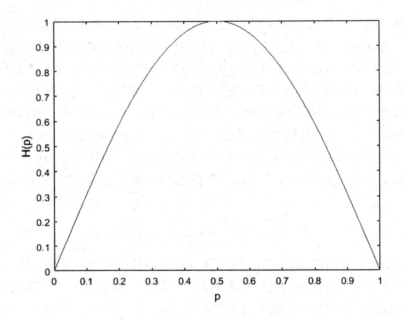

图4.8 单消息离散二进制信源熵函数

还有一点需要说明的是，信息熵是表明信源本身统计特性的一个物理量，是信源平均不确定性程度的衡量指标，是从信源整体统计特性出发对信源的刻画和判断，是一个绝对值。而一般所说的信息量是以接收者为主体而言的，是相对的描述，既可以看作接收者从信源所获得信息时的不确定性的减少量，又可以看作发送者给予接收者随机性的减少量。

信息评估体系除了关于通信过程中信息量的评估之外，还包括关于针对信源符号原本消息间依赖关系的评估。为此，引入信源的剩余度（又称信源冗余度或信源多余度）来对信源的相关性程度进行衡量。首先，定义熵的相对率，即一个信源实际的熵与具有同样符号集的最大熵的比值，其公式为：

$$\eta = \frac{H_\infty}{H_0} \quad (4.14)$$

其中，H_∞ 表示的是信源的实际熵，$H_0 = \log q$ 表示最大熵，q 则是信源的符号数。由此可得，熵的剩余度即为1减去熵的相对率，最终得到信源剩余度的定义公式为：

$$\gamma = 1 - \eta = 1 - \frac{H_\infty}{H_0} \quad (4.15)$$

信源冗余度的大小是在离散信源输出的符号序列中，符号之间依赖关系强弱的直观反映。信源冗余度越大，则表示信源的实际熵越大，即符号之间的依赖关系越强，反之信源冗余度越小，则表示信源的实际熵越小，符号之间的依赖关系越弱。

（六）基于香农信息熵的客观权重计算

由协调分析法所计算得出的权重，仍然带有较强的主观色彩，会因为专家的临场判断和思想状态而产生较大的变动。于是我们在此引入信息熵理论中的熵权法，利用熵权法的程序性和严谨性，在一定程度上客观地计算出每一项二级指标的权重，并以此为依据，对协调分析法所计算出的主观赋权数值进行修正，进一步整理、计算出网络媒介权力运作控制机制的客观权重系数。首先，我们根据最基本的香农信息熵进行推导和计算。第一步，根据专家评分表重新构造判断矩阵 $A = (a_{ij})_{n \times m}$，其中 m 为专家的数量，n 为网络媒介权力运作控制机制数量，则每一项对应的控制机制专家评分可表现为 a_{ij}。（见图4.9）

图4.9 专家评分矩阵

第二步，对 A 矩阵中的数据进行标准化处理，精度截取默认为保留小数点后4位，得到网络媒介控制机制标准化数据 p_{ij}：

$$p_{ij} = \frac{a_{ij} - \min(a_i)}{\max(a_i) - \min(a_i)} \quad (4.16)$$

第三步，对标准化矩阵 p_{ij} 进行归一化处理，得到新的归一化矩阵 B，其中每一位学者专家给每一项网络媒介权力运作控制机制的数据可记作 q_{ij}。（见图4.10）

$$q_{ij} = \frac{p_{ij}}{\sum_{i=1}^{n} p_{ij}} \quad (4.17)$$

$$B=\begin{bmatrix}0.2667&0.0952&0.2143&0.1765&0.1053&0.1304&0.2174&0.1364&0.1905&0.1053&0.1053&0.0833&0.1000&0.1111&0.2143&0.0000&0.1250&0.1111&0.1538&0.1081&0.1923&0.2000&0.1765&0.0667\\0.2000&0.0952&0.0000&0.1176&0.1842&0.1304&0.2174&0.1364&0.0000&0.0000&0.1316&0.1667&0.0000&0.0000&0.0000&0.1250&0.3125&0.2222&0.1154&0.0000&0.1923&0.1000&0.1471&0.0000\\0.1333&0.0000&0.1786&0.1765&0.1579&0.2174&0.0870&0.0455&0.0476&0.1579&0.1579&0.0833&0.2000&0.1111&0.0714&0.0000&0.1250&0.0741&0.1538&0.1622&0.1154&0.2000&0.1471&0.2000\\0.1333&0.1429&0.1786&0.0588&0.1579&0.0870&0.1304&0.0455&0.1429&0.2105&0.1579&0.1667&0.2500&0.1667&0.2143&0.2500&0.1875&0.0370&0.1923&0.1351&0.0000&0.2000&0.1765&0.2667\\0.0667&0.0952&0.2143&0.2353&0.1842&0.1739&0.2174&0.1818&0.2381&0.2105&0.1316&0.0000&0.1000&0.1944&0.0714&0.2500&0.1875&0.1852&0.1538&0.1622&0.1538&0.2000&0.2059&0.2667\\0.0667&0.1429&0.1071&0.0000&0.0789&0.1739&0.0000&0.0000&0.1429&0.1053&0.1579&0.1667&0.1000&0.1111&0.0714&0.1250&0.0000&0.0000&0.0385&0.1622&0.0769&0.0000&0.0000&0.0000\\0.0000&0.1905&0.0357&0.1765&0.0000&0.0000&0.1304&0.2727&0.0952&0.0526&0.0000&0.1667&0.1000&0.1667&0.0714&0.2500&0.0000&0.1481&0.0000&0.1081&0.1538&0.1000&0.0294&0.1333\\0.1333&0.2381&0.0714&0.0588&0.1316&0.0870&0.0000&0.1818&0.1429&0.1579&0.1579&0.1667&0.1500&0.1389&0.2857&0.0000&0.0625&0.2222&0.1923&0.1622&0.1154&0.0000&0.1176&0.0667\end{bmatrix}$$

图 4.10 归一化后的数据矩阵

第四步，首先，根据文章之前有关信息熵公式的推导，我们将计算各种信息控制机制的信息熵值，如第 j 项控制机制的信息熵值为 h_j 。其次，因为协调分析法的专家评价赋值时的评价体系中有 0 分的评价等级，不利于之后信息熵的计算，我们在此规定当$q_{ij}=0$时，$\ln q_{ij}$ 的取值等于 0。最后，为方便运算，我们规定以 Bit 作为信息熵值的基本单位，则最后我们可以得出计算公式为：

$$\begin{cases}h_j=-\dfrac{1}{\ln m}\sum_{i=1}^{n}q_{ij}\ln q_{ij}(q_{ij}\neq 0)\\ h_j=0(q_{ij}=0)\end{cases}\quad(4.18)$$

第五步，因为信息熵值表示的是这种控制机制对应的信息无序状态的大小，即网络媒介权力运作失当的可能性大小，所以根据每个网络媒介权力运作控制机制的信息熵值，取其补集的倒数，以最终获得每一项网络媒介权力运作控制机制的客观权重为 $SE\ W_j$ ，其计算公式为：

$$SE\ W_j=\frac{1-h_j}{\sum_{j=1}^{m}(1-h_j)}\quad(4.19)$$

通过基础的香农信息熵公式所直接计算出的各项网络媒介权力运作控制机制的熵值系数及权重赋值如表 4.4 所示：

表 4.4 香农信息熵的熵值与客观权重

控制机制	熵值 h	客观权重 SEW	控制机制	熵值 h	客观权重 SEW
准入限制 PC1	0.5794	0.0413	延迟播报 FC10	0.5897	0.0403
资产绑定 PC2	0.5932	0.0400	设置冷静期 FC11	0.6049	0.0388
实名关联 PC3	0.5734	0.0419	退出限制 FC12	0.5576	0.0434
先控后验 FC1	0.5802	0.0412	动态调整用户级别 FC13	0.4907	0.0500
有偿申诉 FC2	0.6011	0.0392	用户分流 FC14	0.5300	0.0462
限时应答 FC3	0.5967	0.0396	信息互动规则控制 FC15	0.5735	0.0419

控制机制	熵值 h	客观权重 SEW	控制机制	熵值 h	客观权重 SEW
言论审查 FC4	0.5472	0.0445	官方引导 FC16	0.5892	0.0403
IP 访问总量限制 FC5	0.5660	0.0426	自动回复调节 FC17	0.6078	0.0385
曝光量干预 FC6	0.5854	0.0407	数据特征分析 AC1	0.5996	0.0393
信息整合 FC7	0.5877	0.0405	控制效果分析 AC2	0.5500	0.0442
在线答疑 FC8	0.6093	0.0384	响应时间和持续时间分析 AC3	0.5843	0.0408
实时封禁 FC9	0.6001	0.0393	成本分析 AC4	0.5212	0.0470

根据香农信息熵的测算，现场控制中的动态调整用户级别被认为是最有效的网络媒介权力运作控制机制，因为其中所包含的行为信息量最多，且噪声干扰对其能够造成的影响较小。主观权重中评价最高的实时封禁控制机制，并没有拿到很高的分数取得靠前的排名。原因可能是其手段过于强硬，导致其所包含的信息量较少，且在控制网络媒介权力运作的过程中可能存在较多的噪声干扰。

（七）基于置换分布熵的客观权重计算

置换分布熵是在香农信息熵的基础上，通过进一步描述和细化原始数据的内部变化趋势，将游离于正常值以外的特殊信号加以聚拢，最后算出曲线更为平滑的信息熵。这种算法不仅重点关注信号的动态变化特征，增加对结构变化的敏感程度，同时也有助于收拢离散数据，降低了异常值对结果的干扰。

为了更加明确表现数值对比结果，我们需要先行求取原始数据矩阵 A 中每一项网络媒介权力运作控制机制的调和平均数，记作 $\bar{a_{ij}}$，并据此作为模板向量（template vector）。

$$\bar{a_{ij}} = \frac{8}{\sum_{j=1}^{m} \frac{1}{a_{ij}}} \quad (4.20)$$

通过计算得出 $\bar{a_i}$ = （3.50，4.08，2.96，5.84，3.27，6.50，5.08，5.12，5.16，7.11，6.83，7.68，6.18，5.32，5.48，6.89，5.59，5.56，6.72，5.42，

5.70，6.00，3.27，6.54），将 8 位专家学者的评分曲线与模板向量汇总得到折线。（见图 4.11）

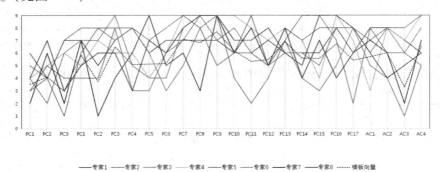

图 4.11 专家评分折线图

对比图中各专家学者的评分曲线，我们很容易发现，在评价某些网络媒介权力运作控制机制时，有些专家给出了与其他专家意见相差较大的评分。产生这种情况的原因有很多，比如，个人的特殊经历，或者专业背景的不同等。例如，我们截取专家 5、专家 6、专家 7 对 $FC2$ 到 $FC5$ 的评价。三位专家对有偿申诉、限时应答、言论审查和 IP 访问总量限制的控制能力给出的评分分别是 $S_5 =$ [8，8，8，7]、$S_6 =$ [4，8，3，3] 和 $S_7 =$ [1，4，6，9]，而模板向量对这四种控制机制的调和评分为 $S_m =$ [3.72，6.50，5.08，5.12]。此时，每位专家学者与模板向量的绝对距离差值分别为 $S_{5dis} =$ [4.28，1.50，2.92，1.88]，则 $MaxS_{5dis} = 4.28$；$S_{6dis} =$ [0.28，1.50，2.08，2.12]，则 $MaxS_{6dis} = 2.12$；$S_{7dis} =$ [2.72，2.50，0.92，3.88]，则 $MaxS_{7dis} = 3.88$。

为了更加准确地对数据进行分析，降低个别极值对整体测算结果的影响，得出较为收束的计分表达和信息熵值，我们应用何（He）等人提出的置换分布熵的计算方法，再次对网络媒介权力运作控制机制进行熵值计算。

第一步，我们截取嵌入维度 L 并令 L=4，则每位专家学者对网络媒介权力运作控制机制的评价分数和模板向量都被分为 6 小段。如图 4.12 所示。

图 4.12 嵌入维度后的数据分组（L=4）

第二步，我们开始进行数据置换，目的是修正数据、降低数据误差并标记和构建每个数据状态的变化趋势。假设一共存在 Q 项数据，则将嵌入维度 $L=g$ 中的第 n 个元素按照排列的顺序规则予以元素置换，则原数据可表示为 $G(x)$ $= [x_{(n)}, x_{(n+1)}, \cdots, x_{(n+g-1)}]$ $n \in [1, L]$ $g \in [2, Q]$，而置换后的公式则可以表示为 $G(x') = [x'_{(n)}, x'_{(n+1)}, \cdots, x'_{(n+g-1)}]$ $x' \in [1, L]$ $g \in [2, Q]$。这里我们同样以 $L=4$ 为例，则嵌入维度内元素置换标准的排列规则如表 4.5 所示。

表 4.5　元素排列置换规则 ($L=4$)

原始数据序列 (x_n, x_{n+1}, x_{n+2}, x_{n+3})	置换结果 (x'_n, x'_{n+1}, x'_{n+2}, x'_{n+3})
$x_n \leqslant x_{n+1} \leqslant x_{n+2} \leqslant x_{n+3}$	1, 2, 3, 4
$x_n \leqslant x_{n+1} \leqslant x_{n+3} \leqslant x_{n+2}$	1, 2, 4, 3
$x_n \leqslant x_{n+2} \leqslant x_{n+1} \leqslant x_{n+3}$	1, 3, 2, 4
$x_n \leqslant x_{n+2} \leqslant x_{n+3} \leqslant x_{n+1}$	1, 3, 4, 2
$x_n \leqslant x_{n+3} \leqslant x_{n+1} \leqslant x_{n+2}$	1, 4, 2, 3
$x_n \leqslant x_{n+3} \leqslant x_{n+2} \leqslant x_{n+1}$	1, 4, 3, 2
$x_{n+1} \leqslant x_n \leqslant x_{n+2} \leqslant x_{n+3}$	2, 1, 3, 4
$x_{n+1} \leqslant x_n \leqslant x_{n+3} \leqslant x_{n+2}$	2, 1, 4, 3
$x_{n+1} \leqslant x_{n+2} \leqslant x_{n+3} \leqslant x_n$	2, 3, 4, 1
$x_{n+1} \leqslant x_{n+2} \leqslant x_n \leqslant x_{n+3}$	2, 3, 1, 4
$x_{n+1} \leqslant x_{n+3} \leqslant x_n \leqslant x_{n+2}$	2, 4, 1, 3
$x_{n+1} \leqslant x_{n+3} \leqslant x_{n+2} \leqslant x_n$	2, 4, 3, 1
$x_{n+2} \leqslant x_n \leqslant x_{n+1} \leqslant x_{n+3}$	3, 1, 2, 4
$x_{n+2} \leqslant x_n \leqslant x_{n+3} \leqslant x_{n+1}$	3, 1, 4, 2
$x_{n+2} \leqslant x_{n+1} \leqslant x_n \leqslant x_{n+3}$	3, 2, 1, 4
$x_{n+2} \leqslant x_{n+1} \leqslant x_{n+3} \leqslant x_n$	3, 2, 4, 1

原始数据序列（x_n，x_{n+1}，x_{n+2}，x_{n+3}）	置换结果（x'_n，x'_{n+1}，x'_{n+2}，x'_{n+3}）
$x_{n+2} \leqslant x_{n+3} \leqslant x_n \leqslant x_{n+1}$	3，4，1，2
$x_{n+2} \leqslant x_{n+3} \leqslant x_{n+1} \leqslant x_n$	3，4，2，1
$x_{n+3} \leqslant x_n \leqslant x_{n+1} \leqslant x_{n+2}$	4，1，2，3
$x_{n+3} \leqslant x_n \leqslant x_{n+2} \leqslant x_{n+1}$	4，1，3，2
$x_{n+3} \leqslant x_{n+1} \leqslant x_{n+2} \leqslant x_n$	4，2，3，1
$x_{n+3} \leqslant x_{n+1} \leqslant x_n \leqslant x_{n+2}$	4，2，1，3
$x_{n+3} \leqslant x_{n+2} \leqslant x_n \leqslant x_{n+1}$	4，3，1，2
$x_{n+3} \leqslant x_{n+2} \leqslant x_{n+1} \leqslant x_n$	4，3，2，1

我们将网络媒介权力运作控制机制的控制能力专家评分原始数据矩阵 A 经过元素置换后的矩阵记为 Z，则矩阵 Z 如图 4.13 所示。

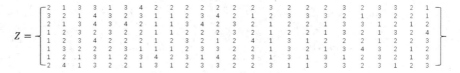

图 4.13　元素置换后的专家评分矩阵

同时我们也对原始数据的模板向量进行元素置换，从而得到新的模板向量 $\bar{z_i}$ = (2，3，1，4，1，4，2，3，1，3，2，4，3，1，2，4，3，2，4，1，2，3，1，4)。

为了对比数据元素置换前后的差异与变化，我们依旧截取专家 5、专家 6、专家 7 对 FC2 到 FC5 的评价来进行举例。当元素被置换后，三位专家对有偿申诉、限时应答、言论审查和 IP 访问总量限制的控制能力给出的评分分别被置换成了 S'_5 = [2，2，2，1]、S'_6 = [2，3，1，1] 和 S'_7 = [1，2，3，4]，而模板向量对这四种控制机制的调和评分被置换成了 S'_m = [1，4，2，3]。此时，每位专家学者的评价与模板向量的绝对距离差值分别为 S'_{5dis} = [1，2，0，2]，

则 $\mathrm{Max}S'_{5dis} = 2$；$S'_{6dis} = [1, 1, 1, 2]$，则 $\mathrm{Max}S'_{6dis} = 2$；$S'_{7dis} = [0, 2, 1, 1]$，则 $\mathrm{Max}S'_{7dis} = 2$。而元素置换后的专家学者评分与模板向量的汇总折线图则如图 4.14 所示。从图中我们能够明显发现，专家学者的评分与调和模板向量的绝对距离明显小于原始数据的绝对距离，不仅使得数据得到了有效聚拢，而且更利于观察局部数据的变化情况。

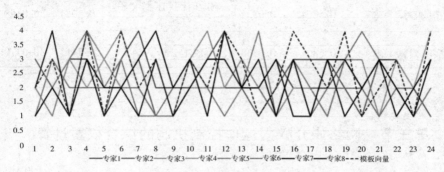

图 4.14　专家评分折线图（$L = 4$）

我们将新的数据矩阵 Z 重新进行信息熵值计算，就得出了新的熵值 h'_j 及客观权重 $PDEW_j$，如表 4.6 所示。

表 4.6　置换分布熵的熵值与客观权重

控制机制	熵值 h'	客观权重 PDEW	控制机制	熵值 h'	客观权重 PDEW
准入限制 PC1	0.4192	0.0469	延迟播报 FC10	0.2181	0.0631
资产绑定 PC2	0.5277	0.0381	设置冷静期 FC11	0.5772	0.0341
实名关联 PC3	0.4975	0.0405	退出限制 FC12	0.3319	0.0539
先控后验 FC1	0.5460	0.0366	动态调整用户级别 FC13	0.5959	0.0326
有偿申诉 FC2	0.5460	0.0366	用户分流 FC14	0.4911	0.0411
限时应答 FC3	0.3272	0.0543	信息互动规则控制 FC15	0.4907	0.0411
言论审查 FC4	0.5336	0.0376	官方引导 FC16	0.6001	0.0323
IP 访问总量限制 FC5	0.3182	0.0550	自动回复调节 FC17	0.5772	0.0341
曝光量干预 FC6	0.3457	0.0528	数据特征分析 AC1	0.5064	0.0398

控制机制	熵值 h'	客观权重 PDEW	控制机制	熵值 h'	客观权重 PDEW
信息整合 FC7	0.3457	0.0528	控制效果分析 AC2	0.5944	0.0327
在线答疑 FC8	0.5864	0.0334	响应时间和持续时间分析 AC3	0.5064	0.0398
实时封禁 FC9	0.5804	0.0338	成本分析 AC4	0.5413	0.0370

第三节　网络媒介权力运作控制机制的综合权重计算

如果只使用人为判断的主观方式对网络媒介权力运作控制机制进行赋权，会因为过于浓重的主观意识，影响最终的结果判断以及权重评分。这样得出的结果不够科学、客观、冷静，说服力不强。但如果只根据客观数据测算的结果对网络媒介权力运作控制机制进行赋权，则同样面临着过于机械、刻板的问题，没有考虑人的主观能动性和真实感受，依旧没有说服力。因此，我们同时使用主观和客观两种方法对网络媒介权力运作控制机制的控制能力进行赋权计算，并使用拉格朗日乘子法，综合两者的意见，最终得出每一项网络媒介权力运作控制机制的综合权重。

（一）拉格朗日乘子法概述

拉格朗日乘子法又称拉格朗日乘数法，是以法国著名数学家约瑟夫·路易斯·拉格朗日命名的一种最优化问题求解函数，即拉格朗日乘子法是一种在受到一个或多个限制的条件下寻找多元函数中的某个变量的极值的数学方法。

在经济管理问题中，拉格朗日乘子法是一种解决问题的有效方式，因此也经常被管理学和经济学所使用。例如，通过微观经济学视角探寻研究消费者行为时，消费者均衡便是其所要阐述和解决的核心问题。而所谓消费者均衡，是一种消费者在进行消费时主要通过理性判断而促成的购买行为，这本不足为奇，但是欲望是无限滋长的，因此满足需要的有限手段和无限滋长的欲望之间就产生了矛盾。

消费者在保证所有其他商品的消费能力恒定不变时，会不断寻求消费某单一商品所带来的满足感，进而促进这种商品所带来的总效用感知的累积和增长，这也就是微观经济学中所说的消费者在消费能力恒定的情况下，会努力通过消费感知来提升边际效用，进而提升总效用。在这种情况下，商品数量、商品价格、总收入和可支配收入等就成为限制条件，而根据不同产品的边际效用与销售价格的差异，依循消费者均衡原则，就可以使用拉格朗日乘子法来解决这一决策问题。

拉格朗日乘子法能够将一个有 n 个变量和 m 个约束条件的最优求解问题，转换成为一个含有（n+m）个变量的方程组的求边界极限值问题，且其变量不受任何约束。此方法通过引入拉格朗日乘数这种新的标量未知数，以达到约束方程梯度的线性组合中每一个向量系数的目的。拉格朗日乘子法的具体证明过程牵涉全微分、偏微分等数学问题，目的是找出能让假设的隐函数的微分值等于零的解。

（二）拉格朗日乘子法公式推导

根据相关文献，我们使用离差最大化法求解综合权重 μ_i。离差最大法的中心思想是如果 i 个评价指标的评分评估对象均无区别，则表示该指标内所包含的有效潜在信息越少，相应地，则此项指标的综合权重为0。相反，如果该指标在不同评估对象中的评价区别较大，那么表示此项指标蕴含较多的潜在信息，即其综合评估中的影响力越大，相应地，其所占比的权重也应较大。

根据以上理论分析，第一步，构造拉格朗日函数如下：

$$F(e_i, \lambda) = \sum_{i=1}^{m} \sum_{j=1}^{n} \sum_{k=1}^{n} |r_{ij} - r_{ik}| e_i + \frac{\lambda}{2} \left(\sum_{i=1}^{m} e_i^2 - 1 \right) \quad (4.21)$$

第二步，对上述公式求偏导数，得到方程组：

$$\begin{cases} \dfrac{\partial F}{\partial e_i} = \sum_{j=1}^{n} \sum_{k=1}^{n} |r_{ij} - r_{ik}| + \lambda e_i = 0 \\ \dfrac{\theta F}{\theta \lambda} = \sum_{i=1}^{m} e_i^2 - 1 = 0 \end{cases} \quad (4.22)$$

求解方程组，得到最优解 e_i 为：

$$e_i = \frac{\sum_{j=1}^{n} \sum_{k=1}^{n} |r_{ij} - r_{ik}|}{\sqrt{\sum_{i=1}^{m} \left[\sum_{j=1}^{n} \sum_{k=1}^{n} |r_{ij} - r_{ik}| \right]^2}} \quad (4.23)$$

对所有指标进行归一化处理：

$$\mu_i = \frac{e_i}{\sum_{i=1}^{m} e_i} \quad (4.24)$$

最后可以得出每一项指标的综合权重为：

$$\mu_i = \frac{\sum_{j=1}^n \sum_{k=1}^n |r_{ij} - r_{ik}|}{\sum_{i=1}^m \sum_{j=1}^n \sum_{k=1}^n |r_{ij} - r_{ik}|} \quad (4.25)$$

（三）引入冲突性指标

我们根据罗赟骞等提出的改进算法，在得到网络媒介权力运作控制机制的控制能力指标的相关系数之后，可计算网络媒介权力运作控制机制指标间的冲突性。指标间冲突表示了此项指标与其他各项指标之间冲突程度的大小，冲突性越小，则表示这两个指标变化时所呈现出的信息量相互接近；而冲突性大，则说明了这两个指标变化时所呈现出的信息量差异很大。每一项网络媒介权力运作控制机制的指标冲突性计算方法为：

$$\varepsilon_i = \sum_{j=1}^m (1 - r_{ij}) \quad (4.26)$$

其中，r_{ij} 表示指标 i 与指标 j 之间的相关系数。第 i 个指标权重则是由指标自身变化大小而算出的权重 μ_i 和指标间的冲突性 ε_i 共同决定，最终指标权重 W_i 的计算方法为：

$$W_i = \frac{\mu_i \varepsilon_i}{\sum_{i=1}^n \mu_i \varepsilon_i} \quad (4.27)$$

此时的指标权重 W_i，不仅考虑单个指标的变化程度和该指标在综合评价中体现出的作用，同时兼顾了每个指标之间由冲突性而引起的综合影响与互相干扰。也就是说，通过引入指标间的冲突性问题，体现了具有较强冲突性的指标，是如何在综合评价中发挥较强作用的。同时从自身变化和冲突性两方面综合评价出控制机制对网络媒介权力运作的贡献程度。

在最终的网络媒介权力运作控制机制的综合权重计算方法选择问题上，迪亚莱卡（Diakoulaki）等人的研究表明，主成分分析法（Principal Component Analysis，PCA）、标准差法、等权重法与 CRITIC（Criteria Importance Through Intercriteria Correlation）法均具有一定的局限性。比如，CRITIC 法只考虑了自身权重的变化大小，主成分分析法会造成部分周边信息的丢失，等权重法的主观性过强等。本书中使用的计算方法既增加了冲突性指标，从而避免了 CRITIC 法只考虑自身权重的局限性，也综合考虑了周边元素，降低了信息丢失与过度主观对数据的影响。

（四）基于综合权重裁定法的综合权重计算

综上所述，我们同时根据拉克朗日乘子法和最小信息熵原理，将协调分析法计算出的主观权重和置换分布熵计算出的客观权重同时代入最终方程式，可计算出最终综合权重为：

$$W_i = \frac{\sqrt{SW \times PDEW}}{\sum_{i=1}^{n} \sqrt{SW \times PDEW}} \ (4.28)$$

通过计算和整理，我们最终得出的每一项网络媒介权力运作控制机制的主观权重、客观权重以及最终综合权重如表 4.7 所示。

表 4.7　网络媒介权力运作控制机制权重

一级指标	二级指标	主观权重 SW	客观权重 PDEW	二级指标综合权重 W	一级指标综合权重
预先控制	准入限制 PC1	0.0017	0.0469	0.0093	0.0593
	资产绑定 PC2	0.0137	0.0381	0.0238	
	实名关联 PC3	0.0156	0.0405	0.0262	
	先控后验 FC1	0.0400	0.0366	0.0399	0.7747
	有偿申诉 FC2	0.0327	0.0366	0.0360	
	限时应答 FC3	0.0525	0.0543	0.0556	
	言论审查 FC4	0.0366	0.0376	0.0386	
	IP 访问总量限制 FC5	0.0296	0.0550	0.0420	
	曝光量干预 FC6	0.0328	0.0528	0.0434	
	信息整合 FC7	0.0644	0.0528	0.0607	
现场控制	在线答疑 FC8	0.0690	0.0334	0.0500	
	实时封禁 FC9	0.0700	0.0338	0.0507	
	延迟播报 FC10	0.0454	0.0631	0.0558	
	设置冷静期 FC11	0.0484	0.0341	0.0423	
	退出限制 FC12	0.0344	0.0539	0.0449	
	动态调整用户级别 FC13	0.0524	0.0326	0.0431	
	用户分流 FC14	0.0339	0.0411	0.0389	
	信息互动规则控制 FC15	0.0421	0.0411	0.0433	
	官方引导 FC16	0.0634	0.0323	0.0471	
	自动回复调节 FC17	0.0485	0.0341	0.0424	

续表

一级指标	二级指标	主观权重 SW	客观权重 PDEW	二级指标综合权重 W	一级指标综合权重
成果控制	数据特征分析 AC1	0.0428	0.0398	0.0430	0.1660
	控制效果分析 AC2	0.0487	0.0327	0.0416	
	响应时间和持续时间分析 AC3	0.0284	0.0398	0.0350	
	成本分析 AC4	0.0537	0.0370	0.0464	

从表 4.7 可以看出，在综合测定的结果中，网络媒介权力运作控制能力最强的控制机制是现场控制中的信息整合控制机制，其权重达到了 0.0607，这可能是由以下几个因素所导致的。第一，网络媒介相较于传统媒介的一大区别是其具有边际模糊性，用户需要在无边无际的信息海洋中找寻符合自身消费需求的有效信息。信息整合的控制机制则是借助大数据的分析手段，总结和整合出相关信息的关键信息节点呈现给网络媒介用户，这些关键信息节点成功地扮演了信息锚点的角色，让无边无际的信息消费行为变得有始有终，很好地解决了网络媒介边际模糊性的问题。第二，信息整合具有非常显著的聚焦作用，它借助框架理论来控制和引导网络媒介用户的权力运作行为。框架理论认为对于一个人来说，客观的真实性源于其对情境的定义。这种定义既可以是指活动顺序的"条"，又可以是指用来界定条的组织类型的"框架"。这其中，框架是人们将社会的真实情节转换为主观思想的重要依托，也就是个体或群体对事物的主观评判。某种事物或行为一旦被赋予了某种框架，那么将会通过涵化理论和培养理论不断地传播和固化，在不知不觉中诱导更多的人对客观的事实产生框架赋予的主观评判。也就是说，这种通过涵化和培养而达成的网络媒介权力运作控制行为，更加符合媒介权力的客观运作规律和发展状态。第三，信息整合控制机制之所以取代了之前主观权重中排名第一的实时封禁控制机制，是因为信息整合是一种诱导手段而非强制封锁手段，其并没有强行干预网络媒介用户的权力运作过程，而是给予充分的资源与行动自由，让用户完全自主地运作网络媒介权力，是一种权威权力中"自治"的高级表现。虽然这些资源的提供可能存在网络媒介的"成见"或守门人的"关隘"，但是选择依靠和相信这些已知的"成见"和"关隘"，依然是用户的自由意志所决定的。故而，相比实时封禁这种强硬的控制机制，信息整合不会引起网络媒介用户的反感与抵制，并且这种柔性控制更加符合网络媒介权力这种软控制行为的运作方式。第四，信息

整合控制机制做到了疏堵同为，首先，疏通了网络媒介用户进行网络媒介权力运作的渠道，让一般网络媒介用户的网络媒介权力得到了应有的尊重，并掌握运作和行使权力的机会。其次，网络媒介平台在信息整合的过程中，或人为或自然地屏蔽了网络媒介权力运作的某些极端行为，堵塞了其影响他人的信息通路，挤压了谬误信息与权力失范的运作空间，从而控制住了不良网络媒介权力运作的传播和扩展。

　　本章我们根据之前设计完成的网络媒介权力运作控制机制的评价体系对其中每一项具体控制机制进行了权重赋值，以判断网络媒介权力运作控制能力的大小。首先，我们通过协调分析法对网络媒介权力运作控制机制进行了主观赋权，结果发现，根据专家学者的主观判断和经验感受，实时封禁被判断为控制能力最强的控制机制，但是为了更科学、客观地评价整个系统，我们引入信息熵理论对主观赋权进行修正。

　　其次，为了弥补香农信息熵对局部数据变化感知不明显的缺陷，我们引入置换分布熵的理论和客观计算方式，对数据进行收拢和聚集，客观指标分别认为动态调整用户级别和延迟播报是最为重要的网络媒介权力运作控制机制。最后，我们加入了冲突性指标的干扰噪声的影响，并得出信息整合是综合权重最大的网络媒介权力运作控制机制。这个结果不仅兼顾了主观认知判断和客观数据分析，而且考虑到了机制内部的冲突性干扰。我们分析认为，信息整合更加符合媒介权力软实力的运作方式，并且做到了疏堵同为。其通过权力中权威权力的发挥，在不过度引发用户反抗情绪的前提下，正向引导了网络媒介的权力运作，实现了网络媒介权力运作健康、平稳地发展。

第五章

网络媒介权力运作控制机制的仿真实验

为了更加直观地表达每一种网络媒介权力运作控制机制对网络媒介信息传播的控制和管理能力，同时也为了验证网络媒介权力运作机制控制能力权重的真实影响力，作者将采取数据仿真的方法，对一些具有代表性的网络媒介权力运作控制机制进行图像输出和能力检验。本章的仿真实验不仅是对前几章理论分析的实践验证，更是进一步深入研究网络媒介权力运作控制机制的必经之路和必要手段，为接下来策划和制定网络媒介权力运作的控制对策提供依据和奠定基础。

第一节　仿真实验模型的构建

（一）流行病模型与传播动力学研究

由于现实中的信息传播方式与流行病医学研究中的传染病发展变化模式具有极高的相似度，因此，学者们经常借用流行病模型的传播理念和传播方式来对照信息的传递和扩散，并且将其用于信息传播的模拟仿真研究。经常被使用的模型包括 SI 模型（Susceptible Infected Model）、LT 模型（Liner Threshold Model）、IC 模型（Independent Cascade Model）等，后来经过众多学者多年的深入研究与打磨精进，这些模型一点点变得更为精细和全面，并在各自的基础上发展出了预测结果更为准确的二代及三代升级模型，方便研究者根据实际情况找寻并应用与各自研究匹配程度更佳的信息传播研究模型。比如，SIS 模型（Susceptible Infected Susceptible Model）、SIR 模型（Susceptible Infected Recovered Model）、SIRS 模型（Susceptible Infected Recovered Susceptible Model）、CSR 模型（Credulous Spreader Rationals Model）、CASR 模型（Credulous Affected Spreader Rationals Model）、DIC 模型（Dynamic Independent Cascade Model）和 SEIR 模型（Susceptible Exposed Infected Recovered Model）等。

早在 1967 年，哈佛大学心理学教授米尔格拉姆（Milgram）便创立了六度分割理论，这个理论也成为日后社交媒体、即时通信软件甚至是整个网络媒介运转的理论奠基。由于完全自由开放，网络中诞生了各种各样、丰富多彩的信息，这些信息在网络中肆意传播和扩散，一旦有人接收到这些信息并被这些信息所影响，那么信源就等于具备了一定的网络媒介权力。由于网络媒介的虚拟性，网络媒介权力运作的践行者在大部分情况下都可以不为自己的线上行为负责，这也就间接导致了部分敏感信息在社交网络上的诞生与传播，甚至使得错误舆论导向及不良信息的扩散面积、蔓延速度等难以控制。为了尽量避免这种情况发生时对社会造成真实的危害或不良影响，传播学、管理学、情报学、通信学等学科的研究者们便开始"齐聚一堂"，借助流行病模型，对信息传播的能力以及网络媒介权力的运作能力进行预测和判断。

21 世纪以来，通过流行病模型研究网络媒介传播能力和网络媒介权力运作的相关课题数量迅速攀升，成为众多海内外学者的研究热点。近几年，关于网络社交媒介的信息传播规律、传播能力预测、传播控制以及媒介权力判断的问题，更是不断引发众多国内外学者的广泛讨论和密切关注，如何在网络媒介中实现对信息传播能力的控制从而实现对网络媒介权力运作的掌控，以降低不实信息、不法信息、不良信息扩散传播所带来的负面影响，对国家安定、社会安稳、网络安全都具有十分重要的现实意义。吴（Woo）等人在 2011 年通过对 SIR 模型的改良，在原有基础上建立了针对网页论坛话题信息的传播模型，实现了独立网页论坛对单个话题的最大参与者数量和对整个网站的媒介权力的影响力的精确测算，并于一年后成功证明，新模型 Event-Driven SIR 比原 SIR 更适合独立网页论坛中热点事件传播能力的测算。王（Wang）等人在充分考虑了社会加强因素对媒介权力的影响后，通过对 SIR 模型的第二次改良，提出了网络媒介信息传播的谣言传播模型 CSR。次年，王辉等对 CSR 谣言传播模型进行了改进，应用传播规则和传播动力学方程，加入了个人信息阈值对信息接收概率的影响，并基于此提出了改进后的 CSR 谣言传播模型。除对模型的改进和创新之外，应用流行病模型研究出的应用型理论，也是硕果累累。例如，胡（Hu）等人的研究证明了，在网络媒介中，拥有较大媒介权力的个体可以大大提高信息的传播效率和增加信息的影响力。昂内拉（Onnela）等人通过备注通信录，研究了用户的社交联络状态与社交结构的互动关系，研究发现，强联络主体的主要作用在于强化虚拟社区结构，而弱联络主体的主要功能则为保持全局结构关系的稳定。我国学者黄宏程等基于严格可控理论，将网络媒介中的不同的连边权值关系分为强关系和弱关系，并对社交网络信息传播控制方法进行了探讨研究和数据实验。

总之，关于网络媒介权力应用和在线社交媒体信息传播的模式和规律研究被统称为传播动力学机制研究，是社会科学、信息科学与计算机网络拓扑学三者交叉研究的重要前沿方向。具体的研究内容和研究工作更是广泛涉及管理学、医学、物理学、生物学等多个学科类别，属于非常典型的跨学科交叉研究。相关研究不仅拓展了网络科学研究所涵盖的对象，而且可以从理论层面，一定程度上弥补信息科学、社会科学和管理科学等其他科学在研究网络媒介中信息传播的现有不足，为交叉科学的研究提供一定的理论支持，并能够在一定程度上解决在线社交网络媒介发展的重大理论和现实问题。

（二）仿真实验的基本概念定义与模型构建

为方便接下来的研究与表述，我们首先定义以下几个基本概念：

首先，将网络媒介中的每一个媒介权力主体单位定义为一个独立的"节点"。其次，将媒介权力运作主体单位之间的信息传递关系定义为"连边"，每有一个权力主体受到关注，则形成一条"连边"，而网络媒介结构则是通过"连边"连接不同的"节点"所形成的。根据这个定义我们便可以将网络媒介结构模拟成一个具体的、可知的网络拓扑结构，并应用 SEIR 流行病模型对网络媒介的权力运作和信息传播进行数据模拟仿真研究。本书选择 SEIR 模型的原因主要有以下四点：

第一，SEIR 模型属于第三代流行病传播模型（图 5.1），模型本身完善程度高，应用范围广泛，且具备一定的前沿性和科学性。

第二，相较于 SIR 模型，SEIR 模型增加了潜伏期人群（Exposed），对于网络媒介权力运作研究的实际情况而言，并非每一个接收到信息的人都会第一时间给出明确的态度并行使自身的网络媒介权力，因此拥有潜伏期的 SEIR 模型比 SIR 模型更适合用于网络媒介权力运作的模拟仿真研究，得出的结果也更加准确。并且，潜伏人群的 E 不会传播疾病，也符合无立场用户人群不会进行信息传播、暂时放弃运作网络媒介权力的特点。

第三，本书之所以没有使用 SIRS 模型或更复杂的 SEIRS 模型，是考虑网络媒介权力运作的真实情况，如果用户已经达到了信息的接纳上限，生成信息茧房或注意力被另外的信息分散，就会完全退出对前一话题信息的网络媒介权力运作与争夺，也就是说，已经退出网络媒介权力运作的免疫人群（Recovered），不会再因信息产生传播或网络媒介权力运作行为而对易感人群（Susceptible）产生影响，因此，不选用 SIRS 或 SEIRS 模型。

第四，SEIR 模型更符合本书研究问题的实际情况模型。在 SEIR 模型中对总体人群密闭且总人口数量恒定不变和处于潜伏期的人群虽然不会传播疾病但是必然发病的两项基本假设，符合单一密闭网络媒介平台对成熟用户网络媒介权力运作的精准计量和态度摇摆不定的潜伏期人群不会运作网络媒介权力来消耗自身资源对信息进行传播的真实状况。

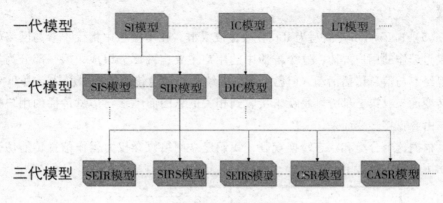

图 5.1 流行病模型发展示意图

当网络媒介权力从某一个节点或某几个节点开始出现运作行为并逐渐影响蔓延至整个网络时，由于每个网络媒介权力主体所处的初始位置不同，拥有的资源不同，传播的重点方向、节点所表达的知识、兴趣、爱好、关注点不同，会导致来自相同信息源媒介权力运作结果的不同。因此，我们将 Infected 的用户人群具体分为两类，其中一类为与信源秉持相同观点的 Infected（agree）媒介权力运作主体人群，另一类为与接收信息意见相左的 Infected（object）媒介权力运作主体人群。这样的具体分类方式更加符合现实生活，网络媒介用户对待他人网络媒介权力运作所传播出信息的真实态度和反应，也能更准确地检测网络媒介权力运作控制机制的控制能力。所以，根据流行病模型的理论分析和网络媒介权力运作信息传播实际不同的情况，本书将网络媒介中的权力主体可能出现的状态进行如下分类：

（1）Susceptible（简写为 S）代表易感染人群，在本模型中指代还未接收到信息并可能接收到信息的用户群体，不参与网络媒介权力运作。

（2）Exposed（简写为 E）代表潜伏人群，在本模型中指代已接收到信息，但是对信息中所表述的观点尚未产生明确态度，即态度摇摆不定的用户群体，不参与网络媒介权力运作。

（3）Infected（agree）（简写为 Ia）代表已感染人群，在本模型中指代那些认同信息传播者的用户群体，即这些信息感染者与初始信息源的态度一致，持有相同观点，参与网络媒介权力运作，并可能转变为 Io 人群。

（4）Infected（object）（简写为 Io）同样代表已感染人群，在本模型中指代那些不认同信源信息的内容、态度、观点的用户，即这些信息感染者与初始信息源的态度不同，持有反对观点，参与网络媒介权力运作，并可能转变为 Ia 人群。

（5）Recovered（简写为 R）代表免疫人群，在本模型中指代不参与网络媒介权力运作的用户群体，这个群体中的用户主要由两部分组成，第一部分为虽然曾经参与信息传播活动，但已经不再继续参与信息传播的用户群体，由 Ia 和 Io 转变而来；第二部分则是从未接收到相关信息因而不参与信息传播的用户群体，由 S 直接转变而来。

根据这个分类和状态转换规则，我们建立网络媒介权力运作信息传播仿真 SEIR 模型如图 5.2 所示。

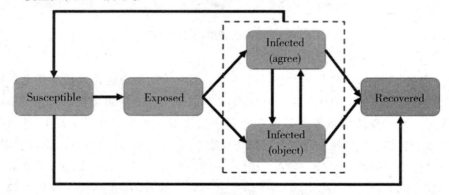

图 5.2 网络媒介权力运作信息传播仿真 SEIR 模型

第二节　数据模拟仿真实验及结果分析

（一）仿真实验工具介绍

本书将根据现实网络媒介信息传播的真实情况和网络媒介权力运作的真实状态，在虚拟的环境中模拟各层次用户主体的网络媒介权力运作并予以观测和输出结果。作者根据之前的理论分析和模型选择，使用 C#语言编写了一款能够模拟真实网络媒介权力运作路径和状态的数据仿真模拟器——网络媒介权力运作控制机制 SEIR 数据仿真模拟器。其 UI 用户操作界面如图 5.3 所示。模拟器会根据输入的节点数和连边数随机生成可转化的网络媒介权力运作拓扑结构，并计算出平均度。然后，用户可以根据实验需要，输入初始的用户状态，并定义网络媒介权力运作每一个环节的有效性，通过传播周期的递进，观察网络媒介权力运作对用户的影响情况，并最终生成图像。为了模拟在信息传播期间，加入新的网络媒介权力运作控制机制对整个网络媒介信息传播的影响状态，本软件还支持在任意传播周期时间节点处更改权力运作有效性，以达到更好地观测网络媒介权力运作控制机制对信息内容、传播状态和用户行为状态的影响能力。

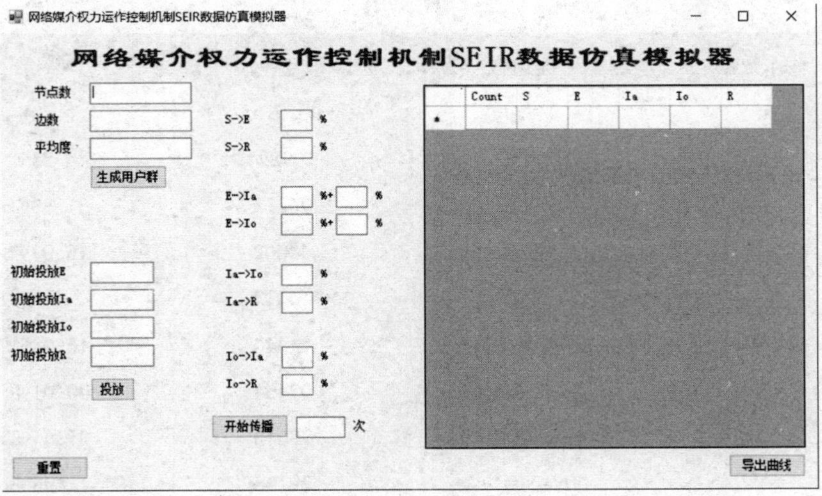

图 5.3 网络媒介权力运作控制机制 SEIR 数据仿真模拟器用户界面

（二）实验数据来源

为了更真实地模拟出现实情境网络媒介平台各层次主体用户的网络媒介权力运作情况，研究者将从真实的网络媒介平台获取真实的用户数据作为基底进行仿真实验分析。真实的基底数据所呈现出的数据节点数量、连边数量、用户性别、用户等级、活跃程度等更加符合真实情况中，用户的初始位置、社会资源、所属群体等基本用户特征。这样仿真模拟出的数据结果，不但更加符合我国网络媒介权力分布和运作的真实情况，而且保证了仿真数据的真实性、客观性、有效性和普适性。

本次研究采用的基底数据为 2020 年 bilibili 网站中的部分用户数据，原始数据是在中国专业 IT 社区 CSDN（Chinese Software Developer Network）中购买得到的，数据包是由网络工程师"折竹"通过爬虫工具获取的网站真实数据。数据包中为 bilibili 网络媒介平台的部分用户数据，其中包括用户名、性别、关注数、粉丝数、收藏作品、活跃程度、用户等级等共 947，228 条不涉及个人隐私的用户信息。经过统计，原始数据包中共包含有效节点 947，194 个，连边数 187，766，202 条。因为数据量过大并不利于软件的仿真模拟和计算处理，因此作者以用户名首字母为筛选条件，随机抽取了 243，551 名用户作为本次仿真实验的用户样本数据，样本数据的基本特征如表 5.1 所示。

表 5.1　Bilibili 网络媒介平台用户样本数据基本特征（N=243551）

项目	指标	数量	百分比
整体数据	节点数	243551	N\A
	连边数	19707010	N\A
	平均度	80.9153	N\A
性别	男	109224	44.85%
	女	76313	31.33%
	保密	44002	18.07%
	缺省	14012	5.75%
用户等级	0—1 级用户	41346	16.98%
	2—3 级用户	97454	40.01%
	4—5 级用户	75613	31.05%
	6 级用户	29138	11.96%

由表 5.1 可知，样本数据中共包含 243，551 位网络媒介权力运作主体用户，即存在网络媒介信息传播节点 243，551 个。这些网络媒介权力运作主体用户共拥有 19，707，010 位关注者，也就是说，本样本数据中共存在 19，707，010 条连边可以进行信息传递。网络媒介权力运作的平均度为 80.9153。在样本数据中，已知为男性用户的数量最多，为 109，224 位，占整体样本中的 44.85%，已知为女性的用户共 76，313 名，占样本总量的 31.33%，其中还有 44，002 位用户没有选择公开其性别信息，及 14，012 名用户未填写性别信息。根据作者以往的经验，选择隐藏用户性别信息的网络媒介权力主体多为女性，其原因多为自我保护和避免骚扰，据此可以推断出，数据样本中的男女比例大致均衡。Bilibili 网络媒介平台将用户分为 0 级用户到 6 级用户，共 7 个等级。样本中 2—3 级的用户数量最多，共 97，454 名，占样本数据总量的 40.01%，6 级用户的数量最少，为 29，138 名，占样本总量的 11.96%，样本数据整体基本符合正态分布规律。

（三）网络媒介权力运作预先控制机制的仿真实验及结果分析

1. 对准入限制预先控制机制的仿真实验

预先控制机制中的准入限制是指通过一定的技术手段提高用户进入网络媒介的准入门槛，以达成在信息传播和交互行为产生之前，对网络媒介权力的运作形成一定的干预和控制。这种控制机制通常表现为在用户登录和注册网络媒介时，通过核对验证码或认知判别的方式来延长用户操作所需时间和提升登录困难程度。在 SEIR 模型中，我们可以将未登录网络媒介的权力主体用户视为易感人群，在网络媒介中进行信息交互并影响其他权力主体的人群视为感染人群，那么处于这两者中间，登录网络媒介却没有开始信息交互的权力主体用户就可以被视为潜伏人群。准入限制的提高，就是增加了用户登录的难度和提高了门槛，也就是降低了易感人群成为潜伏人群的概率。据此，我们对样本数据进行了仿真测试，结果如图 5.4 所示。

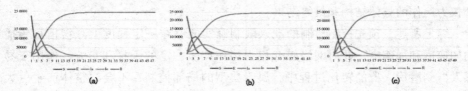

图 5.4　准入限制控制机制仿真实验曲线图

图 5.4 中图像（a）为初始投放 Ia 用户 20,000 名，且没有添加任何控制机制的网络媒介权力运作曲线图，图像（b）和（c）则是两次初始投放 Ia 用户 20,000 名，并且添加准入限制预先控制机制的网络媒介权力运作曲线图。对比图片 5.4 中的三个曲线图，我们可以看出以下几点：首先，从整体趋势上，在增加准入限制控制机制以后，图像（b）和（c）中潜伏人群和感染人群的曲线变化显得平缓，峰值也有所下降。其次，在没有控制机制介入的情况下，图像（a）中仅用时 7 个传播周期，感染者就完成了对易感人群的全部感染，而在加入了准入限制控制机制之后，两次仿真分别是在第 9 和第 11 个传播周期才完成对易感人群的全部感染。最后，图像（a）中在没有任何控制机制的情况下，用时 47 个传播周期，完成了对所有易感人群的转化，也就是说，本次网络媒介权力运作从开始到结束共用时 47 个单位。然而，在加入准入限制预先控制机制之后，图像（b）中仅仅耗时 43 个传播周期就完成了本次网络媒介权力运作的整个流程，图像（c）中则共耗时 49 个传播周期才完成本次网络媒介权力运作的整个流程。

通过对图 5.4 中数据结果的对比和分析，我们可以做出如下推断：

（1）在两次加入控制机制之后的仿真结果中易感人群的完全转化时间都比未加入控制机制时要长，因此，我们认为预先控制机制的准入限制的确能够在一定程度上放慢信息传播的初速度和加速度，从而对网络媒介权力运作产生一定的干扰和影响，以达到对网络媒介权力运作的控制。此外，潜伏人群和感染人群的峰值有所下降，也是因为传播速度的降低而出现数据局部变化，但其影响能力并未对网络媒介权力运作造成结构化影响，其局部影响力也只在一定范围之内产生了控制效果。

（2）准入限制对网络媒介权力运作的整体控制能力非常有限，基本无法对整体状态产生影响。在加入控制机制的两次数据仿真实验中，其中一次仿真实验整体运作周期小于未加入控制机制的对比数据，还有一次稍微比未加入控制机制的对比数据略微提升。这说明，预先控制机制的准入限制不能影响网络媒介权力运作的整体结构和最终结果。

综上所述，预先控制机制的准入限制确实能够在一定程度上减缓信息传播的初速度和加速度，并对网络媒介权力运作产生一定的干扰和影响，作用于易感人群到潜伏人群的转化过程中，属于典型的局部控制，不会对整体产生巨大影响。换言之，其对整体网络媒介权力运作的控制并不够显著。

2. 对资产绑定和实名关联预先控制机制的仿真实验

资产绑定和实名关联都是以绑定现实社会的有效资源或真实身份作为保障，并以此为威胁手段，增加网络媒介权力运作主体信息互动行为所伴随的潜在风险，继而降低网络媒介权力运作主体失范行为发生的可能性，是典型的工具权力控制机制。在 SEIR 模型中，这种预先控制机制的作用在于降低了错误言论和非主流信息互动行为出现的概率，我们可以将真实信息、主流言论视为 Ia，而一些失范的网络媒介权力运作行为和不良信息传递视为 Io。因为资产绑定和实名关联两种预先控制机制的介入，会增加网络媒介权力运作主体在出现权力运作失当行为时的真实潜在威胁，会被迫面临难以逃避责任的现实处罚，故而降低了网络媒介权力运作主体宣传不良信息、出现网络媒介权力失当运作的可能性，也就是 Io 群体出现和转化的概率。据此，我们对样本数据进行了仿真测试，结果如图 5.5 所示。

在图 5.5 中，图像（a）为初始分别投放 Ia 用户及 Io 用户各 5000 名，且没有添加任何控制机制的网络媒介权力运作曲线图，图像（b）是初始分别投放 Ia 用户及 Io 用户各 5000 名，并且添加了资产绑定预先控制机制的网络媒介权力运作曲线图，而图像（c）则同样为初始分别投放 Ia 用户及 Io 用户各 5000 名，并

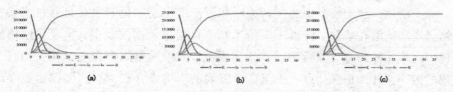

图 5.5 资产绑定、实名关联控制机制仿真实验曲线图

且添加了实名关联预先控制机制的网络媒介权力运作曲线图。对比图 5.5 中的三个曲线图，我们可以看出以下几点：首先，图像（b）与图像（c）相较于图像（a）来说网络媒介权力运作失范人群 Io 的曲线明显呈现扁平趋势，两者的峰值明显较低。其次，两种控制机制使得 Io 曲线的归零时间略微有所提升，在图像（a）中，Io 在第 10 个传播周期开始呈现下降趋势，在第 30 个传播周期人数下降到百人以内，在第 58 个传播周期完全归零，图像（b）中 Io 在第 8 个传播周期开始呈现下降趋势，在第 27 个传播周期人数下降到百人以内，在第 44 个传播周期就已完全归零。图像（c）中 Io 同样是在第 8 个传播周期开始呈现下降趋势，并且在第 28 个传播周期人数下降到百人以内，在第 52 个传播周期完全归零。最后，三组数据的网络媒介权力运作的完整周期数分别是 64、61 和 59。（见表 5.2）

表 5.2 资产绑定、实名关联网络媒介权力运作控制机制数据结果

图像	控制机制	停止上升	人数<100	人数归零	运作完成
（a）	无	10	30	58	64
（b）	资产绑定	8	27	44	61
（c）	实名关联	8	28	52	59

通过对图 5.5 中数据结果的对比和分析，我们可以做出如下推断：

（1）预先控制中的实名关联和资产绑定控制机制可以有效降低潜伏人群转变为非主流信息的传播群体的概率，减少网络媒介权力运作失当群体的累积和聚集，更能够有效地缓解网络媒介权力不当运作的对抗压力，从而小幅度增强了把持主流信息的网络媒介权力运作主体的传播力和影响力。

（2）资产绑定和实名关联两种控制机制也能够在一定程度上加速非主流信息和谣言的沉默和消解速度，为网络媒介权力运作释放更多的可操作空间。

（3）由于谣言的沉默和消解，在一定程度上引发了沉默的螺旋效应，正确的主流信息传播更加顺畅，从而缩短了网络媒介权力完全运作所需的传播周期时间。

综上所述，预先控制中的实名关联和资产绑定控制机制主要是通过工具权力增强真实的潜在威胁，降低不实信息和不良信息传播的概率，实现对网络媒介权力运作主体信息交互行为的转化和规范，减少网络媒介权力运作失当行为出现的概率，并为正确信息和主流声音需要的网络媒介权力运作腾挪出更多的机会，进而提高传播效率，缩短传播周期。

（四）网络媒介权力运作现场控制机制的仿真实验及结果分析

1. 对信息整合现场控制机制的仿真实验

根据上一章的研究，我们得出了现场控制机制的信息整合是网络媒介权力运作控制机制中的最为有效的控制机制，其综合权重得分达到了 0.0607，也是唯一一项综合权重得分大于 0.06 的控制机制。信息整合的控制机制是通过整合大量的相同或相似信息内容，将其中重复出现的关键信息进行统一精练并标签化，再度呈现给网络媒介权力主体，以达到辅助用户快速浏览信息、形成印象、提供帮助、抓取焦点、引导权力运作的目的。准确地说，信息整合现场控制机制是从多个方面对网络媒介权力运作进行影响和引导，并最终达到控制网络媒介权力运作的目的。信息整合作为一种符合媒介权力运作规律的软控制手段，不仅具有极大的包容性和耐久力，还能够快速对网络媒介权力失范运作第一时间做出响应，也能持续对网络媒介权力运作产生长期影响，同时也具有非常强的广泛应用性和适应能力，适用于各种情况下的网络媒介权力运作管理。在 SEIR 模型中，信息整合控制从网络媒介权力运作主体浏览信息行为伊始，就已经在潜移默化地发挥作用了。信息整合出的标签会更优先、更高效地吸引网络媒介权力运作主体的注意力，因此信息整合不仅大大地增加了潜伏人群转化为网络媒介权力规范运作行为践行者的概率，同时利用信息茧房效应，有效地避免了潜伏人群跳脱思维禁锢、脱离信息整合标签引导轨迹的问题，并降低了网络媒介权力脱轨失当运作的概率。不仅如此，标签化的信息整合对已有立场的网络媒介权力运作主体单位也是一种影响和干预，由于沉默的螺旋效应，通过信息整合后的信息将以标签化形式再度呈现，这会导致更多的用户加入主流信息传播言论之中，还可以有效阻止正确网络媒介权力运作的异化。也就是说，信息整合现场控制机制改变了原本 I_a 和 I_o 对称的转化概率，不仅使得 I_o 更多地转化为 I_a，还降低了 I_a 转化成 I_o 的概率。因为信息整合后的标签化信息呈现，为本来无边无际的网络媒介权力运作轨迹划定了一定的结点和范围，使得网络媒介权力运作行为有了仪式化的"结束"状态。所以，信息整合也促进了感染人群向免疫人群的转化，更加有利于网络媒介权力运作的规范和固化。据此，我们对样本数据进行了仿真测试，结果如图 5.6 所示。

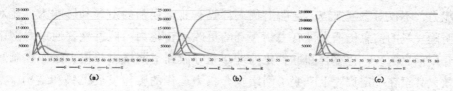

图 5.6 信息整合控制机制仿真实验曲线图

在图 5.6 中，图像（a）初始投放 Ia 及 Io 用户各 5000 名，是并没有施加任何控制机制的网络媒介权力运作仿真曲线图，图像（b）和（c）初始投放 Ia 及 Io 各 5000 名，是加入了信息整合现场控制机制的网络媒介权力运作仿真曲线图。对比图 5.6 中的三次数据仿真实验结果，我们很容易发现，当没有添加任何控制机制时，网络媒介权力在完全自由发展及运作的情况下，对信息传播内容的正面表达和负面表达基本是相同的，两者无论是曲线的变化程度还是峰值都非常相似，且在个别几个传播周期中，Io 的网络媒介权力运作主体用户人群数量甚至微微超过了 Ia 的人数，整个网络媒介权力运作也经历了 105 个传播周期，才完全结束。而在添加了信息整合控制机制的两次数据仿真实验中，正向网络媒介权力运作表达群体 Ia 得到提升，负向网络媒介权力运作表达群体 Io 增长减缓，两者的差距变得极为明显。同时网络媒介权力运作完成所需要的传播周期也得到了显著的缩短，图像（b）和图像（c）分别只经过了 64 个传播周期和 80 个传播周期就完成了网络媒介权力的整体运作。但是，信息整合控制机制对图像中易感人群 S 和潜伏人群 E 的影响并不明显，在三次数据仿真实验中，对易感人群的完全转化分别发生在第 11、10 和 11 个传播周期，基本没有变化，而对于潜伏人群的完全转化则分别发生在第 22、19 和 21 个传播周期，略有提升但并不明显。

通过对图 5.6 中数据结果的对比和分析，我们可以做出如下推断：

（1）信息整合现场控制机制能够有效地引导潜伏人群正确、规范进行网络媒介权力运作，并减少错误网络媒介权力运作的人群数量和降低其影响力。

（2）信息整合主要是对潜伏人群的态度转变产生影响，和对已有立场的感染人群进行转化，对易感人群的作用并不明显，只是能略微加快潜伏人员转化为明确立场的传播人员的速度。

（3）信息整合通过正确地引导网络媒介权力运作行为，挤压了异化网络媒介权力运作的空间，能够加快网络媒介权力整个运作流程的速度，大大提升了网络媒介权力运作控制的效率。

综上所述，信息整合网络媒介权力运作控制机制具有很强的控制能力和干预能力，不仅对态度摇摆不定的潜伏人群具有非常强劲的引导和影响力，还对已明确立场的信息传播人员有去伪存真的更改和转化力。信息整合通过对网络媒介中信息的统一化整合和标签化处理，充分做到了网络媒介权力运作控制和增效，甚至在一定程度上改变了网络媒介权力运作的整体发展态势和结构，是非常有效的网络媒介权力运作控制机制之一。

2. 对实时封禁现场控制机制的仿真实验

在网络媒介权力运作控制机制的主观打分阶段，实时封禁现场控制机制当之无愧地斩获了最强控制机制的头衔，同时它也以 0.070 的权重得分位列全部得分项的首位。虽然在加入了冲突性指标和分布信息熵等多种考虑之后，这种控制机制的权重有所下降，但不可否认，其依然属于一种强有力的网络媒介权力运作控制机制。在 SEIR 模型中，实时封禁是通过迅速提高传染人群转化为免疫人群的概率，以实现大幅度降低感染人群的传播能力，减少感染人群与易感人群接触的机会，并尽量使易感人群直接转变为免疫人群，结束整个网络媒介权力运作流程和行为。换言之，我们将原有的网络媒介权力运作主体视为 I，其中 Ia 代表规范网络媒介权力运作的传播人群，Io 表示网络媒介权力运作失范人群，将封禁后的网络媒介权力运作主体视为 R。根据上述分析，我们对样本数据进行了仿真测试，结果如图 5.7 所示。

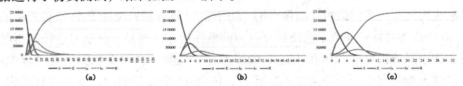

图 5.7　实时封禁控制机制仿真实验曲线图

在图 5.7 中，图像（a）和图像（b）均为初始投放 7000 名 Ia 用户及 3000 名 Io 用户，其中图像（a）为没有施加任何控制机制的网络媒介权力运作对比曲线图，图像（b）为添加了实时封禁现场控制机制的网络媒介权力运作曲线图。图像（c）同样是添加了实时封禁控制机制后的网络媒介权力运作曲线图，但是其 Ia 和 Io 的初始投放量分别为 14000 和 6000。对比图 5.7 中的三个图像，首先，我们可以明显看出在加入了实时封禁控制机制后，网络媒介权力运作出现了结构性的改变。在正常情况下，参与信息传播的潜伏人群和权力运作最活跃的感染人群的用户群体数量都会呈现类似抛物线一样的变化趋势，并且最终所有参与网络媒介权力运作的群体都会归于免疫人群，从而标志着权力运作的完全结束。但是，在加入实时封禁现场控制机制以后，Ia 和 Io 曲线都发生了显而易见的变化。Io 人群的上升趋势完全消失了，从一开始便直线下降，直至归零，即便偶尔出现的个别主体企图运作网络媒介权力，也会马上以失败告终。Ia 曲线在上升的阶段加速度明显放缓，峰值降低，并且呈现出 S 形攀爬趋势。另一方面，网络媒介权力运作的结束标志不再是所有网络媒介权力运作主体转化成为免疫人群 R，而是出现了不存在潜伏人群 E 和感染人群 I，只留有易感人群 S 与免疫人群 R 并存，且不再有信息传递和人群转化的停滞状态。图像（b）中最终剩余易感人群 5 人，图像（c）中最终剩余易感人群 35 人。其次，对比图像（a）和（b），我们可以看出，当加入实时封禁控制机制后，网络媒介权力运作的整个周期明显缩短，仅用时 49 个传播周期，比正常情况下提前了 71 个传播周期，效率提升约 59.2%。对比图像（b）和（c），我们也可以看出，当初始投放感染人群数量增多时，网络媒介权力完全运作所需的传播周期会进一步缩短，仅耗时 32 个传播周期就完成了对网络媒介权力的整体运作。最后，图像（b）和（c）相较于图像（a），无论是正向网络媒介权力运作主体还是负向网络媒介权力运作主体，人群下跌时的斜率都要更陡峭。

通过对图 5.7 中数据结果的对比和分析，我们可以做出如下推断：

（1）实时封禁能够快速结束当前话题和信息的网络媒介权力运作状态，并且在实施干预时的权力运作参与者越多，其对网络媒介权力运作的控制能力越强，整体运作结束得也越快。

（2）实时封禁能够改变网络媒介权力运作的整体发展态势和结束局面，属于非常强硬的控制机制。

（3）实时封禁可以实现感染人群向免疫人群的快速转化，从而保护易感人群不会受到影响。

综上所述，实时封禁是一种非常强硬的网络媒介权力运作控制手段，主要是对感染人群进行强干预，加速感染人群转化成为不参与信息传播的免疫人群，促使网络媒介权力运作整个流程的加速完结。最终通过实时封禁的快速消耗，达成只剩余易感人群和免疫人群，并且不再出现信息互动以及网络媒介权力运作的完结状态。

3. 对言论审查、延迟播报、信息互动规则限制等现场控制机制的仿真实验

现场控制中的延迟播报控制机制曾是客观权重得分中最高的控制机制，不仅因为其具有一定的兼容性，不会与其他控制机制相冲突而降低控制效果，而且其内部所蕴含的可能性和存在的信息潜力更是为其熵值的运算增添了一份力量。延迟播报是指网络媒介中的信息出现和交互行为的非同步呈现，需要经过一定的延迟后再进行信息公开，并以此加强对网络媒介权力运作的现场控制能

力。在 SEIR 模型中，我们可以将制造信息的行为视为感染人群的传播行为，目的就是去影响更多的易感人群，从而建立和聚集更多的网络媒介权力。但是信息交互之后，信源和信宿双方并不完全同步知晓，因此，即便易感人群和潜伏人群已经完成了身份转化，但是感染人群并无法从中得知自身的传播无力，进而转化为免疫人群，停止了自身的网络媒介权力运作行为。故而，延迟播报通过延长信息传递和网络媒介权力运作的响应时间，从而做到对网络媒介权力运作行为的控制和影响。从模型变化的角度，延迟播报控制机制通过延长时间，延后了潜伏人群 E 转换成感染人群 I 的真实时间节点，继而降低了潜伏人群的转化概率。在本书中，言论审查、设置冷静期、IP 访问总量限制和信息互动规则控制这几种控制机制也属于此类别。因此，我们只挑选客观权重评分最高的延迟播报来进行数据仿真实验，以此来代表这类控制机制的影响效果并加以分析讨论，数据仿真实验结果如图 5.8 所示。

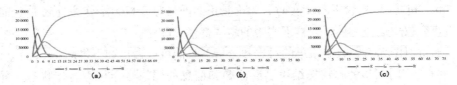

图 5.8　延迟播报控制机制仿真实验曲线图

在图 5.8 的三个曲线图中，初始的网络媒介权力运作主体投放量均为 Ia 用户 18，000 名，Io 用户 2000 名。其中图像（a）为没有施加任何控制机制的对比曲线，图像（b）和（c）均为加入了延迟播报控制机制的网络媒介权力运作变化曲线。正向感染用户群体 Ia 和负向感染用户群体 Io 的曲线变化应该是最显而易见的，不仅其增速得到了放缓，存在周期变得更为持久，且峰值也出现了明显降低。以变化幅度较大的 Ia 曲线为例，在没有施加控制机制的情况下，曲线在第 7 个传播周期迎来了自身的峰值，此时 Ia 网络媒介权力运作主体的总人数高达 84，257 人，而在其余两次延迟播报控制机制干预的情况下，两次实验都是在第 9 个传播周期才到达网络媒介权力运作主体人群聚集的最高点，且图像（b）和（c）中 Ia 网络媒介权力运作主体的人数分别是 66，119 人和 65，172 人。另外，在延迟播报控制机制的干预之下，两次网络媒介权力运作全部完成的时长分别是 83 个传播周期和 78 个传播周期，这两个周期对照无控制机制介入的 71 个传播周期都略有延长。

通过对图 5.8 中数据结果的对比和分析，我们可以做出如下推断：

（1）延迟播报现场控制机制能够放缓感染人群的增长态势，降低其增长的加速度与峰值，有效地防止了信息的裂变扩散和用户聚集产生的群体感染行为，从而避免了冲动和不理智网络媒介权力运作行为的出现。

（2）因为延迟信息交互行为的同步反馈，避免了网络媒介权力运作主体之间的正面对抗和冲突，所以减少了信息传播过程中的异变和噪声干扰，同时也有效地防止了信息传播过程中失真和谬误现象的产生。

（3）延迟播报会延长整个网络媒介权力运作周期，以防止网络媒介权力运作的集中爆发，从而实现更合理的控制信息的传递节奏，有利于对网络媒介权力运作的局部掌握和阶段性控制。

综上所述，现场控制机制的言论审查、延迟播报、信息互动规则限制等，都是通过各种方式延长整个网络媒介权力运作的周期，减少权力运作主体人群的聚集，从而避免群体感染行为的出现，减少了网络媒介权力运作的冲突和对抗，使信息传递和信息交互行为的节奏变得更为平缓，最终实现对网络媒介权力运作状态的控制和管理。

（五）网络媒介权力运作成果控制机制的仿真实验及结果分析

1. 对数据特征分析成果控制机制的仿真实验

数据特征分析是指根据网络媒介权力运作主体的特点和互动信息等行为特征，总结网络媒介权力运作的重要节点和可观测指数，并有针对性地在特定时间施加特定的网络媒介权力运作控制机制，以追求更好的管理和控制效果，并为将来提供可以学习和参考的经验。我国学者黄宏程等就曾使用严格可控理论对网络信息交互行为的驱动节点组进行探索，研究发现，通过不同的时间点对不同的社交强、弱联系网施加控制，可以对信息传播产生明显的促进或抑制作用，进而影响到信息交互主体的网络媒介权力运作行为。国外学者卡萨普（Kasap）等也曾专门通过残疾人研究媒介素养和媒介教育的问题，并最终得出社交媒体信息耐受力可能与学历高低有关的结论。根据上述分析，我们有理由认为，在不同情况下针对不同群体使用相同的控制机制能够产生不同的作用和效果。为了验证数据特征分析成果控制机制的有效性，作者将在 SEIR 模型中仿真模拟网络媒介权力运作，并在不同的时间节点对实验样本施加现场控制机制中的"实时封禁"，以观察其对每份样本数据的具体影响有哪些异同。我们共进行了四次数据仿真实验，实验结果如图 5.9 所示。

在图 5.9 中，图像（a）是在第 2 个传播周期就加入实时封禁现场控制机制，图像（b）是在第 10 个传播周期加入实时封禁现场控制机制，图像（c）是在第 20 个传播周期加入实时封禁现场控制机制，图像（d）则是在第 30 个传播周期加入实时封禁现场控制机制，所有数据的初始用户投放量均为 Ia 用户

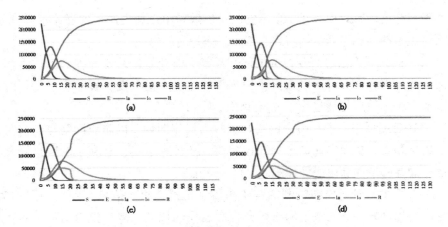

图 5.9　数据特征分析控制机制仿真实验曲线图

10000 名，Io 用户 10000 名。第一，从图中我们可以看出，每次到达实时封禁控制机制加入的时间节点时，Io 网络媒介权力运作群体都会呈现"断崖式"下跌，这再一次证明了，实时封禁现场控制机制强有力的控制和封锁力。第二，四次实验的完整网络媒介权力运作周期分别是 138、130、119 和 130 个传播周期，其中图像（c）用时最短。第三，每次感染用户群体 Io 的下降都会伴随着免疫人群 R 的上升，这说明短时间内有控制机制促使大量用户终止了网络媒介权力运作行为，并使用户选择退出，成为免疫人群。第四，在图像（a）和（b）中，当感染人群 Ia 的峰值出现时，潜伏人群 E 的增长仍处于上升趋势；而在图像（c）和（d）中，感染人群 Ia 到达峰值时，潜伏人群 E 的增长已然呈现下降的趋势。

通过对图 5.9 中数据结果的对比和分析，我们可以做出如下推断：

（1）控制机制加入时机的不同的确能够改变控制机制的效果和响应时间。在本实验中，控制机制过早地介入很可能会延长网络媒介权力运作所需要的时间周期，过晚地介入也会导致效果不明显，无法发挥应有的控制管理作用。

（2）就本实验而言，实时封禁控制机制想要发挥最好的效果，需要在感染群体用户聚集的峰值附近开始运作。不同时间段施加控制机制，甚至可以改变整个网络媒介权力的运作结构和发展方向。

（3）控制机制介入的最佳时机往往不单单受到自身方法的影响，同时也受到参与总人群数量、易感人群的敏感程度、潜伏人群的潜伏状态等多方面的干扰和限制。

综上所述，数据特征分析能够通过以往的经验对未发生的网络媒介权力运作控制管理问题进行指导，并且针对不同的具体情况，相同的控制机制也能起到不同的作用，我们需要充分了解网络媒介权力主体的用户特征，才能做到有的放矢，事半功倍。

2. 对成本分析成果控制机制的仿真实验

成本分析是指根据以往网络媒介权力运作状态的效果和成本对比，计算出更经济的网络媒介权力运作路径和发展状态，并引导网络媒介权力运作主体的行为，以做到保证网络媒介权力在正常有序运作的前提下能够降低成本，或者是在使用同样程度的时间成本和经济成本的前提下，能够提高网络媒介权力运作的效率和规范程度。作为成果控制机制的一员，我们更需要将添加过的预先控制机制和现场控制机制的成本消耗情况进行翔实记录，并在将来出现类似情况时，为理应投入的人力物资和时间资源提供参考依据。在 SEIR 模型中，我们可以将比较经济合理的网络媒介权力运作行为视为 Ia，认为正确但并不够经济，将需要消耗更多成本的网络媒介权力运作行为视为 Io，也就是说，Ia 的网络媒介权力运作消耗的经济成本会低于 Io。据此，我们分别对样本数据进行了两次仿真实验，两次数据仿真实验的结果如图 5.10 所示。

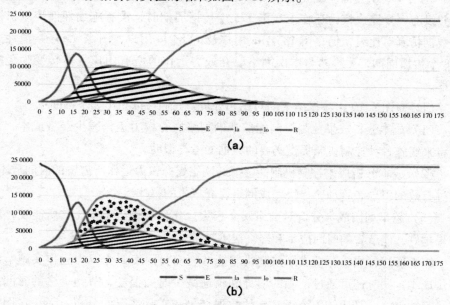

图 5.10　成本分析控制机制仿真实验曲线图

在图 5.10 中，图像（a）为没有加入任何控制机制，是在没有任何引导和干预情况下的网络媒介权力运作曲线图，图像（b）则是在第 15 个传播周期添加了一定的控制机制对潜伏人群的转化概率进行 Ia 定向引导的情况下，网络媒介权力运作状态的曲线图。图像（a），由于没有特定的控制机制和管理引导措施，两种预设的网络媒介权力运作的状态和信息传递的方式 Ia 和 Io 基本是同步变化的，两条曲线基本重叠。图像（b），由于在第 15 个传播周期，对网络媒介权力运作行为进行了管理和引导，Ia 曲线和 Io 曲线都发生了一定的变化，Ia 曲线的增长趋势得到了增强，Io 曲线的增速有所放缓。对比可知，图像（b）中 Ia 的群体总数量明显要多于图像（a），图像（b）中 Ia 网络媒介权力运作主体数量的峰值也更高。我们大致可以判断出，在图（a）中网络媒介权力运作所消耗的总经济成本为斜杠阴影部分乘以（Ia+Io），而图像（b）中网络媒介权力运作所消耗的总经济成本为斜杠阴影部分乘以（Ia+Io）加上星星阴影部分乘以 Ia。由于两张图像中的总参与人数相同，即图像总面积一定，加上之前我们定义了 Ia 的单位经济成本要低于 Io，因此，图像（a）中的经济总消耗必然大于图像（b），并且，图像（b）中星星阴影部分减去图像（a）中的斜杠阴影部分，就是图像（b）比图像（a）节约出来的网络媒介权力运作经济成本。此外，图像（b）用时 175 个传播周期完成了网络媒介权力的完整运作，但是，图像（a）其实并没有完全完成权力运作。在第 175 个传播周期时，没有施加任何控制机制的数据仿真对比组，仍存留 18 名 Ia 用户及 14 名 Io 用户，图像（a）共消耗了 228 个传播周期，才将参与本次网络媒介权力运作的所有用户主体转变为免疫人群。

通过对图 5.10 中数据结果的对比和分析，我们可以做出如下推断：

（1）成本分析成果控制机制能够帮助网络媒介权力运作减少经济成本，并为将来实施各种控制机制提供必要的数据参考与帮助。

（2）成本分析成果控制机制能够节约网络媒介权力运作所需要的时间成本，通过有效的引导和管理，尽快完成网络媒介权力的整体运作。

（3）越早利用成本分析对网络媒介权力运作情况进行干预，其所能发挥的效果越好，能节省的时间成本和经济成本越多。

综上所述，成本分析成果控制机制能够切实为网络媒介权力运作实施节约经济成本，同时还可通过正确的引导和疏通减少时间消耗，节约更多的时间成本。其缺点之一是比较依赖于已有的数据结果和实际情况的分析，无法在网络媒介权力运作伊始便实施控制与管理，但越早实施成本分析控制，就越能为网络媒介权力运作节约出更多的经济和时间成本。

根据之前几章内容的总结与梳理，作者在本章通过对部分网络媒介权力运作控制机制的真实效果进行了数据仿真实验来进行验证。首先，通过以往的文献梳理和本次研究的真实情况分析，确定了本次数据模拟仿真所选用的模型为

SEIR 流行病模型。其次，作者先通过技术手段编写了能够满足本次实验需要的软件程序。最后，为了更加贴近现实且符合我国网络媒介的真实情况，作者从网络上寻找了已经得到了验证的真实数据包作为基底数据。

接下来，为了方便计算机的模拟和数据的计算，作者对数据包内的数据进行了有条件的筛选。而后，作者在进行的模拟仿真实验阶段，分别对预先控制机制的准入限制、资产绑定、实名关联，现场控制机制的实时封禁、信息整合、延迟播报，成果控制机制的数据特征分析和成本分析进行了理论解读和 SEIR 模型匹配；然后使用之前编写完成的网络媒介权力运作控制机制 SEIR 数据仿真模拟软件对样本数据进行模拟仿真实验，并针对数据结果进行分析与讨论，最终得出这些典型控制机制的作用和不足之处。既佐证了之前理论分析和数值赋权的正确性和合理性，同时又是对网络媒介权力运作控制机制本身的一次真实、客观的有效性检验，为之后深入研究和制定网络媒介权力运作控制对策提供了参考和依据。

第六章

网络媒介权力运作的控制对策

综合前五章对网络媒介权力及其运作控制机制的研究结果，作者已经完成了对网络媒介权力的产生条件、基本原则、固有属性和运作表现的理论梳理，并通过汇总、描述、分析、讨论、举例说明对网络媒介权力运作的控制机制进行了目标控制分类，使用结构方程模型构筑了相对完善、科学且彼此独立的网络媒介权力运作控制机制体系框架，量化展示了网络媒介权力运作控制机制的主观、客观以及综合权重，实际检验了部分网络媒介权力运作控制机制的真实效果与作用。本章将会根据不同的情境和问题，给出一些目的性较强、针对性较高的控制机制搭配与组合，并总结出管理和控制基础对策，可供管理者和上级组织人员在遭遇网络媒介权力运作失范问题时，直接使用或参考借鉴。

第一节　网络媒介权力运作不同控制状态的控制对策

(一) 常用对策

常用对策也可称为通用对策，是指可以经常被使用或一直存在的一系列控制机制的组合策略。这种控制对策的主要特点是对网络媒介权力运作虽有一定的控制能力，但干预和影响并不强；用户感知度相对较低，甚至不会感觉到这些控制机制的存在，因此，并不会引起用户强烈的抵抗情绪或反感态度。此对策的控制机制具有一定的自我调节能力，即在网络媒介权力运作紧张时，其控制效果变得相对较强，而当网络媒介权力运作闲暇时，其所发挥的控制效果则略逊一筹。

根据理论分析和实验数据等综合判断，常用对策的标准搭配为在预先控制机制中的实名关联和准入限制与现场控制机制的言论审查。首先，本对策主要以预防为主，并不利于处理具体问题或极端环境。两种预先控制机制的同时使用，证明了这是一个未雨绸缪的先行对策。实名关联控制机制是遵守国家政策、服从国家安排的一种控制机制，它应用工具权力，通过身份确认，提高网络媒介权力运作主体需要面对的、真实的潜在威胁，并予以警示，借此完成对网络媒介权力运作的预先控制管理。准入限制控制机制是对每一名潜在网络媒介权力运作主体设置登入障碍。权力运作主体即便在登录网络媒介后，并不会进行任何的媒介权力运作，但依然必须接受这个控制机制的筛选与管理。其次，这是一个一视同仁的、平等的控制对策。每一名网络媒介权力运作主体都会受到两种预先控制机制的管理，并且，每一次的网络媒介权力运作行为，都会受到言论审查的强制干预。言论审查并不能够100%地辨别出网络媒介权力运作失当行为，但是其作为必不可少的首个关卡，还是能够判别出大量的存在明显错误的网络媒介权力运作行为。例如，包含明令禁止的污言秽语的文字，或者由过多无意义符号组成的"灌水文章"等。常用对策的优势在于不会消耗过多的人力资源和时间成本，可以完全交由计算机，按照既定标准自动完成控制管理工作，并且，一视同仁的控制原则不会引发用户的攀比心理和焦躁状态。再次，常用对策中的控制机制并不与其他控制机制相冲突。换句话说，这些控制机制只是最基本的控制行为，我们可以在此之上添加其他控制机制，增加额外的控制手段，以强化对网络媒介权力运作的管理和控制。最后，根据之前对网络媒介权力运作控制机制作用效果的量化赋权，这三种控制机制的平均控制能力为0.0247，远小于整个控制机制体系能力值的平均数0.04167和中位数0.04268。在数值上就能反映出，常用对策的控制能力较弱，并不能够左右网络媒介权力运作的状态或改变网络媒介权力运作的结构。也正因如此，常用对策更加不会引起用户的反感和抵触情绪，有利于网络媒介权力运作控制的长期存在和使用。

此外，言论审查可以替换为控制能力稍强一些的设置冷静期，以提高网络媒介权力运作主体的自觉性，激发用户在信息交互时的自控能力和自我反省意识，避免网络媒介权力运作失范行为的出现。替换后，三项控制机制的控制能力略微有所提升，达到了0.0259，设置冷静期也稍微提升了常用对策的弹性调整能力，对网络媒介权力运作频繁的用户控制力更强，对冷静的网络媒介权力运作主体则干预较少，能够实现媒介权力运作的标准化引导。

总的来说，常用对策适用于日常的网络媒介权力运作控制管理，不会引起网络媒介权力运作主体的抵触情绪，是适合网络媒介平台常驻的控制策略。但常用对策并不能够完全满足网络媒介权力运作控制的需求，当网络媒介权力运作出现具体问题或陷入危机时，其控制力不足的短板则尤为明显。考虑到常用对策具有不错的兼容性，因此不需要改变和撤销已存在的常用对策，我们只需要根据具体情境和实际问题，添加其他控制机制，叠加或使用更多的控制对策即可。

（二）应急对策

应急对策是指在任何紧急情况下，面对各种问题和危机，都能够明显提升网络媒介权力运作控制能力且快速响应的管理控制策略。这种对策的特点主要有三点：第一，在实施控制机制之后，权力运作行为会在第一时间受到干预和影响，反馈响应迅速。第二，具备较强的控制能力，当控制机制介入后，网络媒介权力运作会产生相对明显的改善和变化，而非不痛不痒或收效甚微。第三，针对所有的应用场景，都能够发挥一定的控制作用，具有可操作性强、适用情境广泛的特点。

根据理论分析和实验数据等综合判断，应急对策的标准控制机制搭配为现场控制机制中的先控后验、延迟播报以及自动回复调节三项。首先，率先启用作为客观权重得分最高的延迟播报控制机制。理论分析认为，延迟播报具备较强的控制能力，而且通过 SEIR 数据仿真实验证明了这一点。理论分析和实验结果都说明了，延迟播报控制机制能够有效地缓解网络媒介权力运作的正面冲突，降低网络媒介权力运作行为主体的感染力，减少信息传播交互行为的频率。不仅如此，延迟播报更能够减少信息传播过程中的异变和噪声干扰，防止在信息传播过程中失真和谬误的出现。最为重要的是，延迟播报阻止了网络媒介权力运作的集中爆发，平衡了信息互动的行为节奏，有助于网络媒介权力运作的局部掌握和阶段性控制，为其他控制机制的介入和响应争取了更多的可操作空间和缓冲时间。其次，先控后验的控制机制能够立即阻止疑似错误的网络媒介权力运作行为，实现暂缓权力运作和减少信息互动行为。鉴于问题事出紧急，在第一时间内完成全面的排查和定性并不现实，所以，延迟播报先对网络媒介权力运作主体进行管控，但并不盲目判定和处置，降低风险进一步扩大的概率才是最为稳妥的应急处理方式。而后网络延迟播报机制通过详细地验证和查询，再对先前控制的网络媒介权力运作行为进行定性与判决，并逐步解封、归还和开放用户的网络媒介权力。如此，既能对紧急问题进行有效的处理和控制，又可以保证网络媒介权力良好环境的正常运作不被破坏。再次，自动回复调节也是应对网络媒介权力运作紧急问题的常规手段之一。通过调节自动回复的规则和具体内容，可以有效缓解网络媒介权力运作主体的焦虑情绪，并更好地匹配和适应在特殊情境下，网络媒介权力运作需要的具体内容与实际要求。这种控制机制的适应性、可操作性极强，几乎可以做到应对任何网络媒介权力运作问题。最后，三种控制机制的平均主观权重和平均客观权重均为 0.0446，平均综合权重为 0.0460。这些数据也表明，此种控制对策具有较强的控制能力，且无论是从主观的人为认知方面，还是从客观的通信系统方面，都具有一定的控制效力，整体控制能力非常均衡。

总的来讲，应急对策是在任何情况下，都可以迅速提高网络媒介权力运作控制能力的一种控制策略。其不仅本身具有较强的控制能力，而且具有较好的适应能力，能够从容面对多种应用场景。但应急对策并不适合在网络媒介权力运作过程中长期存在，只有在发生具体问题或出现危机时，这种对策才能有效地发挥控制作用。如果不加节制地长期使用，反而容易引发网络媒介权力运作主体的抵触情绪和不良表现，造成更多网络媒介权力运作失当的问题。

（三）条件对策

条件对策是指需要一定的前置条件才能实施运作并发挥作用的控制策略。相对于常用对策和应急对策来说，这种控制对策的使用条件更为苛刻，并不会频繁登场于网络媒介权力运作的舞台。条件对策的最主要特点是需要一定的条件才能介入网络媒介权力运作的平台并发挥作用。也就是说，这种对策并不适用于所有网络媒介权力运作的问题，甚至对控制机制介入的时间要求也极为苛刻，无法做到随时响应，但是，一旦满足使用条件，这种对策的实施则会收获奇效。因为这些控制机制不但控制能力较强，而且在响应速度和持续时间方面也拥有不俗的表现。条件对策既能保证控制机制精准、有效地发挥作用，迫使网络媒介权力运作迅速回归正轨，解决具体问题，同时又能够保证经济成本的低消耗，有利于对整体网络环境的掌握和把控。

根据理论分析和实验数据等综合判断，条件对策的标准搭配为现场控制机制中的有偿申诉、曝光量干预和官方引导三者组合。同时使用曝光量干预和官方引导两种现场控制机制能够最大限度地做到对网络媒介权力运作行为及信息互动内容的正确引流。不仅如此，两者还能够代表网络媒介平台或大众媒体的明确表态，以近乎"通知"的方式向基层受众传递正确的信息内容释义和主流的网络媒介运作态度。与此同时，加入有偿申诉网络媒介控制机制，进一步提高了对官方信息产生怀疑的经济成本和时间成本，而且还能在一定程度上，实现对错误网络媒介权力运作行为的精准打击，并鼓励正当的网络媒介权力运作。然而，作为满足条件才能实施的控制策略，条件策略不仅要求公众官方媒介或网络媒介平台相较于自媒体和基层用户需具备绝对高的公信力和影响力，而且需要官方在问题发生时，尽快完成条件对策的控制机制部署和实施。最好在问题发生的第一时间，就能够以掌握资讯较多的官方身份实施条件控制对策。如果没能在特定的时间节点前实施控制，大众媒介的公信力就会大幅下降，影响条件对策的控制作用和效果，严重时，甚至会出现受众集体抵制的逆反效果。

总的来说，条件对策是非常高效的网络媒介权力运作控制策略，其不仅具有响应快、范围广的特点，而且还有成本低、持续时间长的特点，甚至用物美价廉来形容也不过分。但是，其对实施条件和介入时间的要求也极为苛刻，如果应用不当，就会弄巧成拙、适得其反。所以在实施这种网络媒介权力运作控制对策时，一定要格外谨慎，最好配合各种成果控制机制，通过之前的真实案例，进行实际情况分析，提高条件对策应用的成功率，避免因条件不全事倍功半。

（四）极端对策

顾名思义，极端对策是指在网络媒介权力运作出现重大问题和极端情况时所采取的管理控制策略。这种控制对策的特点是具有极强的控制能力，而且具有极快的响应速度，能够做到立竿见影、迅速起效。但是，因为其过于强硬的手段和方式，也很容易引发网络媒介权力运作主体的反感抵触情绪，而且只能在短时间内发挥作用，并不适合网络媒介权力运作的长期控制与管理。

根据理论分析和实验数据等综合判断，极端对策的标准搭配为预先控制机制中的资产绑定和现场控制机制中的限时应答与实时封禁相结合。首先，加入预先控制机制中控制能力较强的资产绑定，充分发挥工具权力的管理手段和控制能力，防患于未然。其次，实时封禁作为主观权重评价得分最高的控制机制，其对网络媒介权力运作的封锁能力毋庸置疑，并且通过 SEIR 数据仿真实验，实际验证了实时封禁对控制网络媒介权力运作的真实效果与作用。可以说，实时封禁作为控制行动权力的直观表现，具有其他网络媒介权力运作控制机制无法替代的独特作用。再次，通过限时应答现场控制机制，做到短时间内对网络媒介权力的聚集和引导，统筹整个网络媒介权力运作节奏和结构。但限时应答本身也会给实施控制的管理者带来巨大的压力，而且会在短时间内消耗大量的人力物力资源，瞬间拉高网络媒介权力运作所需的额外成本。最后，极端对策的控制机制各自都具备不俗的控制能力，三者联合，平均综合控制能力权重赋值约为 0.0434，平均主观控制能力权重赋值更是高达 0.0454。在如此严苛的控制机制之下，大量的信息互动渠道被堵塞，众多的网络媒介权力运作行为被强行干预，甚至直接剥夺，因此，非常容易引起用户的不满情绪和抵抗意识。一旦操作不当，不仅会导致网络媒介权力运作系统崩坏，甚至还可能引发大面积的社会现实问题。

总的来讲，极端对策只适用于网络媒介权力运作的少数问题和个别情境，其强硬的控制手段和较高管理能力必然能够在短时间内发挥强劲的控制作用，并做到对大多数网络媒介权力运作主体产生影响，效果明显。但也正因为这种控制对策所涉及的控制机制过于强硬，不符合媒介权力作为"软权力"的自身定位，两者的身份并不完全相互兼容、契合，所以也必须考虑受众的接受程度，以免火上浇油。除此之外，极端对策还存在一个缺点就是它所带来的优秀控制效果往往伴随着媒介平台自身及管理人员公信力的下降，因此，不适合频繁、长期地使用。

第二节　网络媒介权力运作不同响应时间的控制对策

（一）持续对策

持续对策是指通过多个控制机制的实施和运用，能够在较长一段时间内，对网络媒介权力运作保持一定控制能力的管理策略。持续对策最大的特点是其控制能力能够在网络媒介权力运作过程中长期持续存在。但其缺点也非常明显，不能在网络媒介权力运作出现问题时立即响应。这种控制对策属于一种长期管理对策，随着控制机制介入的时间越来越长，其对网络媒介权力运作的控制能力也会越来越强，影响的范围也会越来越广。

根据理论分析和实验数据等综合判断，持续对策的标准搭配为现场控制机制中的 IP 访问总量限制、信息整合与用户分流三者相结合。首先，这三种控制机制的控制能力发挥都有赖于用户数量的增加与积累。网络媒介权力运作和信息交互行为发生得越频繁，其所表现出来的控制能力则越强，反之越弱。这也非常符合持续对策的管理和控制准则。其次，持续策略的长期存在不会引起网络媒介权力运作主体的不良情绪。不同于预先控制中的资产绑定和实名关联对工具权力的运用，持续策略并不关联实质的威胁或承诺的奖励，而是通过技术权力的运用在潜移默化地打造自身的完善形象，建立权威权力，以达到对网络媒介权力运作的干预和影响。IP 访问总量限制和用户分流两种控制机制更是存在感非常弱，几乎让网络媒介权力运作主体感受不到这些限制的存在。除此之外，信息整合很符合媒介"软权力"的表现形式，也不会挑起争端或引起冲突，而且能够通过有效的疏通和引导，对网络媒介权力运作做到长期地控制和有效地管理。之前的 SEIR 数据仿真实验结果也表明，信息整合可以有效降低网络媒介权力完整运作所需的传播周期，并且其控制能力会根据感染用户的累积数量而提升，具有非常优秀的持续能力和适应能力。

总的来说，持续对策并不适合解决网络媒介权力运作的突发问题，但是，其具有长期的控制能力，能够在一定程度上持续保证网络媒介权力安全、正规、有效、健康地运作。这种对策实施的时间越长，其控制能力越能得到加强，并持续引导网络媒介权力运作正向发展，以维持网络媒介整体环境的相对健康。

（二）短期对策

短期对策是指短期内能够收获可观控制效果的控制机制组合策略。此种对策的主要特点是响应速度快，效果明显，能够立竿见影地给予管理者反馈。但是，其效果持续时间很短，并不适合长时期存在于网络媒介权力运作过程中，无法实现对网络媒介权力运作的长期持续控制管理。随着时间的推移，短期对策的控制效果也会迅速减弱，即使持续使用或重复使用，其控制效果也并不会提升，反而会逐渐减弱至消失。

根据理论分析和实验数据等综合判断，短期对策的标准搭配为现场控制机制中的在线答疑与信息互动规则控制。首先，在线答疑控制机制可以在短期内迅速有效地解决大部分网络媒介权力运作问题，其对信息的解释能力和综合资源运用能力是其他所有控制机制所无法比拟的。但是，这种控制机制对人力资源与成本的消耗也非同一般，故而，这种控制机制只能用于短期的网络媒介权力运作中。即便能够保持这种控制机制的长期在线运作，其控制能力也会随着时间的推移慢慢削减，当网络媒介权力运作主体习惯这种在线答疑控制机制之后，在线答疑控制机制对网络媒介权力运作的控制能力则显得微乎其微。因此，对于在线答疑来说，长期维持甚至不如临场介入的控制效果好。其次，信息互动规则控制也能够在短期内迅速达到立竿见影的控制效果。对信息互动规则的变化，能够强制放缓或加速对网络媒介权力的运作节奏，使其达到控制者的预期控制效果。但是，一旦用户适应了这种更改后的新规则，在线答疑控制机制对网络媒介权力的控制能力就会大幅降低。

总的来说，短期对策更适合一些特殊情境下的网络媒介权力运作控制和管理，对红极一时的热点话题和时效性偏强的网络媒介权力运作控制可以发挥奇效，但是，不能用于日常的网络媒介权力运作管控。短期对策在一定时间内的控制能力优异，但是并不能够承担网络媒介权力运作控制的长期控制任务。从管理学双因素理论的角度分析，短期对策更像是可以药到病除的激励因素，而不是可以维持健康的保健因素。

（三）阶段性对策

阶段性对策是指根据不同时间阶段，对网络媒介权力运作实施不同控制机制的管理策略，这种对策具体可以分为上浮控制对策和下沉控制对策两种。其中，上浮控制对策是指按照时间的推移，控制能力越来越强的控制机制组合，这样可以做到对网络媒介权力运作的逐渐收紧，此种对策主要适用于自控能力较弱、需要被监管的网络媒介权力运作主体人群，在管理学中称其为 X 类人群；

而下沉对策是指随着时间的推移，控制能力越来越弱的控制机制组合，这样可以使得网络媒介权力的运作环境变得越来越宽松，此种策略主要适用于创造力较强、有一定自控力的网络媒介权力运作主体人群，在管理学中称其为 Y 类人群。

根据理论分析和实验数据等综合判断，阶段性对策中上浮对策的标准搭配为"准入限制—先控后验—实时封禁"加各种成果控制机制。网络媒介权力运作伊始，仅通过预先控制机制中的准入限制对网络媒介权力运作进行初步的宽松控制；而后，逐步加入先控后验的控制机制，对一些敏感的网络媒介权力运作实施第一时间限制行动，并随后返还其运作自由的权利；最后，加入实时封禁控制机制，对网络媒介权力运作进行严格把控，杜绝网络媒介权力运作失范现象的出现。在此期间根据具体情况，逐步增加各种成果控制机制，以做到分阶段加强网络媒介权力运作的控制能力。这种阶段性增强控制能力的策略，不会导致网络媒介权力运作行为无法顺利正常开展、权力运作主体畏首畏尾、畏惧信息互动的情况，有利于吸引基层用户。同时，上浮对策也避免了网络媒介权力运作控制能力的陡然提升，不会引发用户抵触情绪和不满状态，许多新上线的网络游戏使用的就是这种上浮对策对网络媒介权力运作进行控制。而阶段性对策中下沉策略的标准搭配为"延迟播报—退出限制—设置冷静期"加各种成果控制机制。起初，通过延迟播报的控制机制，对网络媒介权力运作状态和行为进行必要的监督管理。如果权力运作并无异样，则可以加入退出机制，并适当缩短延迟播报的延迟时间，削弱干预效果，予以网络媒介权力运作主体更多的自由发挥空间，保证网络媒介权力运作的自由开放性和主体能动性。最后，用设置冷静期来替代前两项控制机制，鼓励网络媒介权力运作主体自律自控，维护网络媒介权力运作正常有序进行。同样，我们也可以根据不同阶段分别加入各种成果控制机制，与上浮对策不同的是，下沉对策的目的并非限制网络媒介权力的运作，恰恰相反，是通过数据了解如何为网络媒介权力运作创造更好的环境，提供更好的服务。这种下沉的阶段性控制对策，有助于代表政府机关的大众媒体建立权威权力，通过给予基层受众一个开放自由的网络媒介权力运作空间，促使下层网络媒介权力运作主体形成内部自控，提高控制效率，降低成本消耗。许多网络媒介直播平台就是采取下沉对策对网络媒介权力运作进行控制与管理的。

总结而言，阶段性对策需要控制人员根据被控制的权力运作主体情况和内容而定，正确的对策方向选择，往往能够达到最佳的控制效果。上浮控制对策和下沉控制对策并不是机械的、一味贯彻到底的，而是需要根据具体情况交替使用，它们的控制能力曲线应呈现出波动上升或波动下降的具体表现。阶段性对策就是通过不同阶段的尝试和实践，最终寻找到最合适特定群体和特定内容的网络媒介权力运作控制机制组合。

第三节　网络媒介权力运作不同程度要求的控制对策

（一）高层对策

高层对策是指由上级网络媒介权力运作主体主导的，对下级进行网络媒介权力运作控制的策略。此策略的特点是具有明确的方向性，只能从上到下进行管理和控制，反之则毫无作用，属于典型的行政控制方法对策。高层对策主要是凭借权威权力和网络媒介身份地位的初始位置优势，达到快速、精准、有效地控制网络媒介权力运作的目的。其缺点是，如果管理者不能良好地驾驭控制机制或自身缺乏公信力，则很容易引起下级网络媒介权力运作主体和基层受众大面积的反对和抵触。

根据理论分析和实验数据等综合判断，高层对策的标准搭配为现场控制中的官方引导、限时应答与在线答疑三管齐下。首先，通过官方引导向下级受众传达上级网络媒介权力运作主体的明确态度，对立场摇摆不定的受众人群进行有效的疏通和引导，避免其出现网络媒介权力运作不良行为的群体感染。其次，通过在线答疑和限时应答两种控制机制，对网络媒介权力运作主体进行及时的答疑解惑，第一时间对信息的内容进行合理的解释说明，并且通过对信息正确解读的方式，有效地防止信息内容产生异变，降低噪声对信息传播的干扰，为网络媒介权力规范运作保驾护航。这三种都是主观权重得分较高的控制机制，平均主观权重得分高达 0.0616，表示受众对这些控制机制的主观印象很好，认可度较高。因此高层对策更适合由上级网络媒介权力组织实施，实现对下层网络媒介权力运作主体的管理和控制，并不适合网络媒介权力运作的自我控制，更无法做到从下向上的控制和影响。

总结而言，高层对策能够通过上级网络媒介权力运作主体的权威认可，实现对网络媒介权力运作准确、有效、快速的控制。但是，其具体控制机制的方式方法也限定了其必须由上级网络媒介权力运作主体单位实施，只能由上往下地实施管控。要求管理者具备一定的初始位置优势，是其比较明显的应用短板。

（二）低调对策

低调对策是指不容易被用户发现，但能起到一定控制作用的网络媒介权力运作控制策略。这种控制对策的主要特点是在介入网络媒介权力运作时，不会产生剧烈的变化，引起太大的波动，极少会引发用户的反感和抵触情绪，能达到潜移默化地影响和控制网络媒介权力运作的目的，其作用方式与传播学中的"涵化理论"有异曲同工之妙。

根据理论分析和实验数据等综合判断，低调对策的标准搭配为延迟播报、信息整合和自动回复调节三种现场控制机制的组合使用。首先，这三种控制机制的自身特点都是不易被基层用户所察觉的，它们不要求用户进行额外操作或对用户设置明确的障碍规则，符合低调行事的客观要求。其次，这三种控制机制的控制能力具有一定的可操作性，例如，延迟播报控制机制可以通过调整延迟时间的长短，以实现不同程度的作用效果；信息整合和自动回复调节的具体信息内容和导向目标，也可以根据网络媒介权力运作目的的不同来进行具体更改。最后，0.0558、0.0607 和 0.0424 的综合控制能力权重得分，也表现出了三者各自不俗的网络媒介权力运作控制能力。三者相互配合辅佐，更是可以达到对网络媒介权力运作的有效控制，且不会引发基层用户的不良情绪。

总的来说，低调对策是非常优秀的网络媒介权力运作控制策略之一，作用效果和持续控制能力均属上乘，并且不会引发额外的网络媒介权力运作问题，有助于平复和缓解基层用户的不良情绪。但低调对策的缺点在于，其响应时间稍慢且无法预测，对急需得到控制的网络媒介权力运作突发问题，只能束手无策。

（三）宽松对策

宽松对策是指对网络媒介权力运作的控制和监督较为松弛的一种控制策略。这种对策主要用于网络媒介权力运作规范程度相对较高或者即便出现网络媒介权力运作失范现象也不会引起重大问题的网络媒介环境中。其主要特点是具备一些长期存在的控制机制，但是，发挥的实际作用较为薄弱，更多的是为了提醒网络媒介权力运作主体自查自省和自律自控。通过激发网络媒介权力运作的内控机制，创造一个较为宽松和自由的网络媒介权力运作环境。

根据理论分析和实验数据等综合判断，宽松对策的标准搭配为预先控制机制中的准入限制配合现场控制机制中的退出限制与信息整合。首先，网络媒介权力运作主体从进入到退出的整个过程中，都被施加了一定的控制和阻碍，其目的便是随时提醒用户，需要遵守网络媒介权力运作的规章制度和行为规范。准入机制能够在网络媒介权力运作行为出现之前对用户的信息交互行为进行约束，退出限制更是有效提高了网络媒介权力运作末期的控制能力，防止用户或麻痹大意，或自暴自弃而出现网络媒介权力运作失范现象。信息整合控制机制也在不断提醒用户网络媒介权力运作的正规方法，并进行标准引导，防止错误的网络媒介权力运作行为发生。此种对策贯穿了整个网络媒介权力运作过程，做到了时时跟随、刻刻控制。其对进出两端的控制能力相对较弱，对过程中的控制能力相对较强，但不会无故阻碍网络媒介权力主体的权力运作行为。最后，三种控制机制都属于可自我调节的软控制机制，不仅符合媒介权力的作用方式，不会对用户造成压力，同时还利于宽松环境的建立，有助于网络媒介权力的良性运作发展。

　　总的来说，宽松对策是一种比较利于网络媒介环境开放性建设的网络媒介权力运作控制策略。其主要是通过控制机制被动的触发和持续的存在，提醒和激励网络媒介权力运作主体实施有效的内部控制与自我管理，赋予了网络媒介权力运作更多的行为空间和创新条件，是一种积极乐观的网络媒介权力运作控制办法。

　　（四）紧张对策

　　紧张对策是与宽松对策相对的控制对策，是指对网络媒介权力运作的控制和监督较为严苛的一种控制策略。这种对策的特点是对网络媒介权力运作时时刻刻都非常谨慎，用明确的规则和要求对权力运作行为进行约束，对权力运作状态实时监督，将网络媒介权力运作失范现象出现的可能性降至最低。这种对策更适用于自觉性较差的网络媒介权力运作主体人群，或者敏感话题的网络媒介权力运作控制。

　　根据理论分析和实验数据等综合判断，紧张对策的标准搭配为预先控制机制中的实名关联和现场控制机制中的动态调整用户级别与实时封禁，并辅以各种数据翔实的成果控制机制。首先，实名关联是综合评价赋权得分最高的预先控制机制。一方面，实名关联能够发挥工具权力，提高网络媒介权力运作主体失范行为的潜在威胁。在我国具体环境下，网络媒介权力的失范运作导致的失信，会严重影响用户在现实生活中的经济行为和生活状态。另一方面，实名关联能够充分配合其他控制机制，不会引起控制机制之间的冲突，相反，其可以帮助其他控制机制顺利发挥作用。其次，动态调整用户级别和实时封禁是可以分阶段实施的现场控制机制，对网络媒介权力运作规范的用户，可以酌情提高其用户级别，对其开放更多权限，激励其辅佐上级组织，引导网络媒介权力运作的良性运转；而对网络媒介权力运作失范的用户，可以立即动态降低其用户级别，限制其网络媒介权力运作，降低其网络媒介影响力和减少对网络媒介环境的破坏力。如果用户依然执迷不悟、不知悔改，那么必然将面临实时封禁的最终控制。最后，这三种控制机制的具体控制方式都比较强硬，而且对时效性具有较高的要求。在具体实施时，切忌未卜先知或秋后算账。如果无法实时运作控制机制的话，不但有违网络媒介权力的时效性特点，而且容易引发网络媒介权力运作主体的抵触情绪，损害自身影响力与公信力。

总的来讲，紧张对策是一种较为稳妥的网络媒介权力运作控制策略。其通过严格地把控和严重的后果威胁，将网络媒介权力运作失范的可能性大幅度降低，对网络环境和网络媒介权力运作规范具有一定的保障作用。但是，这种明令禁止和界限明确的控制策略也在一定程度上扼杀了网络媒介用户的主体能动性，无形中缩小了网络作为一种媒介赋予用户的创作与自由发挥的空间。

本章主要综合了前五章网络媒介权力及其运作控制机制的研究成果，提出了一些目的性较强、针对性较高的控制对策，根据网络媒介权力运作的不同运作状态、不同响应时间要求和不同控制程度要求，可以选择不同的控制对策，实施管理和控制。上述对策都属于最基础的控制策略，并不是相互对立的，它们可以相互转换或者叠加使用，以组合成为更高级的网络媒介权力运作控制对策。同时，针对不同的具体情况，基础对策中的某些控制机制和元素也可以随之变化，使管理者达到最终目的。

第七章

网络媒介权力的研究前沿与未来发展

第一节 结论

随着网络媒介的蓬勃发展和日益壮大，全世界都在逐步迈向全新的互联网媒介时代。这种全新的信息传播和消费方式，不单单意味着信息传播的载体变化与更迭，更是代表着媒介权力的重新定义和分配。网络媒介权力的运作得当、高效，甚至会影响到整个社会的安定和时代精神的延续。因此，网络媒介权力运作的管理和控制成为一个自 21 世纪以来，伴随着传播发展而出现的全新问题，既是一个必须解决的传播学重要问题，又是一个不能忽略的管理学理论问题。本书扎根管理学，利用了哲学的发展思想、传播学的基础概念、情报学的知识体系、通信学的分析思路和医学的仿真实验手段，最终解决了网络媒介权力运作的管理学问题，完成了对网络媒介权力运作控制机制的定义、探索、分析、定位和检验等工作。总结而言，本书的主要创新之处和分析讨论结果可归为以下几点：

（1）本书从哲学的角度出发，从最原始的权力问题的历史路径和发展规律开始，依照"权力—媒介权力—网络媒介权力"的线索道路索骥，探索、推演出了网络媒介权力的产生条件、运作原理、运作形式和基础原则，并总结得出了网络媒介权力的整体运作思路和流程。依照行动、工具、权威、技术的箔皮茨权力类别图谱，我们从根源上明晰了网络媒介权力的各种行为逻辑和运作体系，不仅对网络媒介权力进行了深入的剖析和解读，明确了网络媒介权力的定义和解释，同时也梳理了网络媒介权力从无到有、从小到大的整个发展历史，并揭示了网络媒介权力的重要地位和功能。根据这些理论基础和相关概念，作者梳理出了网络媒介权力运作的正常状态、失范状态以及可能引发的社会问题。

（2）本书立足管理学的控制分类方法论，首先，从道德、法律与制度层面对网络媒介权力运作的控制行为进行了宏观的讨论与分析，并明确了三者"制度先行、法律仲裁、道德底线"的层次结构。然后，根据网络媒介权力的一般性和特殊性，分别从教育、行政、法律、技术和经济的控制方法方面进行了理论研究和深入探索，为具体控制机制研究奠定了基础。作者分别讨论了标准控制分类法和目标控制分类法各自的优势和局限性，确定了目标控制分类法更适合网络媒介权力运作控制机制的分类方式和体系构筑，并总结了现有网络媒介控制权力运作的机制和现实手段，依据目标控制分类法对网络媒介权力运作控制机制进行了分类。为了验证控制机制分类的正确性、有效性和独立性，作者使用了结构方程模型进行探索性分析验证，并结合使用德尔菲法所得到的专家意见结果，最终建立了一套较为完整、科学、客观、真实并相互独立的网络媒介权力运作控制机制内容体系。

（3）在网络媒介权力运作控制机制控制能力的权重计算阶段，作者同时使用协调分析法和置换分布熵的方法对网络媒介权力运作控制机制进行主、客观打分，实现了对每一项网络媒介权力运作控制机制的控制能力的初步量化。在主观评价过程中，作者综合运用德尔菲法和协调分析法，为网络媒介权力运作控制机制的重要程度进行了打分和赋值，使得最终结果不会过于冰冷、机械，而是存在人的主观感受和真实想法。在客观评价过程中，作者用置换分布熵的计算方式代替了传统、原始的香农信息熵，克服了在原始计算过程中，对局部数据变化不够敏感的问题，在一定程度上完成了对信息熵赋值的优化和改进，并避免了不同学者的主修学科差异所带来的异化数据影响。这种方法使客观评分数据得到了有效的修正和收拢，从而在保证了数据完整的同时，适当消除了异化指标和极值的特殊影响，并提高了客观评分结果的科学性和普适性。最终，作者使用拉格朗日乘子法并引入冲突性指标，对两组数据实施合并，得出了结果更为全面的综合权重数据。故而，研究共得出网络媒介权力运作控制机制控制能力的三组评分数据，分别为主观权重数据、客观权重数据和两者共同影响得出的综合权重数据。

（4）本书借助流行病医学的 SEIR 传染病模型对部分网络媒介权力运作控制机制进行了数据仿真实验，更深入地解析网络媒介权力的运作状态和控制机制的控制能力、响应时间、成本消耗等问题。作者通过 C#编程软件编写了网络媒介权力运作控制机制 SEIR 数据仿真实验软件，并从我国真实网络媒介平台中获得了本次实验所需的真实网络媒介用户的脱敏数据。而后，通过理论分析研讨和现实环境对照，作者同时将网络媒介权力运作控制机制和真实网络媒介用户数据输入 SEIR 数据仿真模拟器，观察各种控制机制对网络媒介权力运作、用户状态、信息传播能力和信息交互行为的真实影响。作者通过对各项网络媒介权力运作控制机制的数据结果和图像结果的分析和讨论，进一步验证了各种控制机制对网络媒介权力运作的控制能力，并得出了一些可用于指导控制机制使用的方法和结论。值得一提的是，本书在模型构筑时，根据网络媒介权力运作主体用户的真实态度，将感染者分为权力运作行为不同的 Ia 群体和 Io 群体，并添加了不参与权力运作的潜伏者人群 E，使得理论模型与现实更为贴近，模拟结果更加真实可信。

（5）针对某些特殊问题的具体情境，根据网络媒介权力及其运作控制机制的研究成果，作者总结出了一些网络媒介权力运作控制机制的特定组合，并精练成一些可以直接应用于实践的控制对策。这些控制对策普遍具有较强的针对性和目的性，不仅能够进一步完善网络媒介权力运作控制机制的理论体系，而且可以更好地指导网络媒介权力运作控制者和管理者的具体操作行为。

第二节　展望

现实中的网络媒介权力运作会牵扯多个层次的权力主体，并包含多个复杂的影响因素，其中不乏一些非常敏感的关键要素或关键信息，它们的参与和改变往往能够使整个网络媒介权力运作体系和节奏发生质的变化。而此次研究仅假设在宏观环境条件和其余关键要素不变的前提下，对网络媒介权力运作进行理论分析和仿真实验，以获得控制机制在其中发挥的主导性作用与结论。故而，本书在内容和方法上都还有一些可以进一步改良的不足之处，需要后来者携带更多的知识储备和现实资源，来实现更进一步的理论探索和科学研究。具体而言，有待改进的地方有：

（1）网络媒介权力主体的权力运作行为会因为个人特点的不同而呈现不同的习惯和偏好。已知的影响因素包括客观的学历、性别、年龄、可支配收入和主观的家庭地位、自我效能等。但是，即便主观因素和客观因素能够得到有效的控制和统一，用户不同的心理状态、精神状态、情绪状态等也会在很大程度上影响用户的网络媒介权力运作行为，并且同样会造成巨大的个体差异和行为变化。研究只考虑了网络媒介权力运作主体的常态化行为，并没有考虑到极值的特殊情况，并且缺乏对网络媒介权力运作主体的真实化肖像侧写，缺乏对用户参与实验状态的准确判断。如果条件允许，可以调研真实用户的网络媒介权力运作行为和状态，并持续跟踪，以获得更加准确、真实、客观的网络媒介权力运作行为数据，以及了解网络媒介权力运作控制机制对用户的真实影响和持续时间。

（2）基于宏观条件不变的情况，网络媒介的实际波动状态是与现实媒介资源相联系的，也同样与某些宏观经济政策有着千丝万缕的关系。因此，本书只是考虑了常态化、普适化的网络媒介权力运作控制机制的作用和影响，整体环境变动等极端时刻的控制方法和管理手段，仍有待后来者进一步的理论研究和实践观察。

（3）研究应寻求更专业的程序编写人员的帮助，编写更灵活、更高级的软件程序，通过构建功能更全面的 SEIR 模拟器，实现对高级控制策略或多种控制机制组合的仿真数据模拟实验，进一步提升研究的理论价值和实践能力。

参考文献

一、中文文献

[1] 邓广铭. 邓广铭全集：第6卷 [M]. 石家庄：河北教育出版社，2005.

[2] 郭庆光. 传播学教程 [M]. 北京：中国人民大学出版社，1999.

[3] 李良荣. 新闻学概论 [M]. 上海：复旦大学出版社，2008.

[4] 李衍达，李志坚，张钹，等. 信息科学技术概论 [M]. 北京：清华大学出版社，2005.

[5] 马克思. 资本论：第1卷 [M]. 北京：人民大学出版社，2004.

[6] 邵培仁. 政治传播学 [M]. 南京：江苏人民出版社，1990.

[7] 周三多，陈传明，贾良定. 管理学：原理与方法 [M]. 上海：复旦大学出版社，2014.

[8] 阿肖克·贾夏帕拉. 知识管理：一种集成方法 [M]. 安小米，译. 北京：中国人民大学出版社，2013.

[9] 多米尼克·迈尔，克里斯蒂安·布鲁斯. 权力及其逻辑 [M]. 李希瑞，译. 北京：商务印书馆，2020.

[10] 保罗萨特. 存在主义是一种人道主义 [M]. 周煦良，汤永宽，译. 上海：上海外文出版社，2008.

[11] 卢梭. 论人与人之间不平等的起因和基础 [M]. 李平沤，译. 北京：商务印书馆，2007.

[12] 麦克卢汉. 理解媒介：论人的延伸 [M]. 何道宽，译. 南京：译林出版社，2000.

[13] 道格拉斯·麦格雷戈. 行为科学与管理 [M]. 韩禹，译. 长春：北方妇女儿童出版社，2017.

[14] 亨利·西斯克. 工业管理与组织 [M]. 段文燕，译. 北京：中国社

会科学出版社，1985.

［15］加里·古廷．福柯［M］．王育平，译．南京：译林出版社，2010.

［16］科特．权力与影响力［M］．李亚，王璐，赵伟，译．北京：机械工业出版社，2013.

［17］林进．传播论［M］．东京：有斐阁，1994.

［18］罗德里克·马丁．权力社会学［M］．丰子义，张宁，译．石家庄：河北人民出版社，1992.

［19］曹洵，张志安．基于媒介权力结构的微博意见领袖影响力研究［J］．新闻界，2016，31（9）.

［20］陈钢．青少年媒介素养教育的误区及思考［J］．传媒，2019（21）.

［21］陈奇佳．网络传播中的大众权力［J］．江苏行政学院学报，2007（2）.

［22］陈伟球．新媒体时代话语权社会分配的调整［J］．国际新闻界，2014，36（5）.

［23］陈绚．网际网络——第五种权力？［J］．国际新闻界，1999（5）.

［24］代宝，续杨晓雪，罗蕊．社交媒体用户信息过载的影响因素及其后果［J］．现代情报，2020，40（1）.

［25］单媛，李朔，方小斌，等．基于改进熵权协调分析法的农村道路安全评价决策［J］．铁道科学与工程学报，2017，14（12）.

［26］第45次《中国互联网络发展状况统计报告》发布［J］．中国广播，2020，16（5）.

［27］第47次《中国互联网络发展状况统计报告》发布［J］．中国广播，2021，17（4）.

［28］丁柏铨，陈月飞．略论媒介权力［J］．广东外语外贸大学学报，2008（2）.

［29］丁洲祥，龚晓南，李又云，等．考虑变质量的路基沉降应力变形协调分析法［J］．中国公路学报，2005，17（2）.

［30］韩运荣，高顺杰．微博舆论中的意见领袖素描——一种社会网络分析的视角［J］．新闻与传播研究，2012，19（3）.

［31］贺建平．媒介权力与司法监督［J］．上海大学学报（社会科学版），2004，21（4）.

［32］黄宏程，赖礼城，胡敏，等．基于严格可控理论的社交网络信息传播

控制方法 [J] . 电子与信息学报, 2018, 40 (7).

[33] 黄少华. 论网络空间的人际交往 [J] . 社会科学研究, 2002 (4).

[34] 黄微, 李瑞, 孟佳林. 大数据环境下多媒体网络舆情传播要素及运行机理研究 [J] . 图书情报工作, 2015, 59 (21).

[35] 贾宝林. 网络与群体性事件研究述评 [J] . 南京政治学院学报, 2009, 25 (3).

[36] 焦钰. 网络媒介中 "使用与满足" 理论的发展——从《江南 style》走红说起 [J] . 新闻世界, 2013 (1).

[37] 李北伟, 富金鑫, 周昕. 意识形态视角下网络舆情危机应对机制研究 [J] . 情报理论与实践, 2018, 41 (5).

[38] 李瑾颉, 吴联仁, 齐佳音, 等. 基于人类动力学的在线社交网络信息传播研究 [J] . 电子与信息学报, 2017, 39 (4).

[39] 李思屈. 传媒文化及其权力现象—— "传媒权力" 之一 [J] . 西南民族学院学报 (哲学社会科学版), 1998, 20 (5).

[40] 李耘耕. 从规训到流动: 数字媒介网络的权力实践模式转变 [J] . 学术研究, 2018, 49 (3).

[41] 李振东. 腐败者、反腐败者与零和博弈的囚徒困境 [J] . 佳木斯大学社会科学学报, 2014, 32 (2).

[42] 林家宝, 林顺芝, 郭金沅. 社交媒体超载对用户不持续使用意愿的双刃剑效应 [J] . 管理学报, 2019, 16 (4).

[43] 刘斌. 大众媒介: 权力的眼睛 [J] . 现代传播-北京广播学院学报, 2000, 22 (2).

[44] 刘国亮, 张汇川, 刘子嘉. 移动社交媒体用户不持续使用意愿研究——整合错失焦虑与社交媒体倦怠双重视角 [J] . 情报科学, 2020, 38 (12).

[45] 刘国亮, 张汇川. 社会主义核心价值观的双因素理论分析 [J] . 中国市场, 2017, 24 (30).

[46] 刘磊. 计算机网络安全中防火墙技术研究 [J] . 无线互联科技, 2018, 15 (22).

[47] 刘卫东, 荣荣. 网络时代的媒介权力结构与社会利益变迁——以当代中国社会意识形态为视角 [J] . 新闻与传播研究, 2012, 19 (2).

[48] 罗昶. 从孟买恐怖袭击事件中的 "自媒体" 传播看公民新闻背景下的媒介权力转移 [J] . 国际新闻界, 2009 (1).

[49] 罗赟骞，夏靖波，陈天平．网络性能评估中客观权重确定方法比较 [J]．计算机应用，2009，29（10）．

[50] 彭程．网络治理视域下大众直播文化传播的媒介治理 [J]．社会科学战线，2020（10）．

[51] 彭华新．论当代媒介环境中舆论监督的权力嬗变 [J]．国际新闻界，2014，36（5）．

[52] 乔慧．从平衡理论谈媒介权力的制衡与运用 [J]．科技信息（科学教研），2007，14（5）．

[53] 秦旭．媒介权力的滥用及社会规制 [J]．东南传播，2007（8）．

[54] 曲慧，喻国明．信息"新穷人"与媒介产业结构的公共危机——基于阿玛蒂亚·森"权力理论"视角的分析 [J]．东岳论丛，2019，40（8）．

[55] 石晋阳．网络闲话与群际偏见生产：微博话题的批评话语分析 [J]．现代传播（中国传媒大学学报），2020，42（9）．

[56] 谭超．浅议微博自我净化作用的局限性 [J]．现代传播（中国传媒大学学报），2013，35（11）．

[57] 田杰，罗志宏．情报学的研究对象及学科独立性探讨 [J]．情报杂志，2013，32（12）．

[58] 王春芝，金俊武，李延忠．协调分析法在出海物流通道决策中的应用 [J]．数学的实践与认识，2002，32（6）．

[59] 王国华，魏程瑞，钟声扬，等．微博意见领袖的网络媒介权力之量化解读及特征研究——基于社会网络分析的视角 [J]．情报杂志，2015，34（7）．

[60] 王辉，韩江洪，邓林，等．基于移动社交网络的谣言传播动力学研究 [J]．物理学报，2013，62（11）．

[61] 王见敏，先国鹏，赵飞，等．区域经济增长与人才结构耦合协调分析——基于贵州省的实证 [J]．统计与决策，2021，37（10）．

[62] 王艳玲，何颖芳．论网络舆论生成的三要素 [J]．现代传播（中国传媒大学学报），2011（4）．

[63] 王怡红．认识西方"媒介权力"研究的历史与方法 [J]．新闻与传播研究，1997（2）．

[64] 魏晨．试论网络媒介权力的"吊诡"状态 [J]．新闻界，2007（6）．

[65] 吴江，杜亚倩，张聊东．考虑产品绿色度的双渠道供应链博弈分析与协调 [J/OL]．系统科学与数学，2021，41（8）．

[66] 阎德民．论权力运行的原则、程序及其控制［J］．中共福建省委党校学报，2009，25（6）．

[67] 阳长征．网络语境下媒介使用对用户行为表征的影响研究［J］．新闻与传播评论，2020，73（6）．

[68] 喻国明，马慧．互联网时代的新权力范式："关系赋权"——"连接一切"场景下的社会关系的重组与权力格局的变迁［J］．国际新闻界，2016，38（10）．

[69] 张发，李璐，宣慧玉．传染病传播模型综述［J］．系统工程理论与实践，2011，31（9）．

[70] 张汇川，马呈宇，薛明珠，等．一种改进的抗干扰数字图像处理方法［J］．长春工业大学学报（自然科学版），2011，32（1）．

[71] 张萌．媒介化视野下魔幻小说的跨媒介叙事研究［J］．东吴学术，2019（3）．

[72] 赵爱霞，王岩．新媒介赋权与数字协商民主实践［J］．内蒙古社会科学，2020，41（3）．

[73] 赵红艳．媒介权力与网络媒介权力［J］．新闻知识，2012（2）．

[74] 赵红艳．中心性与权力体现：基于社会网络分析法的网络媒介权力生成路径研究［J］．新闻与传播研究，2013，20（3）．

[75] 赵继伦．论大众媒介权力的滥用及其社会控制［J］．东北师大学报，2003（4）．

[76] 周军杰，左美云．虚拟社区知识共享的动因分析——基于嵌入性理论的分析模型［J］．情报理论与实践，2011，34（9）．

[77] 周笑，傅丰敏．从大众媒介到公用媒介：媒体权力的转移与扩张［J］．新闻与传播研究，2009，16（5）．

[78] 朱颖，乐志为．从权力的多元化视角看媒介的传播权［J］．当代传播，2011（3）．

[79] 邓忆瑞．基于网络维力的信息扩散研究［D］．哈尔滨：哈尔滨工程大学，2008．

[80] 樊莹莹．网络文化的权力关系及其运作［D］．长春：吉林大学，2011．

[81] 郭建斌．电视下乡：社会转型期大众传媒与少数民族社区——独龙江个案的民族志阐释［D］．上海：复旦大学，2003．

[82] 蒋锐. 框架—核心筒—伸臂结构中加强层的合理设置及其顺风向抗风分析 [D]. 重庆：重庆大学, 2009.

[83] 李新祥. 数字时代我国国民阅读行为嬗变及对策研究 [D]. 武汉：武汉大学, 2013.

[84] 罗佳琳. 中国网络媒介寻租及治理研究 [D]. 上海：华东师范大学, 2019.

[85] 秦海青. 网络媒介中心权力对社会化媒体传播效果的影响研究 [D]. 沈阳：辽宁大学, 2018.

[86] 史诗. 媒介与权力视角下的网络集合行为 [D]. 上海：复旦大学, 2012.

[87] 王耀辉. 作为媒介的网络游戏研究——以《英雄联盟》为例 [D]. 兰州：兰州大学, 2018.

[88] 魏程瑞. 社会网络分析视角下微博意见领袖的网络媒介权力研究 [D]. 武汉：华中科技大学, 2016.

[89] 肖夏. 从意见领袖到信息廊桥——试论微博对意见领袖的拆解 [D]. 福州：福建师范大学, 2013.

[90] 张新颖. 网络热点事件中的明星与媒介赋权共谋研究 [D]. 沈阳：辽宁大学, 2018.

[91] 赵红艳. 热点事件中网络媒介权力运行机制及管理策略 [D]. 哈尔滨：哈尔滨工业大学, 2013.

[92] 周宇豪. 作为社会资本的网络媒介研究 [D]. 武汉：武汉大学, 2014.

二、英文文献

[1] BERLIN I. Two Concepts of Liberty [M]. Oxford：Oxford University Press, 1998.

[2] CURRAN J. Media and Power [M]. London：Taylor & Francis Group, 2006.

[3] JORDAN T. Cyberpower：The Culture and Politics of Cyberspace and the Internet [M]. New York：Routledge, 1999.

[4] MCLUHAN M. The Medium is the Massage：An Inventory of Effects [M]. London：Penguin Classics, 2008.

［5］MCQUAIL D, WINDAHL S. Communication Models for the Study of Mass Communications ［M］. London: Longman, 1993.

［6］AHMED Y A, AHMAD M N, AHMAD N, et al. Social Media for Knowledge-sharing: A Systematic Literature Review ［J］. Telematics and Informatics, 2019, 37.

［7］SMOCK A D, ELLISON N B, LAMPE C, et al. Facebook as A Toolkit: A Uses and Gratification Approach to Unbundling Feature Use ［J］. Computers in Human Behavior, 2011, 27 (6).

［8］BEVERUNGEN A, BEYES T, CONRAD L. The Organizational Powers of (Digital) Media ［J］. Organization, 2019, 26 (5).

［9］BHUYAN M H, BHATTACHARYYA D K, KALITA J K. Network Anomaly Detection: Methods, Systems and Tools ［J］. IEEE Communications Surveys and Tutorials, 2014, 16 (1).

［10］CHEN G M. Tweet This: A Uses and Gratifications Perspective on How Active Twitter Use Gratifies a Need to Connect with Others ［J］. Computers in Human Behavior, 2011, 27 (2).

［11］CHOUHAN N, KHAN A, KHAN H. Network Anomaly Detection Using Channel Boosted and Residual Learning Based Deep Convolutional Neural Network ［J］. Applied Soft Computing, 2019, 83 (10).

［12］COIFMAN R R , WICKERHAUSER M V . Entropy-based Algorithms for Best Basis Selection ［J］. IEEE Transations on Information Theory, 1992, 38 (2).

［13］COLUCCIA A, D'ALCONZO A, RICCIATO F. Distribution – based Anomaly Detection via Generalized Likelihood Ratio Test: A General Maximum Entropy Approach ［J］. Computer Networks, 2013, 57 (17).

［14］DAI Y, HE J, WU Y, et al. Generalized Entropy Plane Based on Permutation Entropy and Distribution Entropy Analysis for Complex Time Series ［J］. Physica A: Statistical Mechanics and its Applications, 2019, 520 (1).

［15］DIAKOULAKI D, MAVROTAS G, PAPAYANNAKIS L. Determining Objective Weights in Multiple Criteria Problems: The Critic Method ［J］. Computers & Operations Research, 1995, 22 (7).

［16］GALLOPíN G C. Linkages between Vulnerability, Resilience, and Adaptive Capacity ［J］. Global Environmental Change, 2006, 16 (3).

［17］TONG G M, WU W L, TANG S J, et al. Adaptive Influence Maximization in Dynamic Social Networks ［J］. IEEE/ACM Transactions on Networking, 2017, 25 (1).

［18］HU HB, ZHU J J H. Social Networks, Mass Media and Public Opinions (Article) ［J］. Journal of Economic Interaction and Coordination, 2017, 12 (2).

［19］HE J Y, SHANG P J, ZHANG Y L. PID: A PDF-induced Distance Based on Permutation Cross-distribution Entropy ［J］. Nonlinear Dynamics, 2019, 97 (2).

［20］HOEWE J, PEACOCK C. The Power of Media in Shaping Political Attitudes ［J］. Current Opinion in Behavioral Sciences, 2020, 34.

［21］IRVINE A D. Bertrand Russell's Logic ［J］. Handbook of the History of Logic, 2009, 5.

［22］LACSA J E M. #COVID19: Hashtags and the Power of Social Media ［J］. Journal of Public Health, 2022, 44 (2).

［23］KANDHWAY K, KURI J. Optimal Resource Allocation Over Time and Degree Classes for Maximizing Information Dissemination in Social Networks ［J］. IEEE/ACM Transactions on Networking, 2016, 24 (5).

［24］KASAP F, GüRNAR P. Social Exclusion of Life in the Written Media of the Disabilities: The Importance of Media Literacy and Education ［J］. Quality & Quantity, 2017, 52 (1).

［25］KIM H W, CHAN H C, KANKANHALLI A. What Motivates People to Purchase Digital Items on Virtual Community Websites? The Desire for Online Self-Presentation ［J］. Information Systems Research, 2012, 23 (4).

［26］KOH J, KIM Y G. Knowledge Sharing in Virtual Communities: An E-business Perspective ［J］. Expert Systems with Applications, 2004, 26 (2).

［27］LESNE A. Shannon Entropy: A Rigorous Notion at the Crossroads between Probability, Information Theory, Dynamical Systems and Statistical Physics ［J］. Mathematical Structures in Computer Science, 2014, 24 (3).

［28］LIAO L F, MENG X M, WU X Y, et al. Research of CASR Rumor Propagation Model on WeChat Social Network ［J］. Journal of Chinese Computer Systems, 2016, 37 (1).

［29］LI-YING J, ZHANG Z N, LONG Q. An Alternative Way to Make Knowledge Sharing Work in Online Communities? The Effects of Hidden Knowledge Facilitators [J]. Management and Organization Review, 2018, 14 (4).

[30] WASKO M M, FARAJ S. Why Should I Share? Examining Social Capital and Knowledge Contribution in Electronic Networks of Practice [J]. Mis Quarterly, 2005, 29 (1).

[31] NEWMAN S. The Place of Power in Political Discourse [J]. International Political Science Review, 2004, 25 (2).

[32] ONNELA J P, REED-TSOCHAS F. Spontaneous Emergence of Social Influence in Online Systems [J]. Proceedings of the National Academy of Sciences of the United States of America, 2010, 107 (43).

[33] PORTER C E, DEVARAJ S, SUN D. A Test of Two Models of Value Creation in Virtual Communities [J]. Journal of Management Information Systems, 2013, 30 (1).

[34] BEREZINSKI P, JASIUL B, SZPYRKA M, et al. An Entropy-based Network Anomaly Detection Method [J]. Entropy, 2015, 17 (4).

[35] SHIRKY C. Here Comes Everybody: The Power of Organizing Without Organizations [J]. Harvard Business Review, 2008, 86 (3).

[36] THAL A. The Desire for Social Status and Economic Conservatism among Affluent Americans [J]. American Political Science Review, 2020, 114 (2).

[37] WALGRAVE S, AELST P V. The Contingency of the Mass Media's Political Agenda Setting Power: Toward a Preliminary Theory [J]. Journal of Communication, 2006, 56 (1).

[38] STEAD V, ELLIOTT C. Pedagogies of Power: Media Artefacts as Public Pedagogy for Women's Leadership Development [J]. Management Learning, 2018, 50.

[39] VENABLES A, SHAIKH S A, SHUTTLEWORTH J. The Projection and Measurement of Cyberpower [J]. Security Journal, 2017, 30 (3).

[40] YANG X M, SONG S Q, ZHAO X S, et al. Understanding User Behavioral Patterns in Open Knowledge Communities [J]. Interactive Learning Environments, 2018, 26 (2).

[41] ZHANG M, ZHU F. Group Size and Incentives to Contribute: A Natural Experiment at Chinese Wikipedia [J]. American Economic Review, 2011, 101 (4).

[42] ZHANG Z K, LIU C, ZHAN X X, et al. Dynamics of Information Diffusion

and Its Applications on Complex Networks [J]. Physics Reports, 2016, 651 (1).

[43] ZHANG Z W, WANG Z Y. The Data-driven Null Models for Information Dissemination Tree in Social Networks [J] . Physica A: Statistical Mechanics and its Applications, 2017, 484 (1).

[44] ZHOU Y D, ZHANG B B, SUN X X, et al. Analyzing and Modeling Dynamics of Information Diffusion in Microblogging Social Network [J]. Journal of Network & Computer Applications, 2016, 86 (5).

[45] ZIVIANI A , GOMES A T A , MONSORES M L , et al. Network Anomaly Detection Using Nonextensive Entropy [J] . IEEE Communications Letters, 2008, 11 (12).